教育創新的力量不在於方法本身，
而是那份願意改變、勇於突破的初心。

教育創新的力量不在於方法本身，
而是那份願意改變、勇於突破的初心。

夢
的實踐5
MAPS
種子教師
教學現場紀實

第五屆 MAPS 種子教師作者群

第五屆「MAPS 教學法推廣計畫」有六十位種子教師，本書匯集其中十六位種子教師所提供的實證解方：

曾思婷

南投縣埔里人，本身是音樂專長教師，二〇一九年考上臺北市正式教師並於前年介聘返回家鄉。初次帶班就擔任高年級導師，從二〇一九年起，立志年年擔任夢N音樂實踐家分享課程。目前為 Apple Teacher 及縣內數位輔導員。現任教於南投縣埔里鎮愛蘭國民小學。

吳俊賢

高顏值，時常被學生認為與徐志摩的長相和氣質有幾分相似的國文老師。喜歡有互動往來的課堂和學生真心投入的樣子，欲打破傳統國文教學模式，讓孩子學習國文不再感到枯燥乏味。期望自己能以 T-MAPS 將課程優化，使教學更加脈絡化和系統化，讓知識與生活更加結合，一同與孩子探索、對話，並懷抱著愛、希望、榮耀，陪著孩子譜出一段屬於他們的人生精采樂章。現任教於新北市立忠孝國民中學。

黃中一

畢業於國立花蓮教育大學社會學研究所。受社會學薰陶，內心是個鷹派的憤怒青年，看到未來的世界道阻且長，希望透過教育的力量能替孩子有機會翻轉未來。在教育的路上始終認為要「滴水之恩，湧泉以報」。因此考上正式教師後，與親愛的太太展開了十多年的 Johna&Sunny 教甄團之路，無償協助代理老師們考上正式教師，希望透過小小的力量能讓教育現場更溫暖。我是一位老師，也是一位社會改革實踐家。現任教於桃園市八德區大忠國民小學。

蔡雅妮

是個從小就不喜歡挑戰的人，對於嘗試新東西會很畏懼，甚至是站在臺上時腦袋會一片空白——這樣的人格特質，卻在誤打誤撞之下接觸教育，並在二〇二三年還是菜鳥教師的時候，決定報名 MAPS 的活動。秉持著只要踏出第一步，一定可以做到的心情，開啟了 MAPS 實踐之旅。實踐過程挫折不少，但想讓學生了解課程重點的初衷沒有改變，也希望藉由提問設計及教學模式的變化，提升師生間的互動及回饋。任教不到兩年，過程中不是沒有質疑、不是沒有受挫，但沒有踏出第一步就永遠不會有開始，沒有挫折的經驗就不會有成功的喜悅。現任教於臺中市立沙鹿國民中學。

蔡孟庭

畢業於國立清華大學中國語文學系。在成長過程中，被文字拯救了無數次，更在遇見 MAPS 之後體會到語文脈絡化教學的多元性。致力於向孩子推廣閱讀，以期他們在文本及文學作品中嘗到閱讀的樂趣，這將會是一生用之不竭的寶藏。對我而言，教育就是用盡一切方法去成就一個孩子，使他自得，使他快樂。現任教於新北市三重區修德國民小學。

林晏如

被教學耽誤的搞笑藝人，常被以為是表藝老師的國文老師。喜歡有來有往的課堂互動，希冀能依循 MAPS 三層次提問，帶領孩子透過文本去探尋自我的生命經驗，建立其對於社會的觀點，並能夠將所學運用於生活中。讓所教不僅止於課堂，讓所學實現在生命。現任教於桃園市立建國國民中學。

蔡育庭

喜歡和孩子在一起，喜歡教學路上的所有風景。在長大的路上，期許自己能莫忘初衷，常保赤子之心。喜歡徜徉在文字與童話裡，也經常掙扎於現實與理想的差距。深信教育是生命影響生命的工作，願能當一個溫柔而堅定的大人，陪伴教室裡每一個孩子成長，成為一個讓孩子眼底有光的老師。現任教於臺南市安南區九份子國民中小學。

蘇昱芳

喜歡寫作，喜歡對話及心理觀察，更喜歡觀察孩子從不會到會的過程。MAPS 的教學模式，讓課堂的節奏有起伏及進程，學生的動、靜皆能有客觀的展現方式，從中看到學生無限的可能性。MAPS 教學法，讓文字從腦海轉化，生成浮現在紙上的姿態，更期待學生以此為基礎，發展出更自信、活躍的口語表達。現任教於高雄市立文山高級中學。

林書楷

書香潤澤心靈，楷模引領人生——是我的座右銘，期許能不斷精進自我，陪伴孩子們成長學習。教育是以生命感動生命的歷程，這次透過 MAPS 的實踐，讓孩子們看見學無止境的意義。我們共同約定送給自己成長的禮物，彼此相互勉勵與進步，享受學習成長的樂趣與成就感，進而看見自我的無限可能。現任教於新北市三峽區龍埔國民小學。

游秋宴

斜槓過訓育組、衛生組與圖推教師，還是最熱愛文學與教學，在課堂上與學生分享學習的樂趣，並引導他們發現文字的美妙。除了課本知識，也會帶領大家探索更多課外讀物，增廣見聞。希望學生能在我的課堂上找到學習的動力，並愛上國文課。期待在這本實踐紀錄中與大家共同創造美好的學習回憶。現任教於新竹縣立仁愛國民中學。

成　容

畢業於國立花蓮教育大學教育學系、中原大學教研所，是個沒自信又害羞內向，看不出來是資深老師的有點資深老師。從小嚮往站在講臺上的這份工作，考上後才發現怎麼跟以前都不一樣！為了適應環境，必須改變；相信自己、找到夥伴、用心共備、開心教學，就可以怡然自得。現任教於桃園市八德區大忠國民小學。

李璧菱

教學裡一再摸索未知的挑戰者，在屆滿二十年的教學歷程中，以實踐、以冒險，拓展教、學並進的路徑；以獨吟、以合唱，演繹教職旋律的跌宕流轉，頓挫悠揚。在蘭陽平原上駐點耕耘，期待與學生共探天地之光景，共嘗成長的興味與樂趣。「桃李不言，下自成蹊」，更期待能迎來師生共同見證落英繽紛的璀璨風景。現任教於宜蘭縣立員山國民中學。

陳佳琳

「佳琳老師是一位很熱情的人」、「佳琳老師是一位唱作俱佳的人」、「佳琳老師是一位很兇，但會陪著我們瘋的人」、「佳琳老師是我們二溪的媽媽」，這些都是我的孩子們曾經對我說過的話，我一直放在心上。我是一位被國小老師耽誤的音樂家，本應在舞臺上發光發熱，但換了一個舞臺，繼續在「星星的故鄉」屬於我的講臺上發光發熱。現任教於臺南市大內區二溪國民小學。

陳鴻珊

畢業於國立政治大學，主修中國文學，輔修新聞學系。曾任職出版社一年，後轉往教育界發展。教齡十七年，曾任訓導主任及課外活動組中層領導，現任香港基督教崇真中學中文科科主任、學務組成員。在二〇一八年初次接觸 MAPS 教學法，受到啟發，於是在校內中文科推動教學法改革。現任教於香港基督教崇真中學。

魏佳樺

「魏什麼要當老師？」「魏什麼要當老師！」從疑問句到肯定句的改變，是成長的蛻變，是愛的來電！畢業於國立東華大學特殊教育學系的普通班老師，剛帶完第一屆的小菜鳥，帶著童軍人「不怕困難」的精神勇往直前，努力學習，希望孩子能因著自己的光，而更加閃亮！太多美好造就現在的自己，不管何時、何地，莫忘初衷！現任教於臺南市大內區二溪國民小學。

張鈞評

「你不用很厲害才可以開始，要開始才會很厲害。」這句話不斷鼓舞著我向前邁進。非教育本科系的我，在教學路上曾遇上不少瓶頸，但我總會將這些困難化為努力的動力，希望孩子能在我的課堂中愛上語文，學會能夠帶走的語文力。感謝一路上所有美麗的相遇，讓我能帶著前輩及夥伴的經驗、創意，闖出屬於我的 MAPS 之路。現任教於臺中市南屯區永春國民小學。

（以上依篇目順序排列）

目次

+○+○+

總策劃序

眾人成一夢

這是充滿感恩的一年。因為這一年滿是低谷、沮喪、無力與離別。

合作多年的團隊夥伴由於各自有人生規劃而陸續離開，接替的新人來來去去，每次付出心力指導後，卻時不時換來一聲「我不適合」。一直以來，因為有這群夥伴的共同承擔，我的工作量能才能順利高速運轉。今日失去他們的支援，我才知道，這些工作龐雜的程度遠遠超過想像。

我一度想放棄，想就此停住，回到單純的教師身分，回到不耗費太多心力的工作負荷，回到游刃有餘的生活。有幾次在夢N的場合，MAPS的夥伴看出我的低落與疲憊，他們會拍拍我的肩，或者摟著我的臂膀，輕輕地說：「你不是一個人，我們都在。」

第六屆MAPS種子教師的初階工作坊是一個關鍵轉機。那三天，我重新感受到：為什麼我是我？為什麼我在這裡？為什麼我會走到這裡？

低谷是讓人沉潛休息的土壤，我收回遠望的視線，低頭看著期待我發下提問單的青春臉龐。我坐定在自己的位置，讓提問單帶領孩子們走進文字的網，爬梳各種可能的方向，接近作者或者遠離作者的發想。我無聲陪伴或出聲點撥，在教室裡，一天又一天，一堂又一堂，我過濾出純粹的繆思與好奇的張望，重新長出一個老師的模樣。

沮喪是斷捨與抉擇的鑰匙，在關上與打開每一道門之間，決定要安靜放下或者勇敢接起，思考著：哪些是必然？哪些是偶然？什麼是應該？什麼是想要？我隱身在山中，坐在茶香縈繞的桌前，默數水滾茶葉開的秒數，等待時間與溫度最美好的相逢時刻。泡茶，需要拿捏最適當的分量，過了會沉重苦澀，少了就可惜了彼此用心的對待。每口入喉回甘的茶湯，都是恰到好處的取捨，都是那麼剛好的因果。一天又一天，一趟又一趟，我醞釀出生命中可以承受與不可承受的重量。MAPS我留下，其餘還諸天地四面八方。

無力是發散及投入之後的狀態，滿溢的能量發散至最熱愛且專業的載體系統，儲備的底蘊投入於驅動最堅持且信守的夢想脈絡，無力是必然，也是應該。我信步在黃金風鈴木飄落的階梯與跑道之間，坐下，看向以老榕垂拱裁剪裱框的遠方白雲與山丘，知道十年之前我不認識你、你不認識我，知道十年之後我們可以是朋友、永遠是夥伴。流轉在畫面中的來來去去，織就出畫面外的眾人成一夢。

今年，與 MOXA 的合作將告一段落；迎來新同事，離別了舊雨；遇見另一批滿懷忐忑與勇氣的新種子；告別不曾奪冠的棒球宿命，踏出夢N下一個十年的第一步；分手了以為不會過去的沮喪與低谷，凝聚了乘載愛與希望的實踐旅記。

這是充滿感恩的一年，感恩所有的因緣聚合，感恩曾經一起、即將一起以及正在一起的所有美好人事物。

【國小領域】

1

曾思婷／我的 MAPS 教學「趣」

南投縣埔里鎮愛蘭國民小學

山中大叔導讀

在教育的星空中，總有那麼一顆新星，以溫潤的光芒照亮孩子的學習旅程。

曾思婷老師，從一位音樂教師蛻變為班級導師，在徬徨中遇見 MAPS 教學法，開啟了她的教學蛻變之路。她巧妙結合數位科技與 MAPS 的三層次提問，讓課堂既有深度也充滿創意。從〈到不來梅當個樂師吧〉到〈我不和你談論〉，每一堂課都是一次探索，每一次實踐都是一次蛻變。

在她的課堂裡，我看見了教育最美好的樣貌——當老師願意為課堂做出改變，學生便能綻放出最耀眼的光芒。

二〇二二年五月二十五日，手機簡訊捎來介聘系統公告通知：「成功調動」。我要從臺北市返回家鄉——南投縣埔里鎮教書了！

這是一件多麼幸運，且羨煞多少同樣想回鄉任教的老師的事啊！但這份喜悅沒有持續太久，到了暑假，得知職務分配後，心情如同洗三溫暖般百感交集。一位從沒有帶過班的音樂老師，初次擔任導師就立刻「空降」高年級，當下不僅感到徬徨、焦慮，腦袋更是一片空白、不知如何是好。從來沒有教過主科的我，該如何才能承擔這項重責大任、不至於愧對班上的孩子呢？我想，學無止境，唯有不斷自我精進，才有可能突破擔憂與困境，靠著一份「對教育的熱情與憨膽」，相當幸運的，在孩子們升上六年級這年，我與 MAPS 相遇了。

◆ 尚未接觸 MAPS 前：有什麼用什麼

汲取前人經驗

接手的這個班級，因為疫情之故，在中年級期間經歷二次大停課，多數學生在升上五年級時，或有拒學、網路沉迷的情形，或有注意力不集中等學習狀況，這些都是我需要努力的目標。

任教第一年的備課工作，都是處於「有什麼用什麼」的自我摸索狀態。對於初任導師的我來說，最常用的方法即是請教身邊的資深老師，從他們多年的帶班經驗中，尋求有效的班級經營及教學方式。或是加入臉書的教學社群、教學工作坊，從模仿、借鏡前輩的教學方式開始，運用前人打好基礎的教學資源。

猶記得，一開始國語課的教學模式乃取經自「溫老師備課 Party」或「戴老師神仙教學網」臉書社群中，熱心老師們分享的學習單。課堂上，通常先讓學生使用小白板操作，進行第一步文轉圖的練習，將抽象的文字轉化為具體圖像思維。接著再使用出版社的心智圖範例作為學習媒介，透過仿作，練習提取文中「關鍵字」，讓學生產出自己的心智圖。完成後，讓學生分組互動、上臺分享，創造彼此之間觀摩學習的機會。孩子們在這套引導方法下，漸漸開展屬於自己的學習方式，開始會閱讀文章，並且能根據文本查找內容資訊。這讓我驚覺，「有效的學習策略」對學生的學習來說，是多麼重要呀！

認識 MAPS 的契機

當時，基於身兼 iPad 種子教師的使命感，我鼓起勇氣

▲學生使用小白板練習文轉圖，作為暖身活動。

▲學生分組合作，完成分配之意義段任務。

申請了「平板帶回家（THSD）」計劃，因此班上每位孩子在學期中旬，就都有了自己專屬的載具！為了善用這項學習資源，我便進一步嘗試將數位教材融入每一科的課程，孩子們在學習上又開啟了新的高度。孩子的創造力無窮，作品的視覺效果相較於最初的小白板，成果更是多元豐富。但我身為教師，教學脈絡方面仍處於「無系統」、「無法組織有效的學習鷹架」階段，除了在設計教學流程時感到無所適從外，課程結束後每每有種「草率教完」的感覺，讓我苦惱不堪。

這時，我遇到了數位學習的偶像：李衿綺老師。在聽完李衿綺老師的 iWork-Numbers 融入國語文教學分享後，我不禁好奇的詢問：老師是如何做到這種有組織系統的國語文教學？老師平時如何提問？如何引導學生思考？在多方交流後，得知了王政忠老師的「MAPS 教學法種子教師工作坊」。

當時剛好是第五屆工作坊的報名截止日前夕，老師鼓勵我報名參加。我想這對日後的課程設計和教學脈絡會有幫助，滿懷期待地查詢官網時，卻發現已截止。我立即寫了一封 E-Mail 給承辦單位，表達強烈的參加意願，並期待下屆能夠報名。不料竟收到了承辦單位表示願意讓我追加報名的回覆，讓我欣喜若狂！這也驗證了：「當你真心想完成一件事時，全宇宙都會集合起來幫助你。」最終我也順利錄取了工作坊。

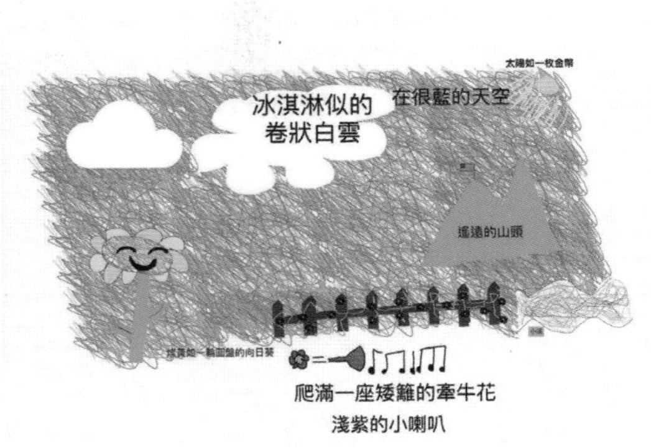

▲學生使用「無邊記」進行「摹寫修辭」的練習。

◆ 開始 MAPS 後：我們怎麼學

經歷為期三天的培訓，我了解到何謂 MAPS，期間也順利與同組學員腦力激盪，共創出我們的第一份 MAPS 學習單。不過，在開學前大家得各自獨當一面，有系統地將「暖身題」、「基礎題」、「挑戰題」完成一課的課例，這對初探 MAPS 提問設計的我們，仍是個極大的挑戰。

一直不確定該從何著手才不會偏離國語文的文本核心，直到我參加了新竹的「夢N」實踐家專場後，才看見了曙光，也終於了解到：實踐 MAPS 教學法的真正目的，始終是為了孩子。其中，上一屆的學姐：丁思與老師分享的課例模式深得我心，或許是提問的方式對於初學者的我來說是容易操作的，讓我在日後的實踐路上信心倍增！

◆ MAPS 的實踐：讓孩子們 i（愛）上學習

首先，我的第一課 MAPS 課例不單靠自己，而是透過「踩在巨人的肩膀」誕生的。參照在兩位工作坊學姐衿綺老師與丁丁老師的研習中，學到的 iWork 互動式學習單設計架構，將每一課的內容結合 iPad 運作，使用 Numbers 製作學習單，成了我的備課日常。

實際執行後，可以明顯感受到，透過 iPad 學習相較於傳統的紙本學習，除了課堂變得多元有趣外，孩子們創作的作品更是沒有極限，還能完整看見他們的學習歷程，也使孩子們在學習過程中更起勁，激發自我的學習動機。

我的 T-MAPS 學習單是這麼設計的：

課例分享（一）

※ 暖身題

在上翰林版六上第二課〈到不來梅當個樂師吧〉時，請學生依據課文標題預測文本發展，並進行聯想畫面之圖文創作。其間搭配《格林童話》故事大全、地圖、影片等資料，介紹「不來梅」這個地名的人文背景，提供學生充分的前備知識。

※ 基礎題

請學生練習提取文章內容的關鍵訊息，其中也運用了 iPad 設備中的「錄製音訊」、「拖曳」等功能，讓學生更有參與感，不再像一般紙本學習單只能畫記、書寫，增添了不少趣味性。

▲暖身題：預測文本發展、圖文創作，並補充人文背景知識。

▲基礎題：利用 iPad 的拖曳功能設計排字卡練習，增添趣味性。

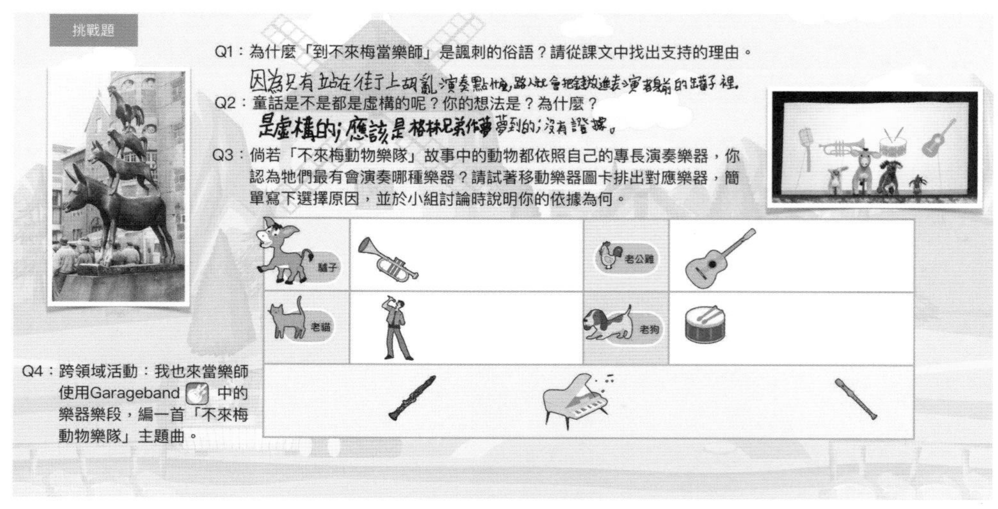

▲挑戰題：結合音樂的跨域活動，配對樂器並創作主題曲。

※挑戰題

針對作者觀點及文本寓意，請學生嘗試說明為何故事會衍生這樣的意涵，另外搭配我本身的「音樂」專長設計跨域活動：請學生使用「拖拉」方式，將樂器的圖片配對給適合的動物角色，最後進行「主題曲」創作，產出專屬作品。

※當課教學省思

實施 MAPS 教學法重新組織國語課程的教學脈絡後，除了明顯感受到學生在閱讀理解方面，能更有系統也更快擷取到文本重點外，也能看到學生在活動操作中更自動、更投入在產出的過程中。教學活動方面，則更符合差異化教學目標，讓每位學生可以用最適合自己的步調學習；比起以往需要老師無限說明的自然段、意義段甚至是段落大意、摘要等步驟，學生們也都能透過基礎題的學習單模板設計，自行對照文本找到相對資訊，不再只是執行填入正確解答的動作而已。

另外，我在這學期最大的改變為：試著每一課皆以 iWork 的 Numbers 進行課程設計。此舉確實提升學生的學習動機，且學生可用 iPad 進行書寫、打字，也可以用畫記、錄製音訊以及繪圖等各種方式完成學習單。這些數位學習單的設計除了增加更多創作的可能，也進而讓作品產出有更豐富的呈現方式。我們可以從中看見學生們專注投入的眼神，這也是老師希望學生能多方、有效學習的初衷。

▲以 Xmind 彙整心智圖。

▲設計成好玩的互動學習單，連低成就學生都能輕鬆上手，願意參與課程。

▲於 Padlet 蒐集並分享學生心智圖作品。

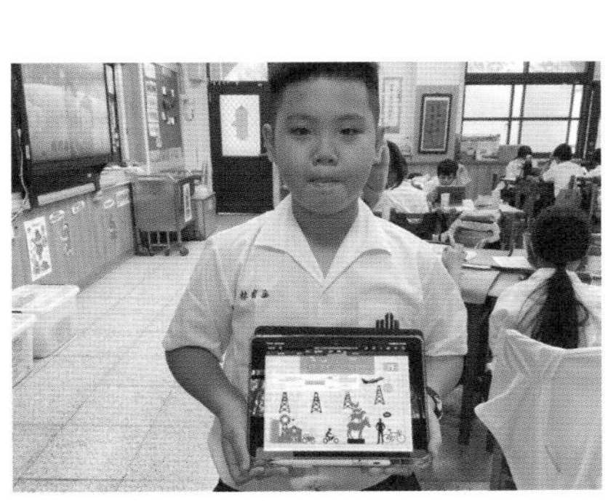
▲學生完成當下充滿成就感，立刻主動找老師拍攝完成照。

課例分享（二）

※暖身題

上翰林版六上第十三課〈孫翠鳳和歌仔戲〉時，請學生先「審題」，依據課文標題，預測文本發展及故事內容，同時也認識孫翠鳳、歌仔戲背景。

※基礎題

以挖空的方式提取文意重點，並利用表格「設計選擇題」的方式讓學生自主組織、整理內容。

※挑戰題

利用 iWork 功能，插入影片檔讓學生參考歌仔戲與時俱進之想法闡述，接著跨藝術領域，請學生自行繪製自己喜歡的歌仔戲臉譜（生、旦、淨、丑），再結合 APP：Reality Composer，讓學生嘗試透過感應換臉，體驗歌仔戲妝容。

※當課教學省思

實施 MAPS 融入 TPACK，對於師生來說最大的收穫，莫過於可以透過使用網路和載具，達到身歷其境的效益。

剛好，這學期最後的三課課文都是跨藝術領域的文本，

▲挑戰題：結合 iWork 功能，讓學生繪製臉譜、感應換臉，體會歌仔戲妝容。

於是我在設計課程時，作為「理解文意」層次的延伸，加入了影片、繪畫、簡易的鑑賞與分享、創作等多樣化的活動，希望藉此帶領學生學習如何欣賞美的事物，並建立珍惜臺灣文化的認知。

在〈孫翠鳳和歌仔戲〉一文的教學過程中，學生透過感應換臉的活動體驗角色外觀，也透過吟唱七字調、臉譜繪製等內容體會到歌仔戲的精髓。雖然因為時代變化、傳統文化沒落，學生平時較少實際看戲、演戲，但是利用課堂上這些活動設計，仍然可以帶領學生接觸、探尋傳統戲劇的美好。即便無法直接帶學生從埔里到臺北市參訪明華園，但在教室的我們一樣可以化身為孫翠鳳的學生。

此外，本課的文體是「採訪」形式，所以最終在小日記主題的任務中，我設計了讓學生自行採訪一位人物，進行熟練採訪步驟、記錄內容的練習。

課例分享（三）

※ 暖身題

翰林版六下第四課〈我不和你談論〉，請學生進行「審題」，依據課文標題預測「不談論」的內容。同時透過影片導讀，認識作者吳晟以及創作文章的背景。

▲利用 Reality Composer 繪畫臉譜對焦製作過程。

▲完成後的歌仔戲臉譜呈現。

※基礎題

利用表格，彙整這首新詩中每個斷句的方式，讓學生尋找重複段，以及詩句所延伸的真正的涵義。

※挑戰題

以同樣的文體練習，仿寫一首名為〈我不和你○○〉的新詩，練習詞性的運用與想法闡述。過程中，特別讓學生嘗試使用AI工具：Chat Everywhere作為個人寫作助教，練習詞窮時如何尋找靈感。最後利用iWork的功能，讓學生在作品中插入圖片檔，發想屬於自己的畫面背景。

※當課教學省思

在六年級下學期進行文本教學時，除了要處理基本的提取重點外，更要著墨於文章議題的探討。尤其當大量的社會議題融入，若教師沒有針對文字的意境或作者的寫作背景、創作理念幫學生營造感受，學生容易會錯意，或者因為無法理解課文而造成混淆。

以〈我不和你談論〉這課為例，我蒐集作者吳晟朗讀詩詞的紀錄片，讓學生在暖身題的階段，去了解：作者為何創作這首詩？他真正想傳達的訊息是什麼？當時的環境是否與現在不同？藉此，不僅可以了解為何地點是在「書房」和「廣

▲暖身題：請學生觀賞作者相關影片，認識作者。

我不和你談論

視角	對象或內容		
Q0 作者			
Q1 事件	Q1-1 特性	Q1-1-1 (　　)	
		Q1-1-2 (　　)	
		Q1-1-3 (　　)	
Q2 希望怎麼做	Q2-1 如何沉默的		
Q3 學習	Q3-1		
	Q3-2		
	Q3-3		
	Q3-4		

▲基礎題：利用表格，帶領學生分析課文，探求詩篇的涵義。

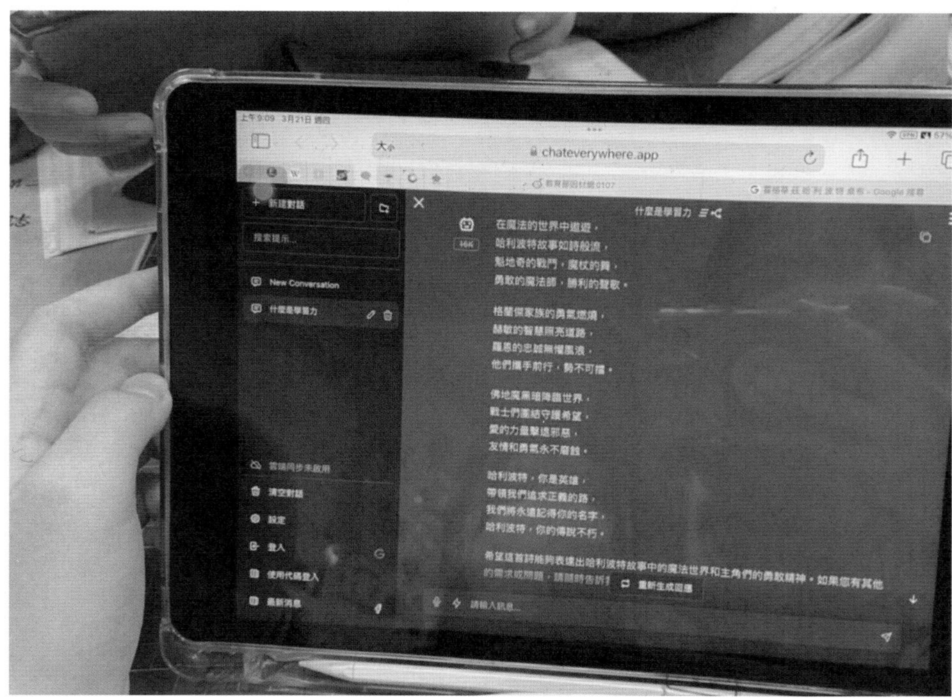

▲導入 Chat Everywhere 引導學生提問，參考寫法及檢視文意是否合適。

▲學生將作品上傳於 LoiLoNote 分享。

▲挑戰題：仿寫練習，並利用 iWork 的功能結合圖片背景製作。

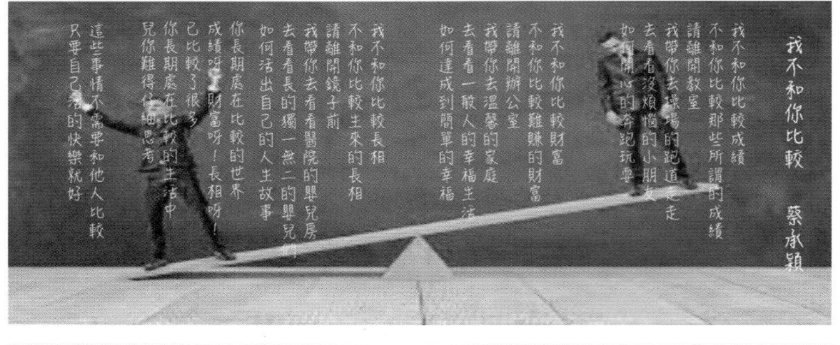

▲學生優秀作品分享。

袤的田野」，且間接體認到時代變遷的影響，以及為何作者希望告訴人們：應該多走出書房到戶外走走。備課時，意外找到歌手張懸曾以此詩譜曲，這也讓學生有機會明白——文學不分領域，詩、文都有可能成為流行音樂文化的一部分！這也是文字厲害的地方！

最後的挑戰題，引導學生於新詩架構中擷取重點，並歸納成心智圖後，再請學生仿寫一首同樣架構的〈我不和你〇〇〉，可嘗試用調整「動詞」的方式，練習詞性的運用。

由於根據以往的教學經驗可知，難免有部分學生不清楚要寫什麼，所以這次特別嘗試搭配 Chat Everywhere，練習使用 AI 生成式工具導入寫作，引導學生練習如何善用工具幫助自己學習。在這個過程中，學生也能大量思考，練習判斷訊息產出的正確性、是否需要再過濾後才能使用。最後，再請學生幫自己的創作加入適合的畫面，產出文字與畫面搭配的意境。

◆ MAPS 教會我們的事

「我不是最厲害的老師，但我願意為我的課堂做一些改變。」在實踐 MAPS 教學法的過程中，也許會因孩子們的反應熱烈，而為自己的努力不懈開心；也許會因孩子們操作後

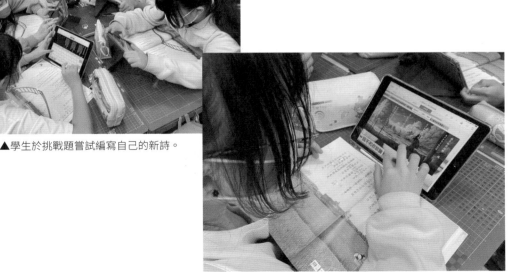

▲學生於挑戰題嘗試編寫自己的新詩。

▲完成後插入適合情境的背景圖示。

的學習成效不如預期，而暗自憂心；也許會認為自己所做的不夠正宗，MAPS 的三層次提問應該要更聚焦……。但我始終認為，無論如何，自己肯定都是最大的受益者，因為我看見孩子們的改變——「班上學生終於了解到文本理解其實可以很簡單的笑臉」、「閱讀有策略，一旦投入學習是多麼耀眼」、「數位融入學習，創造力無極限，每一位都是藝術家、大文豪等級，作品令人眼前為之一亮」。打破框架的後設學習，也是 MAPS 教學法的精神所在。

最後，很感謝推動 MAPS 的王政忠主任，以及在種子教師工作坊遇到的五〇二夥伴、厲害的協作如敏老師及巽堯主任，還有參與的每一位老師。有這樣一群用心的老師不斷的自我精進、為教育付出，學生能夠遇見您們真是太好了！

▲初任班導師給第一屆畢業生畢業箴言：要成為自己的那道光。

▲謝謝五〇二「無二不樂」的協作及夥伴老師一年來的陪伴。

【國中領域】

2

吳俊賢／我的教育實驗室：MAPS 讓我成為一位更棒的教師

新北市立忠孝國民中學

山中大叔導讀

吳俊賢老師不僅是 MAPS 教學法的堅定實踐者，更是勇於挑戰自我、探索不懈的教育者。

在這篇紀錄中，讀者將看到他如何在課堂上推動 MAPS 教學法。從一開始的摸索，到逐步找出引導學生的最佳方法，他以鷹架式的提問引導學生思考、討論，讓學生一步步建構起知識的脈絡。

看到他的努力和成長，我無比欣慰，這不僅是俊賢老師個人的成就，也是 MAPS 教學法在教學現場的成功見證。

◆ 實驗前

擁有新鮮的肝和滿滿教育愛的教師新鮮人

※ 教學的啟蒙

聽說小時候玩角色扮演，我拾起的是教科書，模仿著教師的角色。如今踏上教職這條路，啟蒙者是國中的班導師——林淑貞老師。她事事親力親為，總是以身作則、言傳身教，回想起來，她的教學和班級經營都是值得我學習的楷模。

教育實習時，我選擇回到母校，也是現在任教的學校——新北市立忠孝國中。非常有幸地，我遇到了張嘉怡老師，她教學經驗豐富，面對學生問題總能心平氣和處理，並且樂於分享。實習期間，嘉怡老師經常熱情地與我分享她的班級經營與學習單設計，讓我距離「成為一位更棒的老師」這個夢想更進一步。

嘉怡老師的學習單，問題設計與取用素材都與學生生活經驗有關，還能跨領域結合，充分體現「素養」的概念。她的設計中，還經常讓學生畫「心智圖」。實習時，我曾效仿使用過幾次，但並未真正了解心智圖的產出脈絡。「心智圖有標準答案嗎？」「該如何教學生畫心智圖？」「心智圖能幫助學生建構思維嗎？」「只有心智圖才能做出課文統整嗎？」這些問題曾困擾著我。但隨著實習結束，在初任教師的兵荒馬亂中，這些對於心智圖的疑問漸漸被拋在腦後。

※ 理想課堂與現實的差距

因為確定自己的目標就是成為教師，因此大學四年幾乎都投身於補教業工讀。一方面實驗師培所學，另一方面也累積教學技巧與班級經營能力。然而，當我看到補教業的上課模式和國中觀課的課堂，內心萌生出想翻轉國文課堂樣態的念頭。自己國中時期的國文課至今未曾忘記——傳統的背多分、無趣的講光抄，現在仍能看見這樣的課堂風貌。

二〇二三年二月，我的教師生涯開始了。我實現了成為教師的夢想，內心充滿了喜悅，這是我人生第一個完成的目標。我滿懷理想，積極的實現與創造我想要的課堂風貌——師生共學、積極討論、專注參與，讓學生成為課堂的主人。

然而，理想很豐滿，現實很骨感。當自己投入教學現場後，卻被現實狠狠打了一個響徹雲霄的巴掌。面對學生不受控、學習動機低落、各種特殊身心狀況等挑戰，我發現要實現理想的課堂遠比想像中困難。內心陷入掙扎後，我逐漸退回到傳統的講述法，結果卻是言者諄諄、聽者藐藐。為了不辜負自己的初衷，我仍然編撰講義和學習單，但設計重點大多「以老師為主」，提問雜亂無章，缺乏脈絡、順序和邏輯，沒有考慮到「學生怎麼學才更有效率」。

最後，這些講義和學習單成了我對自己的安慰——我有做，就表示我是認真的老師，對得起這份工作。至於學生是否真的有學習成效，我似乎也不在意了，彷彿一切只看緣分，佛度有緣人。

※ 學生需求的反思

隨著教學經驗的累積，在寒暑假時，讓我有更多時間沉澱與反思自己的教學表現與教學內容。每當站上講臺，我總是耗費大量時間幫助中、後段的孩子，盯著他們背熟國字注音、注釋等容易得分的項目，追著他們跑，確保他們跟上進度、在段考中拿到基本分。然而，我總是會有分身乏術、精疲力盡的時候。這時，前段的孩子則會被我認為已經很優秀了，即使沒有我也能夠自學，因此他們經常被我忽略。

但內心總會糾結：所有孩子都繳一樣的學費、花同樣的時間在課堂上，我憑什麼忽略那些前段的孩子，而將精力全放在中、後段孩子的學習上？這樣做，是否損害了他們的受教權，甚至造成了學習上的不公平？隨著常態分班制度下，學生程度差異日趨明顯，學習成就呈現M型化，我不禁開始思考，如何在有限的課堂時間內，讓每位學生都能有效率且脈絡化的學習？

※ 檢視教材設計，向外尋求解答

在教學設計方面，我每一課都自編講義，內容包含提問與補充國學常識、語文知識。但這些問題多數來自備課用書或前輩老師們的收集，雖然經過篩選，我仍認為每個提問或補充都是重點，甚至出於不想要班級排名落後於其他班的競爭心態，於是將所有重點塞進講義。結果講義內容繁多，厚如一本參考書，看似豐富實則無脈絡，提問也缺乏意識與架構，補充的國學常識和語文知識過多，讓講義厚重如六法全書一般，內容雖然五光十色，卻無法凸顯每課的重點。

此外，提問設計缺乏與學生生活經驗或其他文本的連結，問題與問題之間跳躍且割裂。儘管孩子們認真回答問題、抄寫答案，但這些努力未能有效提升他們的學業成績。我開始質疑：究竟該怎麼教，才能真正提升孩子的學力？孩子們該如何學習，才能有效吸收，並將所學變成他們能帶著走的能力？

這些問題像尖刺扎在心中，我迫切希望能找到答案。帶著這些困惑，我決定加入T-MAPS，期望能在這裡找到屬於我的解答，為孩子們點亮學習的燈塔。

開始，才有機會改變

二〇二三年七月，我參加了MAPS種子教師研習。在這個具有共同理念與教學熱忱的平臺中，大家毫不藏私地分享教學經驗和提問素材。透過與夥伴們的討論，我們碰撞出不同觀點，並努力思索如何構建有意識的提問和心智圖。然而，當我們在與政忠老師討論時，被打了回票。他問：「你們要教的核心是什麼？」這個問題使我們不得不重新審視方向。

每個人因生命經驗不同，對文本的分析角度也不盡相同，如同蘇軾在〈題西林壁〉中所言：「橫看成嶺側成峰，遠近高低各不同。不識廬山真面目，只緣身在此山中。」文本從不同的視角分析可以看到各種不同的意義。如同登山，需要事先規劃好主要路線，才能堅定登頂、享受美景；如果貪心地每條路都想走一遍，便容易迷路，也無法專心享受山川美景。教學亦是如此，若教師不能去蕪存菁、梳理脈絡，便無法將文本系統化呈現，孩子也難以有結構地學習。

「文本沒有對錯，只有不同選擇。」文本是中立的，分析是分析者以他的生命經驗去解讀文本背後闡述的道理。教師呈現的文本分析只是眾多可能性之一。教學過程中，不應

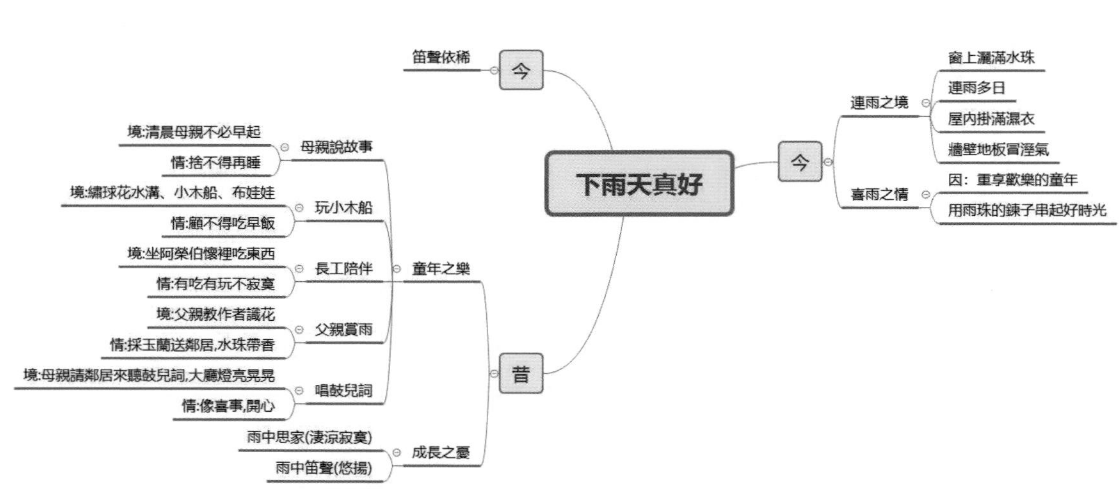

▲與 MAPS 夥伴共備的〈下雨天，真好〉心智圖。

只以教師為中心傳遞知識，而應通過有意識的提問，將課堂還給學生，讓學生主動參與思考，並在教師的引導之下，建構出對文本的理解。這樣的教學才能符應所謂的「素養」。

經歷 MAPS 種子教師研習的洗禮後，我和夥伴們以〈下雨天，真好〉為對象，確立「今—昔—今」的寫作架構為教學主軸，引導孩子通過作者的回憶、抒情和敘事，學習這種寫作手法，並根據這個架構繪製出符合教學主軸的心智圖。

開學後，我迫不及待地將這些共備成果應用在課堂上。經過有意識的提問設計，主旨明確、層次清楚，孩子們在鷹架式的引導下，能夠逐步從篇章的全貌出發，擷取資訊，進而根據線索推測作者想法，並闡述自己的觀點。我不再像以往那樣什麼都教、什麼都是重點，反而能確立教學目標，精準掌握教學內容，也更能對症下藥，揪出孩子們的學習盲點，給予適當的引導和鷹架。

改變，是為了更靠近完美

MAPS 的三層次提問可分為：暖身題、基礎題、挑戰題。一開始，我以為設計這些提問並不困難，但在參加種子教師研習後，才真正領悟其中的精髓——「有意識」和「脈絡化」。每個提問必須環環相扣，具備邏輯和順序。

以暖身題為例，它的目的是引起動機。教師透過各種媒材，吸引孩子對課程內容產生興趣。例如：〈下雨天，真好〉這課，會問學生：「你喜歡下雨嗎？淋過雨嗎？」上到〈鳥〉這篇文章，則準備一些影音帶領學生賞鳥、識鳥。雖然這些問題與學生的生活經驗相關，但當提問轉向抽象情感表達時，學生們便會一問三不知，他們無法與作者的情感產生共鳴。例如：在上〈紙船印象〉時，學生無法理解摺紙船與母愛有何關聯，難道不能摺飛機嗎？讀到〈吃冰的滋味〉，他們難以透過吃冰來連結兒時回憶。學生雖然會對課前活動印象深刻，但一進入課文核心，各個又變得呆若木雞，毫無反應。

因此，三層次提問設計的步驟，便以基礎題為第一，暖身題為第二、挑戰題為第三。每個環節都必須緊扣文本和教學目標，確保所有層次都是經過有意識的篩選和設計，而非為做而做。

※ 基礎題：理解文本

在設計三層次提問時，另一個重要步驟是——教師必須根據文本分析，先畫出自己的心智圖。因此，基礎題的設計主要圍繞「篇章全觀、段落觀點、基於文本、建構策略」展開。以〈下雨天，真好〉這課為例，因為它是七年級上學期的課文，除了訓練孩子適應 MAPS 的上課模式，也特別著重

◆Part 1 第一段

1.作者一開始用「啊，好極了！又是個下雨天」開啟全文，這是什麼語氣？為什麼作者不抱怨下雨天的不便？

語氣	驚喜的讚嘆語氣
原因	下雨天讓作者聯想到歡樂的童年時光

2.作者要串起來的是什麼？為什麼要用「雨珠」的鍊子？為什麼要特別說繞在手腕上？

串起來的事物	童年有趣的好時光
鍊子用「雨珠」做成的原因	作者童年歡樂的時光和下雨天有關
繞在手腕上的意涵	不離身、永不忘記，表現對童年往事的珍惜

◆Part 2 第二段～第七段

1.〈下雨天，真好〉第_____段～第_____段聚焦描述「童年時」雨天的回憶，作者藉著一件件「童年趣事」來凸顯「下雨天真好」的主題。試著依據表格提示，整理作者童年時，下雨天的「回憶事件」與當時的「內心感受」。

<table>
<tr><td>發生地點</td><td colspan="2">浙江永嘉老家</td><td>作者年齡</td><td>六歲</td></tr>
<tr><td colspan="5">雨天歡樂之景</td></tr>
<tr><td>段落</td><td>陪伴對象</td><td>雨天回憶事件</td><td colspan="2">內心感受</td></tr>
<tr><td>二</td><td>母親</td><td>說故事</td><td colspan="2">有母親陪伴、溫馨呵護</td></tr>
<tr><td>三</td><td>自己</td><td>1.在漂著花瓣的水溝裡【　放小木船　】
2.跟著小木船在爛泥地裡【　踩水　】</td><td colspan="2">自得其樂、盡情玩水</td></tr>
<tr><td rowspan="2">四</td><td>阿榮伯</td><td>把【　豆子　】剝了殼送到作者嘴裡</td><td colspan="2" rowspan="2">人多不寂寞、被人疼愛、有人陪伴</td></tr>
<tr><td>長工</td><td>蹲在【　大穀倉　】後面玩</td></tr>
<tr><td rowspan="2">五</td><td rowspan="2">父親</td><td>賞雨識花</td><td colspan="2" rowspan="2">有父親陪伴、閒情雅興</td></tr>
<tr><td>採玉蘭花送給鄰居</td></tr>
<tr><td>六</td><td>街頭藝人</td><td>聽唱鼓兒詞</td><td colspan="2">熱鬧開心</td></tr>
</table>

▲〈下雨天，真好〉基礎題：訓練孩子的擷取訊息能力，以及藉由表格訓練統整能力。

壹、課前暖身題

1.聆聽以下生活中的聲音，這些聲音分別代表事物或活動？又帶給你什麼心理感受或情緒？

	代表事物或活動	心理感受或情緒
https://reurl.cc/GjkLVW	救護車	會感覺又有人要急救了，會覺得害怕
https://reurl.cc/NQaL6Q	警報聲	會緊張，立刻做出反應，來避難
https://reurl.cc/Dj1Lv6	(捷運)進站音樂	如果在月台上，會覺得可以上車了，可以回家。

▲〈聲音鐘〉暖身題：以孩子生活周遭常見的聲音，藉由聆聽去感受心理狀態和情緒。

班級：　　座號：　　姓名：

YouTube 木曜 4 超玩
《一日系列》挑戰 365 行
https://reurl.cc/9R6XNO

◆一日系列，挑戰 365 行（配合 L6 那默默的一群）

1.請你觀看 YouTube 木曜 4 超玩《一日系列》挑戰 365 行，從中任選一個職業進行介紹。

（1）我選擇《一日系列》第 44 集進行介紹

（2）我要介紹的職業是：列車長

（3）工作性質：開車

（4）工作內容：確保行車運轉安全，在意外發生時，會執行緊急列車防護

（5）具備的技術或能力：保持良好的精神狀態

（7）應有的工作態度：細緻專心

（8）為什麼選擇這個職業進行介紹？請說明你的理由。(至少 150 字)

因為剛班遊完，我就想到我們坐的車是誰在開，是誰在保護我們的安全，也不知道列車長有多辛苦，大部分的時間都有航班，而且是從早上開到晚上，不用想都知道很累，但他們還是安全的把我們送到目的地，讓我很感謝列車長，而且天黑後還要檢查，默默守護大家的安全，所以我才寫列車長。

▲〈那默默的一群〉暖身題：生活中有許多職業，但孩子不一定每種都認識，因此以YouTube平台為媒介，讓孩子進行探索，並挑選自己有興趣的職業進一步了解後向大家介紹。

訓練他們如何「問訊息、問主題、問訊息和主題」。

　這篇抒情文的教學過程中，我依照與MAPS夥伴共備的內容進行，並考慮學生年齡層。由於學生是七年級，在基礎題部分，我多是以有標準答案的提問為主，再慢慢引導學生從文本訊息入手，再進行廣泛理解、發展解釋、統整解釋。

※暖身題：連結經驗

　暖身題的設計著重於「猜測想像」和「新舊經驗」。前文提到〈下雨天，真好〉的教學目標是「今—昔—今」的寫作架構，所以暖身題以「形式架構、內容主旨」設計提問。具體說明如下：

　第一題的影片分析，從「現在—過去—現在」的時間架構入手，引導學生思考故事大意及時間在敘事中的作用。第二、三題則引導學生從自身生活經驗出發，探討為何我們常用「現在—過去—現在」的方式來表達記憶與經歷，這樣的提問使學習由影片自然過渡到生活經驗，深化學生對架構的理解。

　第四題則引入情感表達與修辭運用，要求學生用譬喻法描述自己對下雨天的感受，藉此練習情感的具體化表達，並提升修辭技巧。最後，透過「真好」這個提問，讓學生將影片內容與個人經驗相連，使他們在學習過程中產生共鳴，進一步拉近學習與生活的距離。

三、暖身題

1 觀看影片，分析這部影片的「現在—過去—現在」分別在講什麼大意。
(影片網址：https://reurl.cc/ZypjE3)

結構	現在	過去	現在
故事大意	上台比賽	練習歌唱	用心歌唱

影片連結

2.看完這部影片，請你幫這部影片下一個標題：「放開自我歌出聲音，真好！」

3.根據你的生活經驗，當你在回憶某件事的時候，為什麼我們會大多使用「現在—過去—現在」的時間架構書寫？為什麼要用這種寫作架構呈現？

我覺得這樣能更完整得展現對事物的懷舊，也能更好去述說事情的細節。

4-1.你喜歡或討厭下雨天嗎？請你運用譬喻法句型描述你的感受。

舉例：(1)我討厭下雨天，下雨天讓我的心情像匍匐在地的失魂者。
(2)我喜歡下雨天，下雨天讓我的心情像談戀愛的滋味。

★寫寫看：我(喜歡/討厭)下雨天，下雨天讓我的心情像重感冒在家的難受。

4-2.想一想你的生活中，哪一件事或什麼時候讓你感覺「真好」？

家人還在身邊

▲〈下雨天，真好〉暖身題。

※挑戰題：讀寫合一

提到「寫作」，學生討厭，老師改作業更是痛苦，即使想要教，也常苦於課堂時間不足而草草了事。為了改善這個問題，挑戰題的設計便著重於「讀寫合一、觀點探究、跨域延展」，在設計題目時要針對「提取轉化、系統思考」進行提問，藉此訓練學生的寫作能力，同時結合他們的生活素材或生命覺察，達成讀寫合一的目標。

以此為標準設計出這課的挑戰題，說明如下：以〈吃冰的滋味〉為例，挑戰題的設計讓學生結合觀察、分析與寫作能力來完成作品。首先，學生使用 iPad 搜尋想要介紹的美食，並從視覺、嗅覺、味覺等多感官角度來描述食物，這不僅訓練他們的觀察能力，也幫助具體化抽象的感受。接著，學生要以「美食小記」的形式撰寫文字，擴展簡單的感官描寫，並要求用生動的語言傳達食物的特色與吸引力，挑戰他們的表達能力。

同時，學生需要運用已學過的修辭手法，如：擬人法、譬喻法（這些技巧在〈夏夜〉中學過）。透過「美食小記」的書寫，學生能夠訓練語言運用能力，並能發揮創意和想像力。此外，題目也鼓勵學生思考「推薦」的概念，學會如何從自己的角度說服他人。

鹹酥雞（鹽酥雞）

◆色（視）：美麗的金黃色
◆香（嗅）：誘人的胡椒香
◆味（味）：香、酥、鹹
◆其　他：

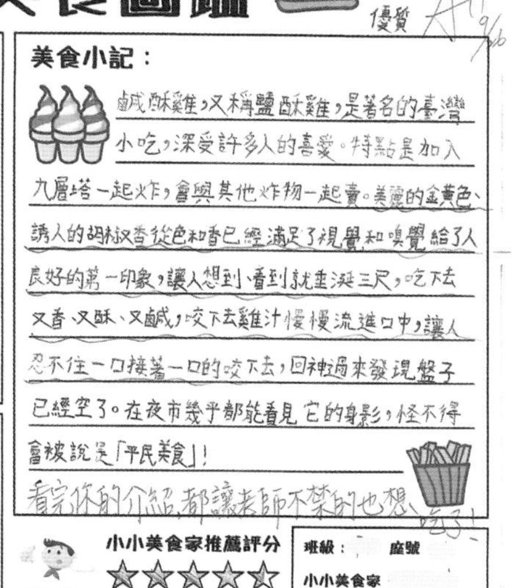

▲〈吃冰的滋味〉挑戰題。

生活請減「塑」慢行

一、　旅行日誌中，塑膠的結局們如何？

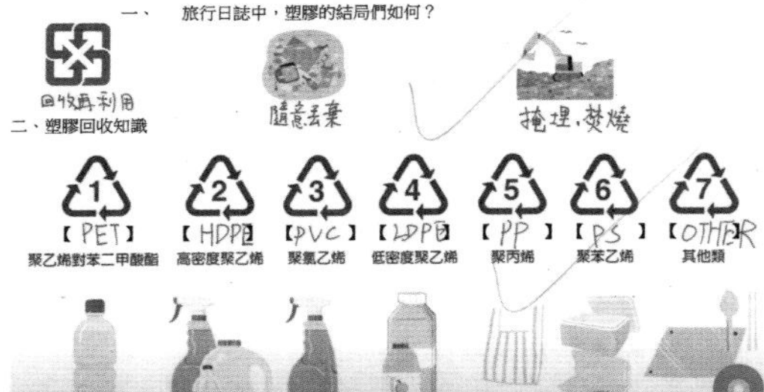

二、塑膠回收知識

1	2	3	4	5	6	7
【PET】	【HDPE】	【PVC】	【LDPE】	【PP】	【PS】	【OTHER】
聚乙烯對苯二甲酸酯	高密度聚乙烯	聚氯乙烯	低密度聚乙烯	聚丙烯	聚苯乙烯	其他類

三、請你利用三天的時間觀察自己所製造的大小垃圾，並記錄在表上，用於下次上課前完成。

	物品名稱	用途	數量
可回收	(飲料)礦泉水寶特瓶	喝水	8
可回收	瓶蓋	保持瓶上	8
可回收	報紙	擦窗戶	4
可回收	塑膠袋	裝東西	8
可回收			
不可回收	保麗龍盒	裝東西用	2
不可回收	衛生紙	擦桌子	17
不可回收	包裝塑膠袋	包裝用	19
不可回收			
不可回收			

★請搭配上週的垃圾紀錄表，分析出你一週所製造的前三名塑膠垃圾，於下列回答問題：

1.塑膠垃圾排行榜

名稱	寶特瓶	衛生紙	包裝塑膠袋
數量	8	17	19
來源	喝水	擦桌子	包裝用

2.減塑慢行

(1) 針對上面的垃圾量，我能採取什麼策略來達到減塑的效果呢？

使用環保杯
使用抹布，少用衛生紙
買包裝袋較少的物品

(2) 在日常生活中，我願意做到的減塑行動有哪些？

多使用重複性，少用一次性的物品。

(3) 寫下你在這兩堂課的學習心得(至少50字以上)

要對環境好，才能回報到自己，如果刻意破壞環境，人類在吃海鮮時，反而會傷害到自己，海洋的生物鏈如果被破壞陸地的生物鏈也會受影響，人類也會受到影響。

人類善待自然就是善待自己^^我們共同保護環境~

▲〈那默默的一群〉搭配環境教育，讓學生以「生活請減塑慢行」為主題，身體力行，實踐減塑行動。學習單中用統計數量的方式讓孩子清楚認知：我們一天會製造多少垃圾量；同時省思：應該如何在生活中減塑，來達到環保的目的。

回應列表：

回應委員審核結果

本課程設計非常優，引導學生看到塑膠廢棄物對環境造成的污染，然與主題提報"氣候行動"的連結較不清楚，請補充敘明其連結性或更改為非主題提報

發表人：回應委員　發表時間：2023-11-21

回應委員審核結果

本課程設結合語文、社會及自然領域，進行跨領域之教學。透過國文課文的延伸，帶入塑膠垃圾問題、垃圾造成的污染及其對生態的影響。

除了從新聞及時事來引導之外，學生亦紀錄自己生活中產生的塑膠回收品，藉以檢視自身的生活習慣有何問題，進而找出解決的方案。

這場教學除了讓學生學習環境教育相關知識，也讓學生思考如何改善現有問題，進而願意為自己及其他生物所處的環境盡一份心力，是非常棒的素養教學。

發表人：回應委員　發表時間：2023-11-22

▲配合學校課程計畫，將上圖搭配環境教育的課程及學習單，提報至「教育部綠色學校夥伴網路」，獲得推薦，同時也將課程內容公開分享在平臺上。

▲以文轉圖的方式，讓孩子對於〈田園之秋選〉的內容架構更加深化記憶；同時也在畫圖的過程中，再次針對文本進行統整和歸納。

重回當初的理想課堂樣貌——閃閃發光的小眼睛

經過一年的實踐，我很慶幸帶的是全新的七年級班級，而非「後母班」，這讓我能更適性地引導學生進入合適的學習策略。在實施 MAPS 教學法之前，班上一些學生雖努力學習，卻因為缺乏學習策略與方向，成績始終無法提升。傳統的講述法或提問法，讓學生習慣於標準答案，或教師淪於自問自答，少數學生或因專注力不足導致學習動力低落，經常需要老師不斷提醒才能跟上進度。

自從引入 MAPS 教學法後，班級的學習氛圍有了顯著變化。透過教師有意識的備課與精心設計的提問，引導學生們自主思考，更有效地整理知識、理解課程內容。隨著學生掌握了合適的學習策略，課堂不再散漫，而是充滿專注與積極參與的氛圍。師生之間不再因成績或訂正問題而劍拔弩張，取而代之的是和諧的互動。

從過去學生埋頭翻找參考書、閃避老師眼神，到現在他們願意嘗試思考各種可能的答案，自發地進行討論，提出見解、確認答案。過去為了拍照裝作認真的情況不再出現了，因為學生專注投入已經成為課堂中的日常。我曾期望的課堂風貌——師生共學、課堂對話、學生專注討論、學生成為教室的主人，似乎開始成形了。

▲因為成就，而有更多自信；課堂討論也更加聚精會神。

◆實驗後

不需要準備好才上路，上路才有機會更完美

二〇二二年九月，我以實習老師的身分參加第一場有關MAPS的研習——桃園夢N，二〇二三年二月在新北市立丹鳳高中正式開始教職生涯，八月重回現在任教的新北市立忠孝國民中學。一路走來，雖然過程中經歷酸甜苦辣，但我始終堅持在課程中融入MAPS，如今終於守得雲開見月明。

在教學過程中，我深刻感受到理想與現實的差距。剛踏上教職的我，懷抱著對教育的熱忱，希望課堂成為學生積極參與、討論和反思的場域。然而，現實中的教學挑戰，如學生學習動機不足、能力差異過大、家庭背景影響等，讓我的熱情逐漸被無力感取代。我曾試圖大量發放測驗卷，逼迫學生透過刷題提高成績，但發現這樣的方式不僅無法有效提升學生的學業成就，反而讓自己陷入教學迷茫與自我消耗。

隨著經驗的積累，我開始重新審視自己的教學方法。大叔曾在我們的拍立得合照上寫下：「備課在凝鍊，提問在意識。」這句話提醒我在備課時要「有意識」與「脈絡化」。教學不應只停留在知識的傳遞，更應引導學生在理解文本的過程中，逐步建構自己的思維與見解。從提問設計到課堂運作，教師應該扮演引導者的角色，而不是單純灌輸知識的人。

▲ MAPS 五〇二小組，有你們的陪伴，教育路上再也不是孤軍奮戰。

教學是一個不斷調整與進步的過程，只有透過反思與實踐，才能接近自己理想中的課堂，並為學生創造更有意義的學習體驗。教育無法一蹴而就，而是一場漫長的修行。

感謝當初滿腔熱情、一頭栽進MAPS學習洪流中的自己；感謝在這一年中經歷淬鍊而成長、把握著每一堂課的實踐與互動的自己。感謝五〇二的共備夥伴、協作的老師們：新北市立中山國中徐紫庭老師、臺南市立中山國中王怡惠老師、臺中市立沙鹿國中蔡雅妮老師、高雄市立文山高中蘇昱芳老師。每月的共備過程總是溫馨滿滿，有教學分享、問題討論與解決、互相大吐苦水，讓我們彼此都能以踏實、坦然的狀態面對每一次的教學。

感謝曾遇見的導師和學生們，從二〇二三年新北丹鳳的八〇二班、八〇六班、八〇九班，新北忠孝的七一〇班、七一一班、七一二班，到二〇二四年的七〇五班、七〇六班、八一二班，感謝你們配合我密集的上課安排，和大量的書寫作業。

此外，感謝我的工作夥伴——新北市立忠孝國中謝孟家老師、李怡潔老師，謝謝你們的耐心與包容，透過你們的回饋讓我覺察自己的不足，並向你們看齊，不斷精進教學。

最後，感謝我的心靈夥伴——桃園市立建國國中賴憶絜老師、林晏如老師，二位不僅是MAPS的成員，也有著優化教學的共同目標。更重要的是，我們互相扶持走上這條路，並以生命影響生命為志業持續耕耘，傳承教育的價值核心。

【國小領域】

3

黃中一／ MAPS 教學的進化之旅

桃園市八德區大忠國民小學

山中大叔導讀

江湖十載，尋覓有心人繼承 MAPS 心法。黃中一初試啼聲，如初學劍客，從模仿起步，漸入佳境。他在大忠國小尋得同道，結義共研 MAPS 劍法。面對疫情亂世，他運用數位神兵利器，讓教學突破重圍。經過三天培訓洗禮，終悟 MAPS 三重境界：暖身、基礎、挑戰。如今，他已能靈活運用，甚至創新招式，帶領學生破繭而出。看他一路從學徒到高手的蛻變，令我欣慰。

這是一部教學成長的武功祕笈，值得細細品味。

◆ MAPS 啟航

熱血初心

在與 MAPS 結緣之前，當然要先認識王政忠這號人物。

在我考上正式教師時，教育部主辦的研習邀請到大叔來當講師，電影《老師，你會不會回來？》也在同年上映。受到演講的啟發與電影的感動，我憑藉一股熱情，參加了當年的桃園夢N。畢業於社會所的我，思索許久，決定加入小社；並且因為與大叔擊了那一掌，隔年便站在舞臺上，成為了實踐家。

隨著自己在社會領域和夢N的精進，加上歷年在學習扶助教學過程中所醞釀的數學教學底子，我在初任教師的教學路上，雖然不至於無往不利，但也可稱得上一帆風順。然而，幾年後進行的學力測驗，讓我正式跳出象牙塔，開啟想要讓自己變得更好的契機。

▲與大叔擊掌，成為熱血實踐家。

學力測驗後產生的不安

約從二〇一八年開始，陸續有縣市舉辦「國小學力檢測」，對象是國小三～六年級，測驗科目有國語、數學、英語、自然，測驗結果除了有學生個別成績外，也呈現班級在全校、全市或全臺的學力分布。教師可藉此理解學生的學習狀況，作為調整教學方向的參考。

施測的這一年，我任教高年級，數學、自然兩科在成績表現上除了是全校最高以外，更是超過全臺平均。然而低於全臺不少的國語成績馬上把我打醒，讓我陷入漫長的反思。

自己是在研究所時考取教程班後取得教師資格，兩年四十學分班的師培課程短暫且快速，與太太四年大學培訓的豐厚教師底蘊有著天壤之別。在國語教學方面，課文、生字、修辭、文意深究雖然都會教，但卻不專精，長存於心中的不安感，直到這次學力檢測的成績才被凸顯出來，讓我開始尋找改變的方法。

從模仿開始

在什麼都還不會的時候，模仿是最快速且有效的方式，因此我的 MAPS 便是藉由模仿雲林縣鎮東國小蔡志豪老師的 MAPS 講義為起始。然而，見樹不見林的教學方式仍然讓我覺得效果極其有限。即使如此，卻也讓我漸漸熟悉三層次提問的方式，並且開始根據自己的喜好，塗塗改改、將學習單變成自己想要的樣子。

在這年的 MAPS 的嘗試旅途中，雖然知道 MAPS 有暖身、基礎、挑戰題，但在還沒理解這樣設計的原因時，往往會因進度的問題而直接略過挑戰題。而且在操作題目方面也缺乏引導，基礎題轉化成心智圖時也相當生疏。隨著疫情開始大爆炸，我的第一屆畢業班就在沒有畢業典禮的狀況下，跟著我不甚成熟的 MAPS 嘗試一起畢業了。

新學校的 MAPS 教學團隊

新學期到來，我調到了現在服務的大忠國小，這應該是我在教育路上所做的最棒也是最重要的決定之一。除了可以跟太太同校，在這邊我認識了引領我進入培訓最重要的人物——陳佳慧老師。正巧，佳慧邀請了大叔以及北區夢 N 的幾位 MAPS 講師來大忠國小進行一天的 MAPS 基礎研習，比起當初二〇二〇年在宜蘭夢 N 聽的實踐家分享場，這次的研習對我在之後的 MAPS 教學產生莫大幫助。

我仍然擔任高年級導師，最特別的地方在於，我們這個學年九個班中有六個班使用 MAPS 提問單來上課。作為剛過來新環境的小菜鳥，身為共備團一員的我，在一開始毫無貢獻的情況下，就搭著便車享受大家的成果，一同使用講義來上課。

在這一年當中，因疫情反覆而發生第二次大停課，許多互動軟體如 myViewBoard、HiTeach 等，在這幾年接連問世，這也讓 MAPS 共編團隊開始逐一將每堂課的內容數位化。在許多老師還在面對線上教學苦哈哈的階段時，我們依然能透過數位化的 MAPS 講義，進行教學。

到了五下，我開始協助團隊進行數位化的製作。在 MAPS 教學團隊中，我們每星期固定一節課是共備時間，此時主要設計教材的老師會透過數位檔案說明 MAPS 設計的理念，同時指出數位檔案中的每個小巧思，我們的 MAPS 不是一個人，我們是一群人。

在這兩年參與 MAPS 教學團隊後，我的國語課堂達到了相當令人滿意的狀態，除了有更多的夥伴提供想法以外，共備讓我的備課速度如光速般前進。我更能在教學之前思考我想要的重點是什麼；有更好的想法後，我可以很快速地修改成我想要的題目。我終於踏進了某種層次，我可以更有條理地引導完暖身題，進到基礎題後可以透過紙本或者數位檔案更快檢核答案。操作到六上時，程度較好的學生甚至兩堂課就可以完成一整份的 MAPS 提問單，再加上一堂課的話甚至可以讓心智圖更加色彩繽紛。

好啦，MAPS 教學很完整了對吧？不對！還不夠！天生反骨的我，總在閱讀文本後，還想要多改變一點什麼！然而，如果多了這點調整，MAPS 的精神是否會被改變？我真的對 MAPS 的精神夠了解嗎？看著太太在低年級與另一位老師嘗試設計二年級的 MAPS 教學時，她那樣的獨立設計能力，我現在具備了嗎？或是目前我只是乘著夥伴的羽翼，在進行另一種「模仿」呢？種種疑問讓我再次產生了改變的想法，這時，佳慧再度推了我一把，我和太太一起參加了第五屆 MAPS 培訓。

MAPS 培訓

暑假的三天培訓真的讓自己從頭到尾重新認識了 MAPS。

原先對於文本理解能力不佳的我，除了重新理解「三層次提問」的精神與原則外，更進一步把意義、架構釐清。之前的疑問在這幾天和「三盟海誓五〇三」的夥伴與協作翠婷的帶領下，漸漸從朦朧到清晰。這三天結束後，需要持之以恆、為期一年的實踐之路開始了。

◆ 我實踐 MAPS，我驕傲

到了新學年，原有的 MAPS 設計夥伴有了些許改變，我和同樣任教高年級的太太正式加入設計團隊。新課綱的高年級國語課程變成十二課，團隊夥伴各自分配一整個單元的提問設計。隨著更加進步的技術，夥伴們各自生出每一課的 MAPS 講義、心智圖、MAPS 數位檔。其間仍然維持每週一堂課的共備，我最佩服我們團隊的其中一點，就是共備真的幾乎全員到齊！

後疫情的新學期

這一屆的學生在中年級接連經歷兩次停課，所以我們早

▲ MAPS「三盟海誓五〇三」的夥伴。

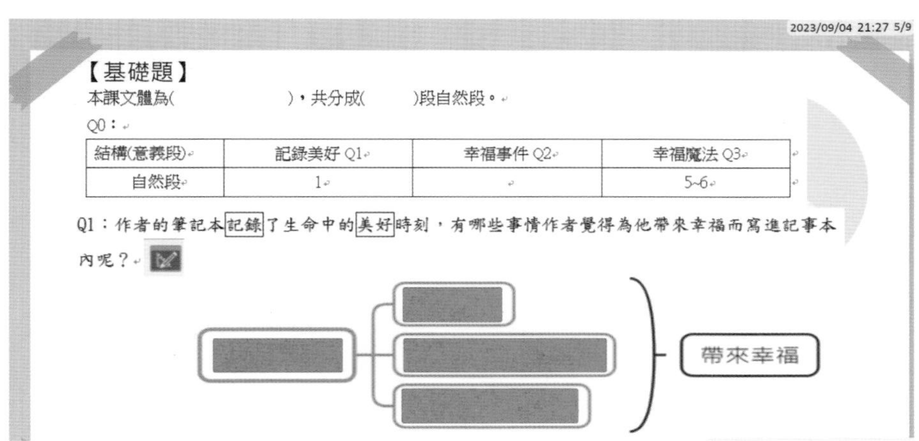
2023/09/04 21:27 5/9

【基礎題】

本課文體為(　　　　　　)，共分成(　　　)段自然段。

Q0：

結構(意義段)	記錄美好 Q1	幸福事件 Q2	幸福魔法 Q3
自然段	1		5~6

Q1：作者的筆記本記錄了生命中的美好時刻，有哪些事情作者覺得為他帶來幸福而寫進記事本內呢？

帶來幸福

▲基礎題學習單透過數位檔案作業可更快檢核答案。（南一五上第一課〈幸福筆記本〉）

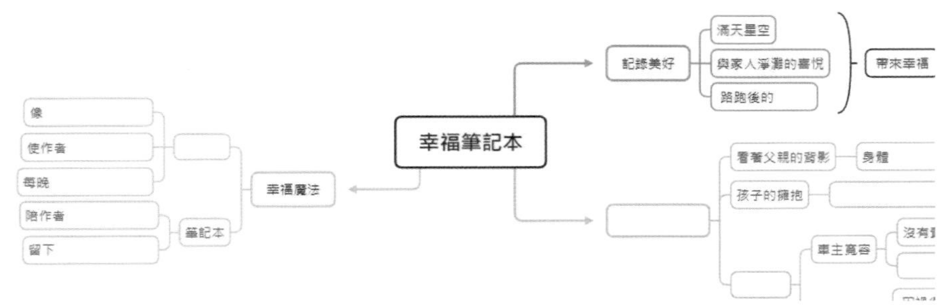

▲預先提供大量鷹架，讓學生練習透過基礎題的題幹、答案，將課文轉化為心智圖。（南一五上第一課〈幸福筆記本〉）

有學科能力勢必會有落差的預期心理。因此，MAPS團隊在設計教材時，預計第一單元的前三課基礎題的心智圖，都是先給予大量的鷹架，讓學生可以先慢慢學會如何透過基礎題的題幹、答案，轉化成心智圖。

就算自己已經做了再多的心理建設以及預期，然和現實總是會比預期來的更……血淋淋。剛開始的第一節課，不要說心智圖了，無法分辨自然段、意義段的學生，有將近十多位！

即使內心崩潰，該面對的還是得面對。我還是花了一些時間帶領學生理解自然段與意義段的區別方式。

面對現實後，我們把第一單元三課的心智圖填空再挖得更簡單一些讓學生跟上腳步，而這樣的調整也在第二單元開始看到部分成效。到了第五課開始，我們就開始挖掉其中一段讓學生自己嘗試了。

及時調整的結果，在第五課後開始慢慢看到功效。大概到了第七課抽離鷹架後，心智圖就剩下白紙一張了，在這邊約有三分之一的學生可以獨力完成、三分之一需要提醒後完成、三分之一是需要額外再教導的狀況。之後則針對後面百分之三十的學生，靠滾動式修正以及小組共學的方式提升他們的能力。

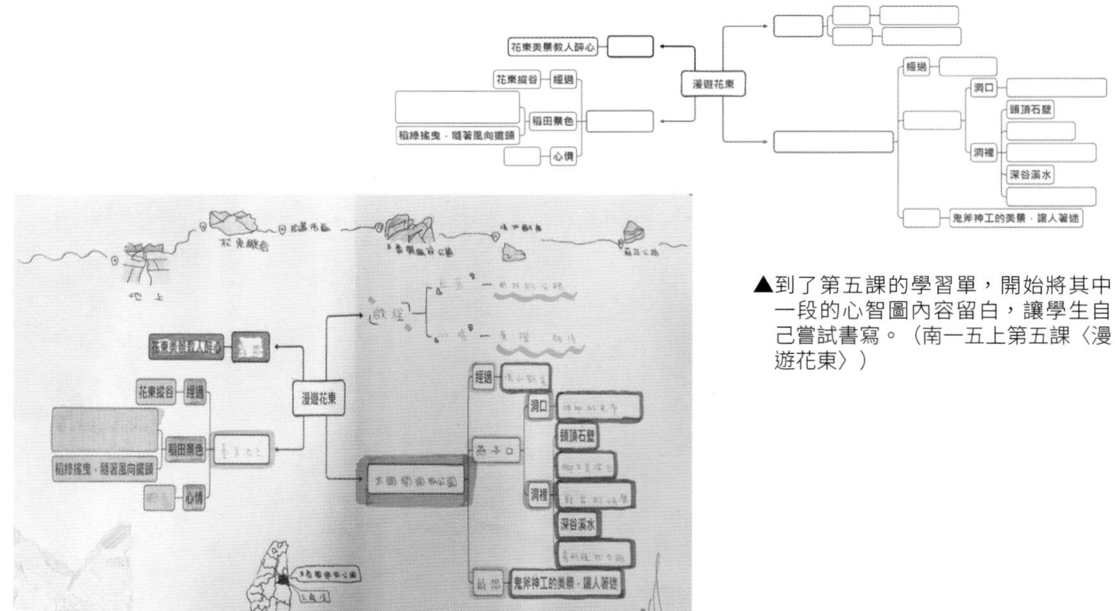

▲到了第五課的學習單，開始將其中一段的心智圖內容留白，讓學生自己嘗試書寫。（南一五上第五課〈漫遊花東〉）

▲學生作品：南一五上第五課〈漫遊花東〉。

暖身題

暖身題的設計偏向於猜測想像，藉以連結課文，例如：

> 五上第一課〈幸福筆記本〉
> 你的筆記本會記錄什麼？你認為作者的筆記本會記錄什麼？

> 五上第二課〈做人做事做長久〉
> 根據課名，你認為作者想要教我們什麼態度？

> 五上第四課〈特別的海〉
> 根據課名，猜看看要介紹什麼特別之處？

一開始這樣設計的好處，是可以減輕剛接觸 MAPS 的學生壓力，反正猜測想像的題目就是讓學生天馬行空的自由發揮想像力。

另一部分的暖身題，則是引起動機、情境導入，例如：

> 五上第二課〈做人做事做長久〉
> 看完冷氣師傅的影片，請在小組內分享你對這項職業的印象。

> 五上第四課〈特別的海〉
> 觀看影片，寫下你所看到的海岸讓你有什麼感受。

> 五上第五課〈漫遊花東〉
> 請觀賞以下白楊步道的部分影片後，完成遠景、近景的描述。

這種題目的主要目的在於連結課本內容，透過影片讓學生在進入文本之前能有先備知識，或者是複習曾經上過的教學重點，承先啟後。但是，學生一開始在寫題目的時候，往往會把題目當簡答題回答，因此會出現如：好辛苦、好漂亮、海很綠、沙很白這種你不能說錯、但一定會爆青筋的答案。

萬事起頭難，在這種情況下，總需要花費時間慢慢加以引導，並利用鼓勵增強的機制讓學生交出來的答案能趨向自己心中的完整回答。

最後想分享二個在暖身題中，自己覺得設計得很有趣的題目：

> 五下第四課〈縣官審石頭〉
> 請發揮推理的精神，完成影片中的小活動。

▲學生作品：南一五下第三課〈色香味的陽光〉。

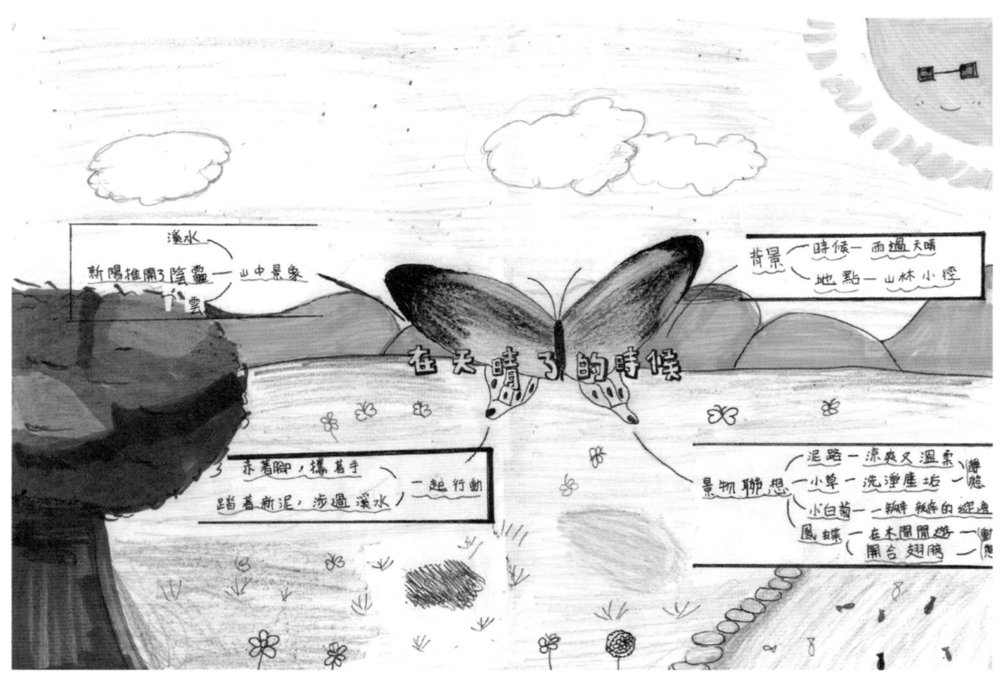

▲學生作品：南一六上第一課〈在天晴了的時候〉。
經過一年的努力，得到學生爆炸性的成長。

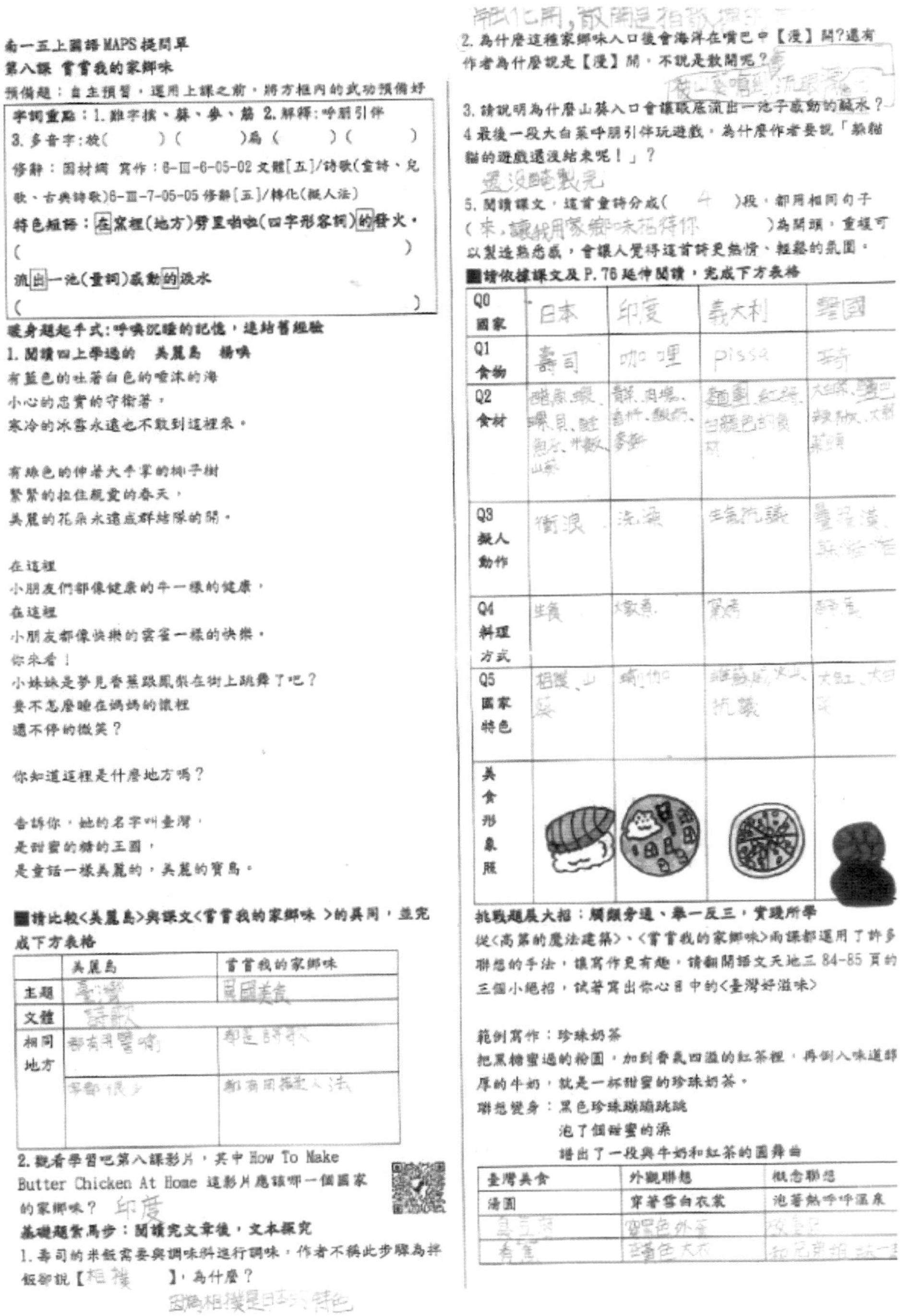

南一五上國語MAPS提問單

第八課 嘗嘗我的家鄉味

預備題：自主預習，運用上課之前，將方框內的武功預備好

字詞重點：1.難字揉、蘇、參、篇 2.解釋：呼朋引伴

3.多音字：數(　　)(　　)爲(　　)(　　)

修辭：國材綱 寫作：6-Ⅲ-6-05-02 文體[五]/詩歌(童詩、兒歌、古典詩歌)6-Ⅲ-7-05-05 修辭[五]/轉化(擬人法)

特色組語：在窯裡(地方)劈里啪啦(四字形容詞)的發火。

(　　　　)

流出一池(量詞)感動的淚水

(　　　　)

暖身題起手式：呼喚沉睡的記憶，連結舊經驗

1.閱讀四上學過的　美麗島　楊喚

有藍色的吐著白色的噴沫的海
小心的忠實的守衛著，
寒冷的冰雪永遠也不敢到這裡來。

有綠色的伸著大手掌的椰子樹
緊緊的拉住親愛的春天，
美麗的花朵永遠成群結隊的開。

在這裡
小朋友們都像健康的牛一樣的健康，
在這裡
小朋友都像快樂的雲雀一樣的快樂。
你來看！
小妹妹是夢見香蕉跟鳳梨在街上跳舞了吧？
要不怎麼睡在媽媽的懷裡
還不停的微笑？

你知道這裡是什麼地方嗎？

告訴你，她的名字叫臺灣，
是甜蜜的糖的王國，
是童話一樣美麗的，美麗的寶島。

■請比較<美麗島>與課文<嘗嘗我的家鄉味 >的異同，並完成下方表格

	美麗島	嘗嘗我的家鄉味
主題	臺灣	異國美食
文體	詩歌	
相同地方	都有用譬喻	都是詩歌
	[illegible]	都有用擬人法

2.觀看學習吧第八課影片，其中How To Make Butter Chicken At Home 這影片應該哪一個國家的家鄉味？　印度

基礎題紮馬步：閱讀完文章後，文本探究

1.壽司的米飯需要與調味料進行調味，作者不稱此步驟為拌飯卻說【相撲　】，為什麼？

因為相撲是日本的特色

2.為什麼這種家鄉味入口後會海洋在嘴巴中【漫】開？還有作者為什麼說是【漫】開，不說是散開呢？

3.請說明為什麼山葵入口會讓眼底流出一池子感動的鹹水？

4最後一段大白菜呼朋引伴玩遊戲，為什麼作者要說「躲貓貓的遊戲還沒結束呢！」？

還沒睡覺完

5.閱讀課文，這首童詩分成(　4　)段，都用相同句子(來，讓我用家鄉味招待你　　)為開頭，重複可以製造熟悉感，會讓人覺得這首詩更熱情、輕鬆的氛圍。

■請依據課文及P.76延伸閱讀，完成下方表格

Q0 國家	日本	印度	義大利	韓國
Q1 食物	壽司	咖哩	pissa	[illegible]
Q2 食材	[illegible]	[illegible]	[illegible]	[illegible]
Q3 擬人動作	衝浪	[illegible]	生氣抗議	[illegible]
Q4 料理方式	生食	燉煮	[illegible]	[illegible]
Q5 國家特色	相撲、山葵	[illegible]	[illegible]	[illegible]
美食形象照				

挑戰題展大招：觸類旁通、舉一反三，實踐所學

從<高第的魔法建築>、<嘗嘗我的家鄉味>兩課都運用了許多聯想的手法，讓寫作更有趣，請翻閱語文天地三84-85頁的三個小絕招，試著寫出你心目中的<臺灣好滋味>

範例寫作：珍珠奶茶

把黑糖蜜過的粉圓，加到香氣四溢的紅茶裡，再倒入味道醇厚的牛奶，就是一杯甜蜜的珍珠奶茶。

聯想變身：黑色珍珠蹦蹦跳跳
泡了個甜蜜的澡
譜出了一段與牛奶和紅茶的圓舞曲

臺灣美食	外觀聯想	概念聯想
湯圓	穿著雪白衣裳	泡著熱呼呼溫泉
[illegible]	[illegible]	[illegible]
[illegible]	[illegible]	[illegible]

▲學生作品：南一五上第八課〈嘗嘗我的家鄉味〉。

從最初只能寫出「很辛苦」這種簡單直白的答案，到第八課能開始寫出完整表意的句子，可以看到學生們的進步。

這個題目是透過柯南推理的影片，引起學生動機，讓他們認識推理過程中必須要注意到的細節，進而理解課文中的縣官如何機智地找出犯人。過程中，這個活動頗能引起學生共鳴，他們給的答案總是出乎意料，連老師都覺得有趣。

> 五下第六課〈佐賀的超級阿嬤〉
> 昭廣的父親死於原爆後的後遺症，觀看影片寫出後遺症有哪些。

這個題目是連結至社會課的能源議題，雖然課文中只有稍微提到原子彈的後遺症，但我想透過這部分的內容延伸，加深學生對於輻射危害的知識。

基礎題

在設計基礎題時往往是最燒腦的，過程中總會面臨難以取捨的抉擇——究竟要保留哪個部分的答案？題幹的問法要怎麼設計？遇到令人兩難的問題往往在燒掉半天時間後，還沒有答案。只能告訴自己，繼續多累積經驗、多看別人的設計，或許某天就會豁然開朗。

設計基礎題時，最主要是往「架構」、「意義」兩個方向走。議論文、說明文這二種文體，我幾乎都採用「架構」的設計路線。議論文部分，高年級開始要深教，從「論點、

Q2&Q3：本課為了呼應首段提出的觀點，作者舉出兩個各有特色的地點來描述海景，依序是分說一及分說二，請依據課文內容完成以下表格：

名稱／說明	牛奶海	（　　　）
聯想	烏龜喝牛奶	（　　　）
（　　）	（　　　）	馬祖西莒島
特色	—顏色：（　　）色、（　　）色和上（　　）色 —味道：像（　　）味	—形狀：忽大忽小的（　　） —白天：（　　） —晚上：（　　）
成因	源源不絕的海底熱泉	（　　）與（　　）
其他		金門（　　）

Q2：根據故事發展，完成以下表格。

關心的角色	麵店老闆	阿土	阿三	路人
說明	兩人賊頭賊腦在閒晃	我生意很好	別作賊喊抓賊	無
態度與做法	告官府	理直氣壯	挺胸凸肚	假的真不了、真的假不了。

Q3：根據故事轉折，完成以下表格。

人物	縣官	馬明	阿土	阿三	民眾
地點	公堂				
說明	石頭嫌疑大，押石頭來審問	丟了錢，請大人做主	一身清白	賣水果就賺大錢，嫌錢少	火眼金睛辯忠善；斷案如神無事端
態度	面無表情	委屈	聲音發抖	一臉輕視	

Q4-1：請根據故事高潮，完成以下表格。

高潮事件一				
人物	縣官	官差	眾人	阿土、阿三
行為	審問石頭	敲打石頭	哄堂大笑	脹紅了臉 身體發抖 強忍笑意

▲基礎題學習單：利用表格的規劃與設計，將基礎題與心智圖合一，學生寫完的同時也幾乎可以完成心智圖內容。（南一五上第四課〈特別的海〉、第六課〈縣官審石頭〉）

論據、結論」這樣的架構著手就可以很容易讓學生分別；說明文則是採用「總說、分說、總結」的模式，社會課本就是最好的例子。設計架構算是簡單的了，因為文章主旨相當明確。課文中常見的記敘文才是大魔王！因為每個人解讀文本的習慣、想法不同，對於一篇文章就會有各種不同的看法，所以在設計階段就會卡關的往往都是記敘文。

其中特別跟大家分享的是，以往常看到的基礎題設計都是以提問為主，但於種子培訓時期，在設計一篇說明文的題目時，夥伴們建議用表格代替。雖然一開始我有點排斥，但完成之後，反而讓我喜歡上這樣的設計方式。因為只要文本允許，表格的設計方式可以直接把基礎題與心智圖合一，學生寫完的同時，心智圖也就接近完成了。

挑戰題

※ 讀寫合一

挑戰題是老師五花八門創意的展現，讀寫合一、觀點探究、跨域延展，各有老師們善用知識專長讓題目各自精采。其中我自己最少操作的是讀寫合一，因為時間真的很有限，沒有足夠的批改時間。但不寫則已，一寫驚人，以下分享一題讀寫合一的設計：

> 五下第四課〈縣官審石頭〉
> 請發揮自己的創意，在不更改故事的背景、結果的原則下，創造出一則全新「縣官審石頭」的故事。

這題的讀寫部分，要先讓學生理解故事的全貌，知道劇本有所謂的背景、發展、轉折、高潮、結果。再讓學生發揮自己的想像力改寫故事，看到的有許多有趣的作品，拜現在動漫作品所賜，最多人寫穿越、其次是異世界。

※ 觀點探究、跨域延展

觀點探究與跨域延展是我比較常出的挑戰題類型，我覺得最困難的地方在於如何呼應暖身題。其中最有趣的在五上第五課〈漫遊花東〉這一課，以下是題目的例子：

> 五上第五課〈漫遊花東〉
> 暖身題：本課的標題是「漫遊」花東，請寫出自己對「漫遊」的想法。
> 挑戰題：呼應暖身題Q1本課課名「漫遊花東」，作者描述用兩天的時間走訪花蓮與臺東的兩個景點，你認為標題定名「漫遊」是否合適？請完整詳述理由。

身在花蓮七年的我，一看完課文後就對「漫遊」有著疑問，因此就在暖身題設計讓學生思索「漫遊」的意涵，最後在挑戰題呼應漫遊的意義，讓學生反思。

另外，也可以在每個單元的最後一課，用挑戰題作為收束，讓學生反思自己在這個單元學到了什麼。如下題：

> 五下第六課〈佐賀的超級阿嬤〉課文第二單元的主題是「智慧之鑰」。從〈縣官審石頭〉學到了趙縣官的機智；從〈高明說話術〉學到了好好說話的重要性；從〈佐賀的超級阿嬤〉學到了樂天知命的處世態度。其中你認為何者最重要？請詳細說明理由。

這一題在小組線上分享時，得到夥伴們的好評；看學生的回答也有一些出乎意料的收穫。

◆ T-MAPS

寒假回流兩天的課程中，聽到大叔分享對於TPACK的教學論述，坦白說，一開始聽到TK、PK、CK的時候早已暈頭轉向。但自己重新消化吸收後發現，當時在大忠MAPS團隊中，早已試圖往這個目標邁進。以下是我使用的其中一個案例。

五下第十課〈沉默的動物園〉一課，是一篇出現倒敘概念的文章。因此我的安排是：

TK：透過myViewBoard將課文拆解成段落，傳送給學生，實際操作排列順序。

PK：差異化教學，讓學生完成作業後，可以根據學生程度給予不同程度的回饋。

CK：掌握倒敘法的使用方式，並理解其使用特色。

從這次的活動可以看出，學生們的語文理解能力有些落差，部分學生可以用順敘法排列出課文順序，這時就可以引導他們說：這樣的排列缺少倒敘的元素唷！而部分學生的排列完全爆炸，代表他們無法掌握文章的本質，這時就可以引導他們如何透過「起承轉合」的方式抓出文章脈絡。

隨著科技的日新月異，愈來愈多軟體可以作為教學的好幫手。對我而言，科技融入教學的本質在於——透過科技，可以達到趣味性、立即性、有效性。

趣味性：讓教學方式有變化，並讓學生可以覺得新奇有趣，提高學習動機。

立即性：立即呈現學生答案，達到楷模學習，實現無人可置身事外的學習。

有效性：將學習權還給學生，透過老師建構的鷹架，讓學生操作自己的脈絡學習。

隔天早晨，我們頂著烈陽，懷著興奮的心情，到小機場乘坐飛機，準備見識這世界聞名的文化遺址。【飛機小，年紀卻不小】，引擎聲轟隆轟隆的，有時候使人懷疑它就要飛不動了。但它確實在飛，【一朵朵白雲像蓮花似的，飄過我的小窗前】。雲層時濃時薄，穿梭其中，【不穩定的氣流已經把機上的人都震成一圈圈的彈簧啦！】

【不過，古代的納斯卡人，可沒有被燥熱與乾旱擊倒。】我們來到考古博物館，農耕時代遺留下來的精美織布、陶器、樂器和飾物，為後人留下了見證。此外，從大量陶器上所畫的圖案中，我們可以知道：這是一個農耕民族。而這些證明，也成了人們解謎納斯卡線——納斯卡沙漠上出現的巨大圖形——的重要線索。

到秘魯（Peru）旅行的人，絕不會錯過納斯卡線（Nazca Lines）。我們從秘魯首都利馬（Lima），搭乘八小時的雙層遊覽巴士到達納斯卡——有著兩萬五千人口的小城。【一路上，一邊是白浪滔滔的太平洋海岸，一邊是廣闊綿延的沙漠地帶。】【近午時分的太陽熱力逼人，沿途海灘上不時出現一波一波的彩色遮陽傘，戲水的人全努著嘴說：「熱熱熱！真熱呀！」】

【這座沉默的動物園就這麼安靜的存在了兩千年！】人類面對自然的時候，是渺小的，於是人類膜拜自然，向自然學習。但當人類與自然融合為一的時候，人類也是可以偉大的，納斯卡線就是最佳證明！

小飛機穿透雲案，機身忽然向左偏斜。「看！」隨著前座機長的高喊聲，【從飛機窗看出去，【眼下的山壁突然出現了一個人形畫，就像三歲娃娃的神來之筆：圓圓的臉、一對圓圓的大眼、長長的身體和一雙長腳。】【哇！外星人的傑作！】有人這麼說。

【不久，在一大片完全乾燥的沙漠表面上，出現一幅幅清楚而美麗完整的動植物圖案：小狗、猴子、蜂鳥、人形手、樹……被安頓在一個地上動物園裡。牠們的體型很驚人：猴子身長一百零二公尺，鳥的翅膀有一百二十公尺長……大大小小的排列，長達五十公里。】這神奇的地上畫遠遠超越想像，讓我們千真萬確用肉眼看見了，一個似乎不可能存在現實中的實體。

關於這個南美洲最具吸引力的歷史謎題，人們有各種推論，其中一種說法：這些圖案的線條對應了當時日月星辰的運行關係，是古納斯卡人為了發展農業製作的「巨大天文曆」，好幫助人們從事農耕、打魚和其他活動。

▲將科技產品融入教學過程，透過 myViewBoard 將課文拆解成意義段落，傳送給學生，讓他們動手重新排列。（南一五下第十課〈沉默的動物園〉）

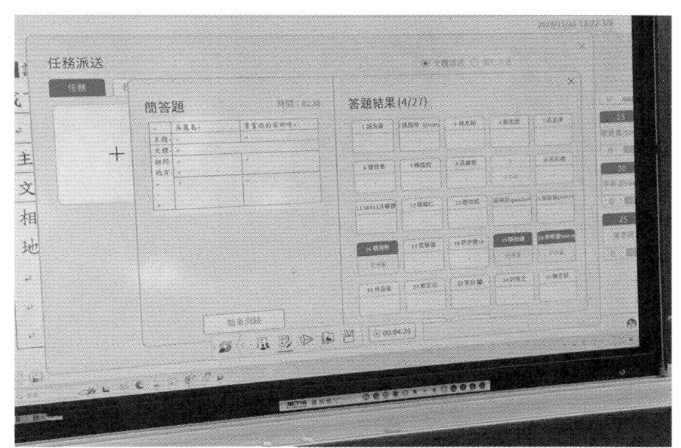

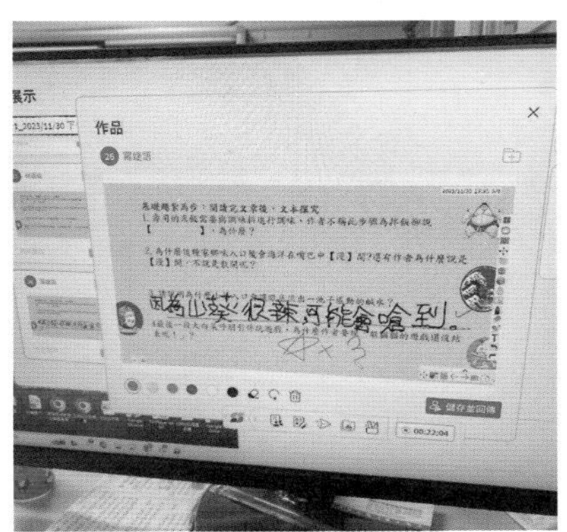

▲運用科技產品和全班學生一起進行題目問答：由老師進行任務派送（上），學生將答案上傳後，老師可以展示答案並直接批改（下左），也可以查閱文字回答的結果（下右）。

◆ 實踐力行的教育

在素養導向四大教學原則（整合知識技能與態度、情境脈絡化的學習、學習歷程方法與策略、實踐力行的表現）中，身為一個社會實踐家，我最注重「實踐力行的表現」。因此，在五上第九課〈小小力量將世界照亮〉一課中，我結合校本水埤塘課程，帶著學生去學校旁邊的埤塘公園，實地看看桃園埤塘的轉型。

轉型相當成功的案例就屬八德埤塘公園，但校園旁邊的西坡埤塘公園卻人煙稀少。為何同樣是觀光埤塘，卻有這麼大的差別呢？我帶著學生一同探索原因。我們整理出諸多問題，例如：死魚成堆導致臭氣熏天、飲水機及公廁等設施不足等。我們將問題彙整後，轉呈給政府機關。過了一陣子，死魚等問題便處理了。這一課挑戰題的成果讓我十分滿意。

我希望可以在學生心中種下一顆種子——即使是小學生，只要願意去嘗試，仍然可以用自己的力量去改變世界！

◆ To be continued

MAPS 教學是個有系統卻又兼具各種彈性的教學方法，拿起這本書正在閱讀的你，歡迎一同感受MAPS的無限可能。我的故事分享告一段落，輪到你的 MAPS 故事囉！

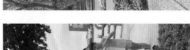

▲小小力量將世界照亮：結合課文內容與在地議題設計課程，讓學生有「實踐」的體驗。

【國中領域】

4

蔡雅妮／ MAPS 人生——新手老師的探索與成長

臺中市立沙鹿國民中學

山中大叔導讀

我還記得那個總是悄悄躲在角落、不敢發言的雅妮老師。

看著她從「差不多先生」蛻變成「MAPS 女戰士」，真是讓人既欣慰又想笑！從最初「躲避式回答」到後來帶著學生玩轉〈木蘭詩〉，她不僅突破了自己的舒適圈，更讓課堂變得生龍活虎。這篇文章記錄了她的成長歷程，就像是一部「菜鳥老師的 MAPS 冒險記」，相信讀完後，你也會被她的勇氣和熱情感動！

◆ MAPS 的第一步：決定啟航

迷茫的開始

炎炎夏日裡，學生在冷氣房裡聽著老師講課，漸漸進入夢鄉……這大概就是我剛開始教學時的課堂風景吧？四十五分鐘全程講述是我當時最常用的教學模式，後來即使嘗試自編學習單，提問卻顯得混亂無序。其實我自己也意識到問題，但實習期間，還是抱持著「能上完就好」的心態，像「差不多先生」一樣得過且過，最終還是以畏縮的心情度過了那段教學時光。

嘗試踏出第一步

在實習結束後，我偶然看到 MAPS 種子教師研習活動，心裡產生了新的想法：如果有機會參加，我要不要嘗試一下？一開始我是猶豫不決的，但在與指導老師的談話後，我決定踏出舒適圈，看看不同的世界，於是報名了第五屆種子教師研習。

第一次參加種子教師初階班時，既興奮又緊張。一方面，我終於有機會見到政忠老師，並且了解 MAPS 的操作方式；另一方面，我是菜鳥中的菜鳥啊！我擔心自己能否駕馭跟快速理解。這種不安果然成真，進入五〇二小組後，由於我備課經驗不足，對於最基本的三層次提問——特別是基於文本的基礎題設計——感到格外陌生。因為不熟悉課文內容，所以無法抓住教學目標和重點，導致設計提問時顯得生疏。當我跟不上進度時，我選擇了逃避，盡量不回答問題，或者用簡短含糊的話帶過，這就是我第一天的狀態。

然而，我真的很感謝協作老師們鼓勵我勇於發言、表達想法，在激勵之下，讓我逐漸激盪出一些新的想法和設計，再加上五〇二組員一起努力，我們順利完成了初階班及回流研習。

MAPS 第五屆的研習充實且正向，但最重要的當然是將所學付諸行動，實踐於課堂，改善教學與學習的品質，努力提高學生的學習成效。過程中，我也曾自我質疑：自己能否

▲一開始教書的情景，以講述為主。

▲五〇二的打氣專區。

順利度過這個挑戰？雖然行動的道路上充滿荊棘，但我很慶幸自己走完了一個階段。接下來，我將分享自己在幾堂課中的實踐經驗。

◆ MAPS的第二步：啟航探索之旅

夏夜

一年級的第一課，我的教學目標主要放在「熟悉課文內容」以及「基本的寫作技巧」。因此，我將注意力放在基礎題，希望可以培養學生擷取訊息和判斷作者寫作模式。我將主題分為兩類：內容統整與手法分析，並依據課文的架構（意義段）逐一設計題目。

在設計提問的過程中，其實有過掙扎。最初，我嘗試將內容和手法交互提問，但光是產出基礎題就花費了不少時間。經過同校老師的提醒，我最終決定將題目分為兩大類，避免學生在理解上感到困惑。

由於這是學生進入國中的第一課課文，師生及同儕間都還不熟悉，因此討論範圍僅限於個人或鄰座同學，並透過抽問了解學生的狀況。不過，我發現被動等待答案的學生很多，因此在學習單中的答案大多缺乏個人見解，因此多方引導就

▲內容統整

2-1 請看**第一部分「黃昏景象」**，這裡描寫許多角色，請同學試著整理以下表格。

角色	工作地點	工作內容	都正在做的事情
蝴蝶、蜜蜂			
	田野		
		照亮大地	

3-1 請同學看到**第二部分「夏夜來臨」**

(1)從哪個事件可以看出夏夜正式來臨？

(2)夏夜以何種方式來臨？(兩個)

(3)夏夜裡有什麼景象呢？這些景象分別代表什麼？

▲〈夏夜〉基礎題：訊息擷取及文章內容理解。

▲手法分析

剛剛老師把課文換了一些詞語並且念出來給大家聽，現在請同學再念一次〈夏夜〉課文。

5-1 請問作者所寫的夏夜文章，與老師剛剛所念的，有什麼差別？

5-2 作者的寫法達到什麼效果?

5-3 所以作者使用了什麼手法？

6-1 在4-1表格整理中，可以看出作者在第三部分**「深夜景象」**先是描寫了(　　　)態，再描寫(　　　)態。

6-2 請問有什麼用意？

▲〈夏夜〉基礎題：作者寫作手法理解。

變得很重要。例如，「以動襯靜」的概念對他們來說較為抽象，因此我透過生活中的例子作為橋梁，引導學生理解本課的寫作手法。

在暖身題設計方面，我以「引發動機」及「猜測聯想」為主，讓學生進行夏夜情境的聯想，並思考背後的原因。前後連貫呼應是我最大的設計要點，這樣一來可以為後續的基礎題鋪陳，引導學生思考作者為何選取這些景象作為夏夜描寫的對象，其次也讓他們練習表達自己的想法。由於暖身題屬於聯想性質，且與生活經驗相關，學生的書寫表現比基礎題好很多。

紙船印象

來到一年級上學期的後半課程，我將這課的教學目標放在讓學生理解「起承轉合」的寫作架構，並強調「轉折」處與「藉物抒情」的概念。「藉物抒情」不僅是學生學習寫作時的重要手法，也能讓他們在課文中找到情感表達的線索。

以下是我針對這堂課所設計的三層次提問。

※暖身題

暖身題的重點在於「藉物抒情」。我要求學生思考：若是由他們來描述紙船，會選擇從哪些角度進行書寫呢？這裡

▲手法分析

剛剛老師把課文換了一些詞語並且念出來給大家聽，現在請同學再念一次〈夏夜〉課文。

5-1 請問作者所寫的夏夜文章，與老師剛剛所念的，有什麼差別？老師念的較為呆板，課文裡較生動。

5-2 作者的寫法達到什麼效果？讓動植物有生命力，更加活潑。

5-3 所以作者使用了什麼手法？

擬人、譬喻、疊

6-1 在 4-1 表格整理中，可以看出作者在第三部分「深夜景象」先是描寫了（靜　）態，再描寫（動　）態。

6-2 請問有什麼用意？

前後對比，讓角色較生動。

▲學生書寫學習單基礎題，回答命中要點。

一、課前題

1. 本課題目為〈夏夜〉，根據你們自己的生活經驗，想到「夏夜」，你們會馬上想到什麼人事物呢？請舉出三個，並說明自己會馬上想到這些人事物的原因。

人事物	蟬鳴	冰	蚊子
馬上想到的原因	因為家旁邊的樹林常常傳來聲音	晚上熱的時候我都會吃冰涼快一點	半夜在我耳朵唱歌

▲〈夏夜〉暖身題：聯想時間。

可以看到，「猜測想像」是我這個暖身題的重點。此外，暖身題第四題還設計了「什麼物品會讓你想起誰」的問題，這不僅讓學生進行情感上的聯想，也為後續的寫作材料鋪路。這樣的設計可以讓學生理解，作者之所以選擇紙船作為文章主角，是因為紙船能引發他的情感共鳴，就像我們在表達情感時，常會藉由某個特定的物品或回憶來觸發情感輸出。

※ 基礎題

在前幾課中，我們已經多次練習切分文章結構，因此這次我進一步介紹「起承轉合」，並讓學生在聽了輔助說明後進行切分。這樣的架構切分可以幫助學生去理解課文脈絡，不致過於零散。

切分結構後，讓學生依序針對各大段落擷取、統整課文訊息。在處理文章的「轉」這部分時，由於轉折處通常是作者鋪陳後的文章重點，也是最精采的地方，這邊在引導的過程非常困難。為此，我設計了一系列問題，讓學生分析媽媽的特點及她內外在的矛盾，這有助於凸顯媽媽的偉大與作者的書寫用意。透過對於摺紙船的行為的思考，引導學生理解文章從敘事轉向抒情的過程，帶出後方的「母愛」。最後再請學生思考「美麗」這個詞，讓學生進一步思考母愛的表現方式。這部分前後不斷扣合，學生討論也花費較多時間。

※ 挑戰題

挑戰題部分回應暖身題的重點「藉物抒情」，要求學生思考本課運用了什麼寫作手法，並說明他們的判斷依據，希望他們有意識地說出自己的答案。接著，我們深入探討作者為何使用「藉物抒情」的手法，有學生認為這樣能讓讀者更容易產生同理心（超棒的回答），也有學生指出這種手法能讓情感表達更具體。這種讓學生思考、整理思緒並表達的過程，正是現代素養教育所要培養的能力。

這是我在一年級上學期的教學反思，感謝學生們與我一起探索三層次提問的世界。接下來，我將分享二年級的實踐經驗。

一棵開花的樹

在二年級的課程中，由於學生之間已經彼此熟悉，我決定採用分組教學。分組時，我根據平時國文表現進行分組，表現優良者擔任組長，組員中則混合了勇於發言、較害羞的同學以及學習動機較弱的學生。除了組長外，我一律稱呼所有組員為「小幫手」，希望讓他們知道，每個人都有能力為這個小組貢獻，團隊合作才是最重要的。

這堂課的教學目標有三個重點：首先是「意象理解」，因為這是本課書寫重點之一，也是一首詩中蘊含許多意義的

2.如果是你，會用哪些角度來形容紙船？
跟朋友比賽誰的紙船游的快

3.請猜測作者是想用「紙船」來傳達什麼情或道理呢？
情：對童年和朋友玩耍的思念、　原因：小時候都會和鄰居玩紙船，而長大後懷念玩紙船的時光。
道理：　原因：

4.什麼物品會讓你想起誰呢？原因為何？阿公在世時，都會坐在木椅上和我聊天、玩耍。
木椅子

▲〈紙船印象〉暖身題：腦力激盪後，學生的答案。

切分結構

1.本課的架構為「起承轉合」，【起】開頭先提出議題與自己的主張看法。【承】承接「起」的主張，提出佐證或說明強化概念。【轉】必須有別於「承」，可以換個觀點角度闡述主張、也可以舉出前段主張的盲點、或可以用反面例子強調主張的正確。【合】總合前文做出「結論」。請完成以下表格。(切分段落，並判斷每個部份的時間為現在/過去)

起	承	轉	合

▲〈紙船印象〉基礎題：切分結構的題目。

6.接著看向「轉」的部分，這部分從「事物」轉入「抒情」，並且作者整理了有關於紙船製作的細節，請完成以下表格

製作者及製作者的特點	~~出自母親的巧思~~ ①母親 ②粗糙在甚、結著厚繭的手	
製作者的心情	表面	平靜和氣
	內心	憂愁不堪 因掛心農事
製作目的	讓孩子在雨天裡也有笑聲	
製作結果	比別的孩子的紙船漂亮	

7.承接上題，作者還說到「這些紙船都是有感情的」、「這種美麗的感情要到年事稍長後才能體會出來」，請依據第6題所整理的表格，來分析以下問題

(1)你覺得「紙船都是有感情」是指承載何種感情？母愛
媽媽的母愛

(2)為什麼會「美麗」？
~~因為是媽媽的~~ 媽媽手起結繭，卻還幫作者摺紙船 心平氣和

(3)年事稍長才能體會出來，原因為何？
因為小時候不懂母愛，母愛是抽象的，但作者成為父親時，才能體會。

▲〈紙船印象〉基礎題：轉折處的學生回答，這裡大家都用盡力氣了。

2.呼應暖身題及基礎題，在對文章進行分析後，請問

(1)你認為文章是藉物抒情還是說理呢？原因為何？
抒情　作者想借由紙船來回憶童年母親的愛

(2)而這種方式有什麼作用呢？
因為紙船是媽媽表示愛的東西

▲〈紙船印象〉挑戰題：學生的回答。

重要素材。第二是對於「故事四階段」的分析及摘要，這是連結過去的課程經驗。最後是「澄清愛情的價值觀」，對二年級學生來說，正值青春期，也許對同儕的情愫已漸漸萌芽，可以由此了解學生觀點，也能藉以進行兩性教育的宣導。

※暖身題

暖身題借鑑了種子教師培訓時其他組老師分享的設計，我稍微修改實施方法，成為暖身題的第一題。我讓學生分享他們對愛情的想法及如何看待一段關係的發展，作為課堂的開場，引導他們進入以愛情為主題的學習情境。

接著，我設計了意象經驗連結的問題，結合學生在二上課程中學過的〈風箏〉與〈跳水〉二課。這不僅幫助學生建立新舊經驗的連結，也為基礎題鋪陳了意象的學習基礎。在這之前，我已解釋過意象的定義與使用方法，因此學生對象徵與意象有了基礎認識，為接下來的基礎題鋪陳。

※基礎題

在基礎題部分，由於學生先前已學過〈田園之秋選〉，因此他們對故事四階段並不陌生。我要求他們切分故事四階段並進行摘要，目的是訓練他們判斷文章的轉折處，因為無論是古詩、新詩或白話文，轉折處往往是最精采、最重要的部分。這不僅有助於學生精準抓住課文重點，也提升他們的閱讀理解能力。

此外，基礎題也包含意象推測的練習，我讓學生上臺書寫他們對意象的解讀。這裡多數學生都需要教師引導，但引導之後就能較精準地寫出意象背後的抽象意義。學生上臺分享也是他們之間很棒的交流。

1.請閱讀張愛玲<愛>這篇文章，閱讀完故事內容後，請從選項中選擇一個你認為最合適的結局，並說明理由。

這是真的。

有個村莊的小康之家的女孩子，生得美，有許多人來做媒，但都沒有說成。那年她不過十五六歲吧，是春天的晚上，她立在後門口，手扶着桃樹。她記得她穿的是一件月白的衫子。對門的年輕人同她見過面，可是從來沒有打過招呼的，他走了過來。離得不遠，站定了，輕輕的說了一聲："哦，你也在這裏嗎？"她沒有說什麼，他也沒有再說什麼，站了一會，各自走開了。

就這樣就完了。

後來這女子被親眷拐子賣到他鄉外縣去做妾，又幾次三番地被轉賣，經過無數的驚險的風波，老了的時候她還記得從前那一回事，常常說起，在那春天的晚上，在後門口的桃樹下，那年輕人。

(A)於千萬人之中，與你擦身而過，於千萬年之中，時間的長河裡，不早不晚，恰巧錯過了，也沒什麼可說，只是淡淡地想了一想，若是和你擦肩而過，也就隨它去吧。

(B)於千萬人之中，我們錯失了相遇。時光荏苒,我們在生命長河裡擦肩而過。我早到，你遲到，錯失良緣。我自嘆,曾與你同在，卻不慎錯過。倘若再遇見你，我必定緊握雙手，不再讓時光溜走,再失去你。

(C)於千萬人之中遇見你所遇見的人，於千萬年之中，時間的無涯的荒野裡，沒有早一步，也沒有晚一步，剛巧趕上了，那也沒有別的話可說，惟有輕輕地問一聲：「噢，你也在這裡嗎？」

答案：(C)

理由：世間千萬人，兩人相見為命運註定，沒有錯過。

▲〈一棵開花的樹〉暖身題：學生寫出很美麗的答案。

(1) 依照上述，試著想想，上學期曾學過哪些巧妙運用意象的課文呢？

風箏．跳水(小詩選)

▲〈一棵開花的樹〉暖身題：學生對於意象的舊經驗連結，準確命中。

二、情節架構

上學期<田園之秋選>與<定伯賣鬼>已熟悉故事四階段，請同學將本文情節摘要到下方四階段表格，並為每段情節下一個主題。

架構	開端	發展	高潮	結局
情節主題	求佛	化為樹　期待	盼　無視	愛的凋零　心碎
情節摘要 主語+述V. S.+V.	女孩求佛盼與男孩結一緣分 主角向佛求與你結緣	在男孩必經路旁開滿了花 佛將我化作樹。盛開的花朵、顫抖的樹葉是在你必經的路旁	盼男孩能注視到她對愛的熱情與渴望 你無視花與葉並走過	男孩未駐足於女孩身旁 我的心已經凋零

▲〈一棵開花的樹〉基礎題：學生切分段落，判斷轉折處為重點。

三、細節處理(意象)

意象在本課是很重要的材料，詩中透過許多「象」，來呈現「意」，

請分析以下幾個畫面，試著寫出背後所代表的「意」

象	意
花開	愛的期許　前世的盼望、主角的愛情、是而強烈的情感期望
花落	愛的凋零　期望落空
花瓣	失落的心情　破碎的心，破碎的愛
陽光	愛的緣分　充滿希望
葉	緊張　熱情、期待又怕受傷害
佛	緣　緣分、執念、媒人
路	機會　相遇的機會

good A

▲〈一棵開花的樹〉基礎題：腦力激盪時間再次到來，圖為練習意象書寫的成果。

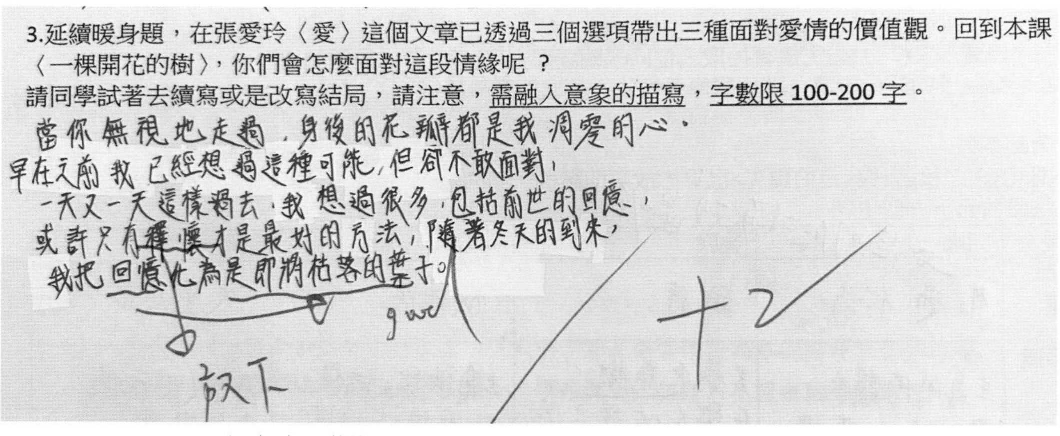

3.延續暖身題，在張愛玲〈愛〉這個文章已透過三個選項帶出三種面對愛情的價值觀。回到本課〈一棵開花的樹〉，你們會怎麼面對這段情緣呢 ？

請同學試著去續寫或是改寫結局，請注意，需融入意象的描寫，字數限 100-200 字。

當你無視地走過，身後的花瓣都是我凋零的心。
早在之前我已經想過這種可能，但卻不敢面對，
一天又一天這樣過去，我想過很多，包括前世的回憶，
或許只有釋懷才是最好的方法，隨著冬天的到來，
我把回憶化為是即將枯落的葉子。

good　放下　+2

▲〈一棵開花的樹〉挑戰題：學生書寫的文筆有超越年齡的展現。

※挑戰題

挑戰題則呼應暖身題，將愛情的價值觀與讀寫能力結合。我要求學生續寫課文的結局，這不僅考驗他們的寫作能力，也讓他們在文字中表達自己對感情的想法。感情對於青少年來說是一大課題，青春的愛情有時自萌芽到結束，來得快去得也快，透過此課，可藉機引導學生思考如何應對及調適心情。

木蘭詩（科技融入）

本課的教學目標有三個重點：第一是「翻譯書寫」，希望他們透過小組合作完成翻譯，避免學生因為老師的逐字解釋而感到枯燥乏味，也能借助同儕力量促進討論與學習。第二是「了解木蘭代父從軍的理由」，透過暖身題鋪墊、基礎題理解內容、挑戰題反思，讓學生可以了解原因，並發表自己的看法。最後是「澄清性別刻板印象」，結合性別議題，和學生一起認識、澄清性別刻板印象。

※暖身題

暖身題主要透過影片呈現木蘭從軍的背景，讓學生了解詩中所述她的經歷；並透過雙重影片的方式，引導他們思考木蘭的內心是否存在某種矛盾的心情。這裡對於木蘭心情的

1.下面所聽的歌曲為孫燕姿－木蘭情，請在聽完片段後，試著回答，你覺得木蘭有什麼經歷、個性、想法？

16

①她經歷過戰爭看見了許多生死　想法:想念家鄉

②她個性:堅持到底 堅強

2.再看一下不同的歌曲，這首歌曲為倒影，是迪士尼動畫「花木蘭」的主題曲，請問這首可以看出木蘭什麼感受及想法呢？為何有這種心聲？

想成為真實的自己　會有這兩種不同想法，是因為什麼原因而被逼去從軍了

3.承上面兩題，這兩首歌曲跟你們心目中的木蘭形象有相同或相異？

迪士尼的木蘭和我心目中相異　內心有柔弱的一面

▲〈木蘭詩〉暖身題：學生看過影片、思考後，作答的成果。

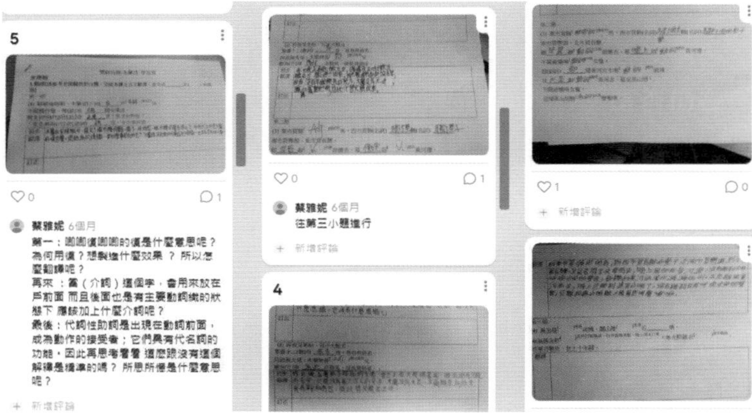

▲使用科技輔助學習過程進行：學生分組各自完成一段翻譯，老師即時線上檢核通過後，才往下一個階段前進。老師也可以給予即時回饋，讓學生修正、調整。

5.從此課可以看出女性的能力，但在社會中，難免還是有性別刻板印象。因此 2015 年，聯合國宣布了「**2030 永續發展目標**」（Sustainable Development Goals, SDGs），SDGs 包含 17 項核心目標，其中又涵蓋了 169 項細項目標、230 項指標，在 **SDGs** 目標 **5<實現性別平等，並賦予婦女權力>當中，有以下幾條細項目標，**

5.1　終結所有對婦女和女童的各種形式歧視。

5.2　消除在公共和私人領域對女性的各種形式的暴力，包括人口走私、性剝削及其他形式的剝削。

5.3　消除各種有害的習俗，例如童婚、未成年結婚、強迫結婚，以及女性割禮。

5.4　透過提供公共服務、基礎建設與社會保護政策，認可並重視無償的照護和家務工作，並依各國國情，推動家人應共同分擔家事責任。

5.5　確保婦女能充分、有效地參與政治、經濟、公共決策，並在各層級都享有參與決策領導的平等機會。

5.6　根據國際人口與發展會議（ICPD）行動計畫、北京行動平台，及其檢討成果書，確保人民普遍享有性、生育健康與生育權利。

5.a　根據國家法律進行改革，賦予婦女平等的經濟資源權利，以及獲得土地與其他形式的財產、金融服務、繼承與自然資源的所有權與掌控權。

5.b　加強科技使用能力，特別是資訊與通訊技術（ICT），以提升婦女權力。

5.c　採用及強化完善的政策與可執行的立法，以促進兩性平等，並提升各個階層女性的權力。

請你們選擇一項細項目標，**並具體提出可以做到這項目標的方法**，為社會的平等來貢獻一份心力吧！

5.2.加強立法,執法,確保對於女性的暴力行為.
有嚴格的懲法,追究.
提供教育,以增加對性別暴力了解.
支持性別平等組織和倡導團體,推動政策改革.
提供庇護所。
good

▲〈木蘭詩〉挑戰題：融入 SDGs 目標，進行跨域思考，一起「實現性別平等」。

假設，可以扣合木蘭從軍的緣由（無大兒、無長兄，因此可以去），在此先讓學生思考，到了基礎題時再提供解答，形成前後呼應。

※ 基礎題

基礎題的重點是以小組合作的方式進行翻譯。小組完成一段翻譯後，需經過老師檢核、同意，才能繼續下一步。這種方式不僅能促進小組之間的合作與競爭，也能確保翻譯品質，同時也是共學的表現。

雖然初次使用科技工具（Chromebook）有些不熟悉，但學生逐漸適應後，學習積極性顯著提升。特別是中間層的學生，透過小組協作獲得信心與動力；而科技能力較好的學生則透過打字輸入也能間接熟記翻譯內容。另外，即時上傳照片的機制也讓老師能夠迅速回饋，同時可向學生展示優良作品，促進學習。

※ 挑戰題

挑戰題呼應暖身題與基礎題，讓學生反思木蘭從軍的動機與背景，並以讀者身分發表自己的觀點。此外，挑戰題結合 SDGs 永續議題與性別平等，透過跨域結合的設計方式，試著讓學生以公民的身分，實踐社會參與的概念。這不僅可

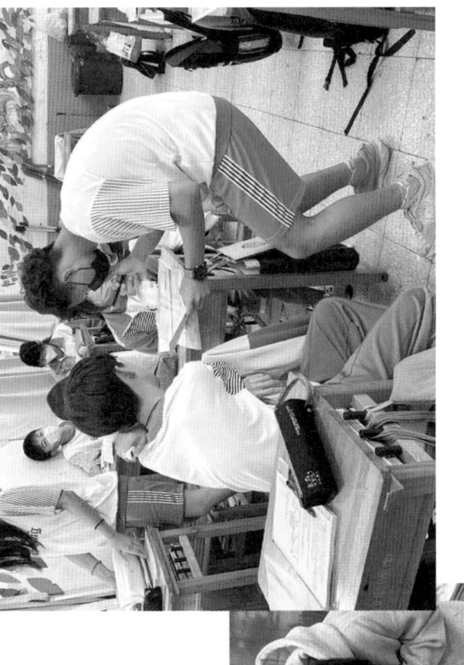

▲課堂風景。

以讓學生了解現代社會議題，也能促進跨領域的結合，讓學生思考性別平等的意義，並將其應用於日常生活中。

◆ MAPS 的第三步：初次旅途的收穫與成長

實踐過程中，設計題目和引導學生的部分常常讓我感到挫折，但也因此獲得了不少成長與收穫。

有意識的提問

我開始思考每一課希望學生學到什麼，確立教學重點和目標，這對課堂進行至關重要。明確的教學目標能避免提問的破碎和混亂，進而提升學生的學習效率。每個提問也應根據這些目標進行設計與擴充。

有互動的課程

通過三層次提問，我逐漸擺脫了傳統四十五分鐘的講述法，開始設計能引導學生思考的題目。這種改變也讓我更清楚地看見學生的學習盲點。例如，在〈吃冰的滋味〉這課中，許多學生在填寫表格時，對上位概念不理解，導致書寫意願下降。我透過即時引導幫助他們建立上位概念的理解，也了解到這對一年級學生來說是需要反覆練習的技能，這也有助於日後課程的引導。

有觀點的思辨

透過挑戰題的設計，可以讓學生有機會輸出自己的想法；教師也可以在讀寫合一的過程中，了解青少年的差異性及價值觀不同，進一步加以適當引導。

最後，我想說：「不經一番寒徹骨，焉得梅花撲鼻香。」或許我還未達到花香撲鼻而來的境界，但是謝謝當初勇敢的自己，堅持下來，讓我獲得了如此棒的經驗和珍貴的成長。我期許能在教學路上繼續充實自己，更加精進。

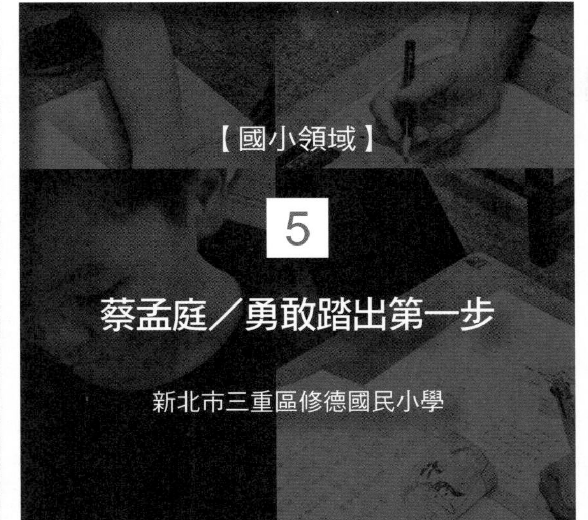

【國小領域】

5

蔡孟庭／勇敢踏出第一步

新北市三重區修德國民小學

山中大叔導讀

在教育的殿堂裡，每一個轉身都可能遇見改變的契機。蔡孟庭老師從熱愛文學的少女，蛻變為勇於創新的教育工作者，她帶著對文字的深情，在教室裡和一群充滿藝術天賦的靈魂相遇。當 MAPS 教學法的種子落入教室，她細心澆灌、耐心調適，看著學生從抗拒到接納，從困惑到綻放。

這是一段關於成長、蛻變與堅持的動人故事，更是一位教師以愛為翼，帶領學生翱翔於知識天際的生命印記。

馬克．吐溫曾說：「人必須透過旅行來學習。」旅行不僅是帶著行李踏上未知的旅途，更是一次重新認識自己與世界的機會。同樣，學習也是探索未知、接觸新知識、挑戰舊觀念，不斷轉變我們對生活看法的過程。

身為一位教師應不斷與時俱進，審視自己的每一個教學決定，並探索新的教學方式。如此一來，不只是豐富了自己的教學旅程，更為孩子們開啟了更多學習的可能性，使他們在這場屬於他們的學習之旅中，發現更廣闊且精采的世界。

◆ 認識 MAPS 前

教育憧憬

當我回顧自己成長的歲月，總能清楚記得每個與文字相伴的時刻。還記得小時候，每當夜深人靜，我會一個人躲在被窩裡，用微弱的燈光映照著手中的書頁，那時的我彷彿進入了另一個世界。我仔細品味每個字句，它們在紙上跳動，描繪出一幅幅鮮明的畫面，觸動心底深處的情感。也許對其他孩子來說，這只是書中的故事，甚至覺得閱讀是件痛苦又無聊的事；但對我來說，這些文字像是陪我度過無數孤單時刻的老朋友，給予我無限的啟發與溫暖。

正因如此，當高中的我看著國文老師深情朗讀古詩〈行行重行行〉，彷彿她就是那位在思念中度過了許多孤獨歲月、日漸消瘦的詩人。詩中的悲戚與思念，隨著她的聲音注入我們心中，我終於確信，我希望成為一名老師，不僅是為了傳授知識，更是要用文字的力量觸動學生的靈魂。我夢想著有一天，也能站在講臺上，用文字的美好撫慰孩子們心中的不安與困惑，帶領他們走進無邊的文學世界，讓他們在文字中找到力量與共鳴。

對我來說，教育就是用盡一切方式去成就一個孩子，使他自得，使他快樂。老師不只是職業，而是一種使命。我相信，教育不僅是知識的傳遞，更是用心去點亮每個孩子內心的燈火，陪伴他們走過人生的高低起伏，最終找到屬於自己的光明。

教學困境

在接觸MAPS之前，我帶的是一個三年級的藝術才能班，班上僅有十一位學生，當時我心想，這真是一個難得的機會。學生人數少，理論上我應該能更加深入了解每個學生的需求，提升教學的品質。然而，這群可愛的孩子讓我既驚訝又困惑。他們在藝術領域的創造力和口語表達都十分出色，在美術課展現的色彩運用與創意發想常常令我驚嘆，但在文字理解和組織能力方面，卻出現顯著的落差。

班上能力最好的學生已經能夠流暢閱讀《哈利波特》，且能問出有深度的問題，能思考並寫出條理清晰、富有情感的長篇日記。而另一端的學生，甚至連要辨別注音的二聲與三聲都感到困難。每當在國語課練習短語造詞或造句時，他們的抗拒心情幾乎是顯而易見的，有時拖延到下課才勉強完成作業。

面對這樣性格迥異、能力懸殊的學生群體，我不斷嘗試各種方法，希望激發他們的學習興趣、提高學習效率。然而，一年努力下來，成效甚微。我發現自己不得不將課堂重點放在文本形式的探索，像講故事一樣試圖引導這些小藝術家進入文字的世界。寫字對他們而言已是極大挑戰，更遑論寫作。即便我鼓勵他們用「口說」來代替「書寫」，結果卻是他們的思維跳躍過於迅速，討論總會偏離主題，甚至忘記我們原本的學習目標。

看著學生們在課堂上各自為戰，少數孩子能快速掌握課程內容，而更多孩子卻在閱讀和理解上苦苦掙扎，這讓我深深感到挫敗。我不禁開始質疑自己，是否真的能幫助他們找到合適的學習方式；面對力不從心的他們，我變得急躁。此時我意識到：自己的教學總是想教什麼就教什麼，缺乏系統性，甚至沒有章法可循。

▲班級合照。

就在這樣的低潮中，我遇見了 MAPS，讓我看見了一絲曙光。

◆ 學習 MAPS 過程

開始學習 MAPS，產生改變

二〇二三年暑假，同事傳來 MAPS 第五屆種子教師招生的資訊，邀請我一起暑假進修。我本不以為意，不過當我上網查找相關資訊，打開簡章時，第一眼就被介紹文字吸引：「教師將能真正協助學生學會如何學習，進而能夠思考、提問、表達，感受到學習的美好與力量，也將讓學生擁有更好的能力去面對未來的世界。」我心中一震，這難道不是我一直以來渴望在課堂中實現的目標嗎？

當時的我，正在尋找更有效的教學策略，這對我來說無疑是個改變的機會。不過面對新的學習和挑戰，內心總有惶恐和不安。但我告訴自己：我怎能比我的學生更畏懼改變？我應該要有這樣的思考彈性，與願意改變的心，才能真正進步。若是沒有先下足苦功學習，未來怎麼成為他們學習路上為他們披荊斬棘、遮風蔽雨的人？因此，我決定參加第五屆的 MAPS 種子教師工作坊，希望在這裡找到屬於我的答案。

三天的工作坊，完全沒有令我失望。除了打開我的眼界，也為我帶來許多新的教學反思。MAPS 教學法是王政忠老師多年教學經驗的積累，他卻願意傾囊相授，帶領我們深入學習如何設計出真正有效的提問。提問不是想到什麼問什麼，除了要有方法，還要帶著明確的目標，每一步都是帶著老師的教學決定。

從繪製心智圖開始，再透過心智圖延伸出「暖身題」、「基礎題」和「挑戰題」三個層次的提問。每一步都是有規則的循序漸進，為學生搭建學習鷹架，給他們足夠的討論空間，最終讓他們站上舞臺，自信地發表想法與學習成果。

這種教學方式徹底顛覆了我的想像。我的內心十分振奮：「原來文本可以這樣教！」「原來寫作教學只要有系統地引導，學生就能逐步完成！」「原來心智圖不只是呈現教學成果，它其實是教學決策的核心！」這些接踵而至的「原來」激勵著我，讓我看見自己有許多進步的空間和教學的可能性。

這次的工作坊，讓我重新審視自己的教學模式。我驚喜地發現，幫助學生有效組織訊息、提升理解力，甚至加強合作學習，原來都有具體可行的方式。我開始意識到，這或許正是我一直在尋找的教學方法，而我內心那份對教學新可能性的渴望，也隨之不斷燃起。

操作 MAPS 教學，遇到挑戰

三天的工作坊結束後，我帶著對「新教學方法」的渴望開始進行四年級上學期的備課。共備時，我們這一組的協作老師分享她自己的實踐過程，她已操作 MAPS 一年，頗有心得，所以提問設計非常迅速也能抓住要領，在暑假就可以完成一整冊的三層次提問設計，甚至無償提供她過去設計的提問單。

我也以她為目標，嘗試在暑假完成整冊的設計。雖然過程中經常沒靈感，但是在參考備課用書和許多前輩的教學活動構思後，順利產出了我的第一本 MAPS 國語講義。

然而，雖然師生勇於接受新挑戰的畫面很美好，但現實並非如此。在初次實施 MAPS 教學法時，學生們對於繪製心智圖的抗拒情緒十分明顯。在我的設想中，心智圖應該是一種能夠幫助他們組織思維的工具。然而許多學生對這種新的學習方式感到困惑，他們習慣了傳統的筆記方式，突然要將思維圖像化來組織訊息，這對他們來說是個挑戰。尤其是在學生之間的程度差異較大時，能力較弱的學生更容易感到挫敗，甚至喪失學習的動力。

另一個挑戰來自於提問策略的實施。雖然三層次提問策略理論上非常有效，但在實際操作中，我發現學生對於挑戰題的接受度並不高。當我提出更具挑戰性的問題時，學生表現出畏難情緒，不願意投入精力去思考這些問題。有些學生甚至開始比較，認為：「為什麼其他班的學生沒有這麼多額外作業？」這讓他們感到不公平，也影響了他們對 MAPS 的接受度。

有一次，我請學生根據基礎題繪製心智圖，以整理和總結文章的主要內容。有學生直接向我抱怨：「為什麼要寫那麼多字，很麻煩耶！」他的反應讓我驚覺：是否在引入新工具時，我有點操之過急，沒有充分考慮到學生的接受能力？一開始就「下手過重」，也難怪學生會覺得吃不消。教學的改革並非一蹴可幾的，我意識到，教學不僅需要熱情和創新，更需要耐心和同理心。

反思 MAPS 設計，調整內容

在後續的教學中，我嘗試調整了 MAPS 教學法的實施策略，讓學生能夠更平穩地過渡到新的學習方式。

為了讓學生在課堂上能夠更順利地參與和理解，我額外設計了「課前預習」任務，包括：形近字辨識、短語練習以及造句練習，這些是他們過往學習經驗中比較熟悉的東西。預習任務的目的，是要讓學生在進入課堂之前，就已經能掌握相關的字詞、知識，如此一來，在課堂上他們就能更加專注於文本分析和討論。

四年級上學期翰林國語第一課《美麗島》

★預習任務★

一、形近字知多少

	形近字	讀音	造詞		形近字	讀音	造詞
1	唾	ㄊㄨㄛˋ	唾沫	4	蕉	ㄐㄧㄠ	香蕉
	垂	ㄔㄨㄟˊ	垂涎三尺		焦	ㄐㄧㄠ	焦糖
	睡	ㄕㄨㄟˋ	睡覺		樵	ㄑㄧㄠˊ	樵夫
2	沫	ㄇㄛˋ	泡沫		瞧	ㄑㄧㄠˊ	瞧一瞧
	抹	ㄇㄛˇ	抹布	5	建	ㄐㄧㄢˋ	建造
	末	ㄇㄛˋ	末日		健	ㄐㄧㄢˋ	健康
3	衛	ㄨㄟˋ	守衛	6	微	ㄨㄟˊ	微笑
	街	ㄐㄧㄝ	街道		徵	ㄓㄥ	特徵
	衡	ㄏㄥˊ	平衡	7	糖	ㄊㄤˊ	糖果
	術	ㄕㄨˋ	魔術		塘	ㄊㄤˊ	池塘
	衝	ㄔㄨㄥ	衝撞		搪	ㄊㄤˊ	搪塞

二、短語練習

1.（ 伸 ）著（ 大 ）（ 手掌 ）的（ 椰子樹 ）。

（ 玩 ）著（ 小 ）（ [illegible] ）的（ 小朋友 ）。

三、造句練習

1. 成群結隊：形容一群群的人或動物集合在一起行動。

我們成群結隊的去買糖果。

四年級上學期翰林國語第二課《請到我的家鄉來》

★預習任務★

一、形近字知多少

	形近字	讀音	造詞		形近字	讀音	造詞
1	抹	ㄇㄛˇ	抹布	4	拂	ㄈㄨˊ	吹拂
	沫	ㄇㄛˋ	泡沫		佛	ㄈㄛˊ	佛祖
	茉	ㄇㄛˋ	茉莉		彿	ㄈㄨˊ	彷彿
2	齒	ㄔˇ	牙齒	5	螺	ㄌㄨㄛˊ	螺絲
	齡	ㄌㄧㄥˊ	年齡		累	ㄌㄟˋ	累倒
3	訪	ㄈㄤˇ	訪客	6	陀	ㄊㄨㄛˊ	陀螺
	仿	ㄈㄤˇ	模仿		駝	ㄊㄨㄛˊ	羊駝
	紡	ㄈㄤˇ	紡織		鴕	ㄊㄨㄛˊ	鴕鳥
	彷	ㄈㄤˇ	彷彿		蛇	ㄕㄜˊ	毒蛇

二、短語練習

1.（ 新一集的偵探小說 ）實在太（ 有趣 ）了。

（ [illegible]辣條 ）實在太（ 辣 ）了。

2.（ 蘇澳冷泉 ）到底有多（ 冷 ）。

（ 貓咪 ）到底有多（ 可愛 ）。

三、造句練習

1.（轉折複句）以為……，沒想到……。

我以為豆奶很好喝，沒想到這麼難喝。

▲為了幫助學生掌握該課相關字詞、知識，所設計的課前預習任務學習單。

暖身題

Q1 請回想我們以前學過的童詩，勾選出童詩具有哪些寫作特色？

☑ 一句就是一行　☑ 語句比較簡短　☑ 念起來有韻律感

☐ 每一段開頭要空兩格　☑ 空一行表示分段　☑ 有畫面感

☑ 運用許多想像和譬喻　☑ 經常使用擬人法

Q2 本課的課文名稱是〈美麗島〉，你覺得「美麗島」是一座怎麼樣的島嶼？

在這座島上可能會見到什麼樣的景色呢？

101、夕陽、煙火、蝸牛、草原

基礎題

Q0 呼應暖身題，本課〈美麗島〉是一篇描寫島嶼美麗的童詩。依照文章可分成四個意義段，請為每個段落下兩個字的標題，並從文章中找出相應的自然段，填入下方的表格。

意義段	（自然）	生活	物產	（身分）
自然段	1、2	（3）	（4）	（5、6）

Q1-1 課文第一段在描寫〈美麗島〉的地理環境，課文中提到「寒冷的冰雪永遠也不敢到這裡來」的原因是什麼呢？

因為美麗島被（海洋）包圍，阻擋了寒冷冰雪的侵襲。

Q1-2 課文第二段提到「綠色椰子樹也伸出大手拉住春天」，讓美麗島有什麼樣動人的景象？

美麗島氣候（溫暖），讓（植物）生長、（花朵）盛開。

Q2 根據課文的第三段，請問在美麗島生活的小朋友，都過著怎麼樣的生活呢？

都像健康的牛一樣（健康），像快樂的雲雀一樣（快樂）。

Q3 根據課文的第四段，美麗島有許多豐富的物產，讓小妹妹做夢都開心地在媽媽懷裡微笑，請問課文中提到哪兩種物產？（香蕉）、（鳳梨）。

Q4 根據課文的第五、六段，你知道美麗島是指什麼地方嗎？請寫下她的名字和別稱。

美麗島的名字是（臺灣），是（甜蜜的糖　）的王國是美麗的（寶島）。

暖身題

Q1 本課〈請到我的家鄉來〉是一篇以書信為主的應用文。但是你知道要如何寫一封信嗎？

下圖是一個標準橫式及直式信封，請將信封上的重要資訊代號填入相應的位置。

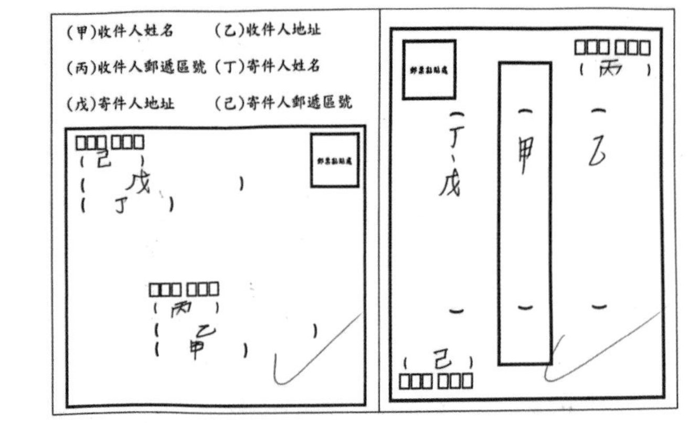

Q2 請寫下你認為人們為什麼要透過書信交流呢？說一說，你有曾經寫信給誰過嗎？

早期沒有手機。

Q3 本課課文名稱是〈請到我的家鄉來〉，你今天要邀請親朋好友到你的家鄉來玩，你最想跟他介紹什麼呢？為什麼？（請回答問題，並用 50 字寫出理由）

今天有個外國人來到臺灣，我想帶他去新北市的三和夜市，因為我覺得那裡有他喜歡吃的和玩的，希望他喜歡我的家鄉

9/11

▲暖身題：結合學生過去的學習經驗，設計認識童詩、認識信封寫法的暖身題，引起學生興趣。

在每一節課中，我會根據學生不同的程度設計相應的問題。接下來以〈請到我的家鄉來〉這一課為例子：這課文本的內容是一對表姊妹互相通信，介紹自己家鄉有哪些特色景點，並邀請對方來家鄉旅遊。我在暖身題設計了認識橫式和直式信封，讓學生思考如何寫一封信，並要求他們標示出信封上各部分的重要資訊位置。這樣的暖身題有助於引起學生的興趣，讓他們回憶已掌握的基本知識。

在基礎題的部分，我決定放慢速度，帶學生找出文章的自然段和意義段，並用畫記的方式找出每段的重點內容，減去過多重複性高的書寫。接著分階段引入心智繪圖，並且給予學生更多指導和支持。漸漸地，他們開始掌握這項技能，並且在課堂上表現得更加主動。我也讓學生進行小組討論，利用平板查找資訊，在這樣的共學機制之下，學生們的反應也變得積極起來，逐漸從一開始的抗拒轉變為期待。

在課程最後的挑戰題，我們進行跨域思考和延伸閱讀。我讓學生實際寫一封信給一年後的自己，過程中發現：當學生對寫作主題有興趣的時候，根本不必一直催促，只要給他們寫作的格式和注意事項，為他搭好鷹架，自然有靈感一直從那些小腦袋裡跑出來。

當然我也加強與學生的溝通，真正傾聽他們的困難和建議，觀察他們的反應，根據他們的回饋進行滾動式修正。

這些反思不僅讓我的教學變得更加靈活和有效，也讓我更加理解學生的學習需求。MAPS 教學法的實施過程，對我來說不僅是一個專業成長的機會，更是一個不斷自我反省和學習的過程。

我深刻認識到，教育不僅僅是教授知識，更是與學生共同成長的過程。這種成長，來自於直接面對困難，來自於對教學策略的靈活運用，來自於對學生的深刻理解和無條件的支持。

基礎題

Q0 呼應暖身題，本課（請到我的家鄉來）是一篇應用文。依照文章可分成四個意義段，請從文章中找出相應的自然段，填入下方的表格。

意義段	第一封信	第二封信	第三封信	第四封信
自然段	1、2	（3、4）	（5、6）	（7、8、9）

Q1 請將這四封書信的內容，完成下面的表格：

	第一封信	第二封信	第三封信	第四封信
日期	八月（2）日	八月（9）日	八月（16）日	八月（27）日
收件人	安安	柔柔	安安	柔柔
寄件人	柔柔	安安	柔柔	安安
內容	（臺南）旅遊的回憶	（蘇澳冷泉）的經驗	參觀（臺南左鎮化石園區）的經驗	參觀（國立傳統藝術中心）的經驗
期待	前往（蘇澳）一遊	邀請（柔柔）來玩	見識（汽水冷泉）一起（挖化石）	一起（打陀螺）

挑戰題

Q1 呼應暖身題第一題，我們已經學會如何寫信了。現在請你寫一封信給一年後的自己，跟自己打聲招呼，並說說自己現在有什麼煩惱吧！

題目：給一年後的○○○	
稱謂	親愛的○○○(自己的姓名)
內容	跟自己打聲招呼，並介紹現在的自己，最後分享自己最近喜歡的事物
提問	詢問未來的自己五個問題(每題至少 15 字)
祝福	期許未來的自己及祝福未來的自己(我希望你可以成為一個「　」的人)

▲基礎題利用表格協助學生認識架構；挑戰題則呼應暖身題，請學生練習寫一封信。

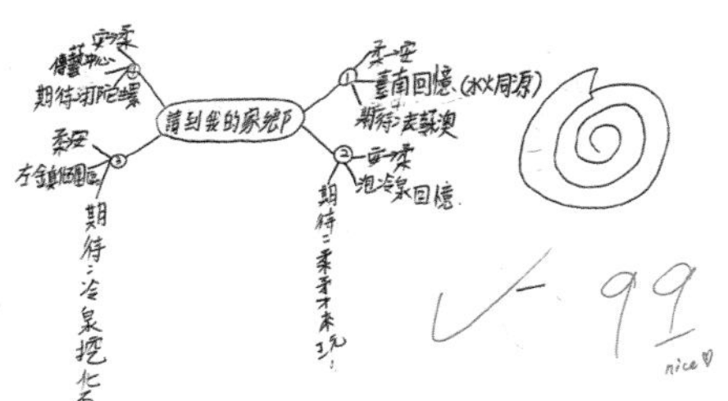

▲學生作品：〈請到我的家鄉來〉心智圖。

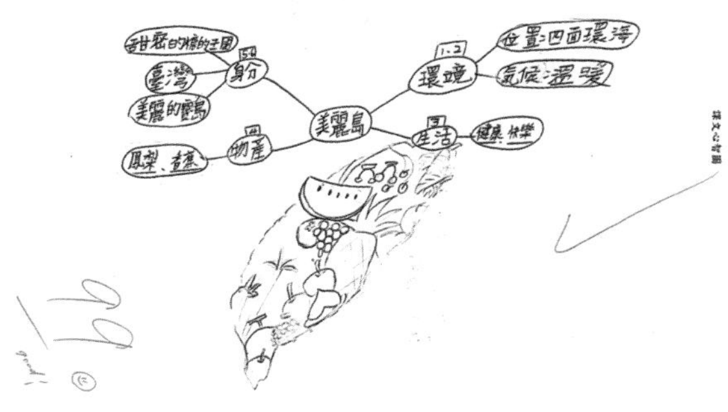

▲學生作品：〈美麗島〉心智圖。

挑戰題

Q1 本課〈美麗島〉這首詩是作者在描寫臺灣的風景、氣候、物產之美。其實臺灣除了是一座風景美麗的島嶼，還是一座充滿各式各樣小吃和美食的島嶼！

現在請你以「美食島」作為題目，參考本課的寫作架構來完成一首屬於自己的童詩吧！

〈美麗島〉	〈美食島〉
有藍色的吐著白色的噴沫的海	有黑色的包著棕色的糖液的仙草
小心地忠實地守衛著	晃動著可口地表現著
寒冷的冰雪永遠也不敢到這裡來。	冰涼的刨冰馬上就加到碗裡來
有綠色的伸著大手掌的椰子樹	有黃色的拇指般的地瓜圓
緊緊地拉住親愛的春天	輕輕的黏住炎熱的夏天
美麗的花朵永遠成群結隊地開。	甜甜的棉花糖成群結隊的飛
在這裡	在這裡
小朋友們都像健康的牛一樣地健康	小朋友們都像(甜蜜的糖一樣甜蜜)
在這裡	在這裡
小朋友們都像快樂的雲雀一樣地快樂。	小朋友們都像(鬆軟的棉花糖一樣)鬆軟
你來看！	你來看！
小妹妹是夢見香蕉和鳳梨在街上跳舞了吧？	小弟弟是夢見(許多糖果圍在他身邊
要不怎麼睡在媽媽的懷裡	要不怎麼睡在媽媽的懷裡
還是不停地在微笑？	還是不停地在微笑？
你知道這裡是什麼地方嗎？	你知道這裡是什麼地方嗎？
告訴你，她的名字教臺灣	告訴你，她的名字教臺灣
是甜蜜的糖的王國	是(好吃的刨冰的)王國。
是童話一樣美麗的，美麗的寶島。	是(夢中都能想到甜蜜的寶島。

good

▲你的島看起來特別美味，都流口水了！

▲挑戰題（讀寫結合）：請學生參考課文寫作架構，仿寫童詩。

【美麗台灣 2.0】完整版 https://www.youtube.com/watch?v=uQbr7V4Mqn8

介紹：《看見台灣》是由臺灣空拍攝影師齊柏林執導的一部紀錄片。這是第一部在戲院上映、以全高空拍攝的畫面，講述臺灣環境現況的臺灣電影。全片沒有角色，以航拍鳥瞰視角將臺灣呈現在大銀幕上。本片於 2013 年第五十屆金馬獎中榮獲最佳紀錄片獎。

從高山、海洋、湖泊、河流、森林、稻田、魚塭、城市等景觀，我們看見的臺灣是如此美麗，但也看到了各種環境面對人們的開發而造成的改變、破壞和傷害。土地累積了一道道的疤痕；海洋沉澱了一層層的汙染。透過各個不同主題章節的串連，我們化作飛鳥，一起看見臺灣，一起去看這個島嶼的美麗與哀愁。

Q1 我們看見了臺灣的美與豐饒，同時也看見島嶼的哀愁，你認為臺灣這座島嶼的哀愁是什麼？我們的土地面臨了什麼樣的破壞和傷害呢？（請試著用 50 字說明）

因為有很多人會亂丟垃圾在海邊，所以造成海洋汙染，很多動物因為吃太多垃圾就死在海中。

Q2 我們能夠做出什麼行動來減緩對島嶼的傷害呢？（請試著用 50 字說明）

不要亂丟垃圾、自己帶杯子，少用塑膠袋，自己帶餐具，少用免洗餐具。

▲挑戰題（跨域延展）：請學生觀賞關於臺灣的紀錄片，思考現實的問題與對應行動。

掌握 MAPS 後

隨著時間的推移，我和學生們逐漸掌握了MAPS教學法，並從中收穫了豐富的經驗和成就。學生們在心智繪圖和提問策略的運用上變得越來越自信，他們的閱讀理解能力和資訊組織能力得到了顯著提升。這些成長不僅體現在他們的學業成績上，也反映在他們對學習的態度和信心上。

我深知，未來的教學之路仍然會有各種困難和挑戰在等待著我。但正因為有了這一年來的經歷和收穫，我相信自己能夠更加從容地面對未來。我會更加細心地觀察每個學生的需求，與他們更頻繁地溝通，為他們提供更有針對性的支持。因為我明白，教育的核心是人，只有理解並尊重每一個學生的個體差異，才能真正做到因材施教。

在這裡，我想給其他教師一些建議：在推行新教學法時，請保持耐心並且注重學生的回饋。教學方法的改變需要一個適應的過程，教師應該多關注學生的學習體驗，並根據他們的需求進行調整。

此外，教師之間的交流和合作也非常重要，不要放過任何與同伴共備或是討論的機會。透過分享經驗和反思，我們可以共同進步，找到更有效的教學策略，也能激盪出更有趣的教學點子。正如王政忠老師說過的那句話：「一個人可以走很快，一群人可以走很遠。」

感謝這段成長之旅

在這裡，我深深感謝這群能文能武的藝才班孩子。

雖然起初大家跟我有許多嘗試和磨合，但如果你們沒有如實表達自己的想法，我可能看不見自己教學時的盲點。正是你們的配合和堅持，讓我能夠不斷調整和完善自己的教學方法。感謝你們願意接受新的挑戰，在困難面前沒有退縮，與我一起前進。

謝謝你們用進步和成長，回應了我對教育的熱情和堅持。未來的路還很長，但我已經準備好了，無論遇到什麼樣的困難，我都會帶著你們的信任和期待，勇敢前行。讓我們一起，用心去學習，用愛去成長。未來的每一天，我都會以最大的熱情和耐心，迎接新的學生、新的挑戰，並且時刻銘記，正是這段旅程，讓我成為了今天的我。

【國中領域】

6

林晏如／不勇敢的勇者鬥惡龍

桃園市立建國國民中學

山中大叔導讀

新手勇者晏如老師踏上教學屠龍之旅，先後遭遇「心智圖迷宮」、「教學目標之森」等魔族挑戰。在 MAPS 教學法這把傳說寶劍的指引下，她習得「三層次提問」的必殺技，掌握「共學」的組隊戰術。最難纏的終極惡龍是「分組恐懼」，但她發現真正的魔王竟是內心的不自信。一路斬妖除魔，她終於尋得照亮教學之路的「光明之珠」——學生閃亮的眼神。然而，真正的勇者深知，屠龍之後還有更多挑戰正在等待著自己，唯有持續冒險，才能開啟新的傳說篇章。

◆不勇敢的勇者踏出征途

初出茅廬的我，很幸運地遇到了一位極富教學熱忱且不吝分享的老師——陳寶卿老師。知道我是第一年教書，她時常熱情地與我分享班級經營與設計學習單的方式，讓我親身體驗到何謂真正的「老師」。在她分享的學習單中，我第一次接觸到心智圖。當時抱著朝聖的心態，東施效顰地使用了幾次，但並未真正了解產出心智圖的原因與方式。「心智圖有標準答案嗎？」「它與課文結構表的差異是什麼？」「只有心智圖能幫助學生建構思維嗎？」「為什麼一定要畫心智圖呢？」我心中充滿了疑問。

隨著教學第一年的混亂與摸索，這些疑惑逐漸被我拋諸腦後。雖然我仍持續設計學習單，但重點大多放在「我怎麼樣比較好教」，而非「學生怎麼樣比較好學」。學習單變成了我自我安慰的工具，讓我覺得自己是個「認真的老師」，但是否真的對學生的學習有成效？我不知道。

隨著教學經驗的累積，我開始比較有餘裕去省思自己的課堂與教學內容。我發現，在課堂互動方面的一大問題是，我常花很多時間來督促中、後段的學生跟上進度，卻把前段的孩子晾在一旁。雖然他們並未抱怨過什麼，甚至告訴我，他們可以透過不同的方式複習，但我內心始終對他們感到愧疚。我開始疑惑，隨著學習M型化，程度較好的學生即使不需要太多引導也能理解教材內容，那我的角色是什麼？而對於連基本文意的理解、擷取、統整訊息都困難的學生，我又能教他們什麼？當這些程度不一的孩子在同個班級中，學習差異如此顯著，我要如何在有限的時間內，引導每位學生進行有效的學習？

教學內容方面，我的學習單雖然也包含提問，但大多仍停留在擷取訊息的層次，學生能快速地從文章中找到訊息。但接下來呢？由於每位老師對重點的理解不同，我時常為了避免遺漏，將所有重點知識都塞進學習單，結果變成「萬花叢中都是花」，失去了焦點。問題的編排也缺乏系統，常常跳躍且割裂，無法延伸到其他文本。雖然孩子們上課認真，但學到的內容卻無法反映在成績上。我該如何教？他們該如何學？

看著學生無助的眼神，前路像是失去了指引方向般，一片黑暗迷茫。於是，我帶著這些疑惑，尋求MAPS的指引，希望能在這裡找到解答。

迷惑冒險者的魔族森林——我該教什麼？我想教什麼？

第一次參加 MAPS 種子教師培訓，與同組的老師一起討論時，大家皆不吝惜地熱情分享各自的經驗與想法，仔細琢磨文章中的每個細節，最終信心滿滿地發表我們共同完成的心智圖。然而，政忠老師問了我們一個問題：「你們想教的是什麼呢？」這個問題猶如當頭棒喝，讓我驚覺，自己又在「萬花叢中」迷路了。文本分析猶如一座密林，從不同角度皆可見到不同風景，單取一幀都能感受滿溢的芬芳。但如果每條路都走、每朵花都駐足，最終反而會迷失方向，難以找到教學重點。教學也是如此，若我們在龐雜的資訊中理不清脈絡，孩子又如何有系統地學習？

「文本沒有對錯，只是一種選擇。」政忠老師的話提醒我，文本本身是中性的，而我們的分析僅是眾多選擇中的一種。我的責任不在於單純地灌輸我的選擇，而是引導學生思考選擇的原因，鼓勵他們建構自己的思維脈絡，這樣他們才能把課堂所學延伸至生活中加以應用。

經過這次試錯，第二次討論時，我們的方向更加清晰。

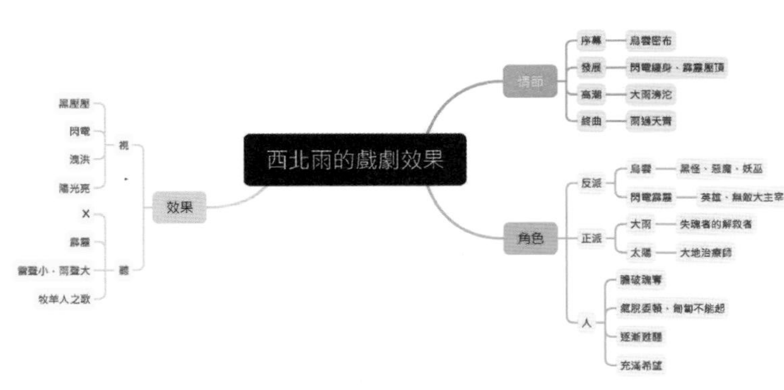

▲與 MAPS 夥伴共備〈田園之秋〉的心智圖。

四 基礎題

(一)戲劇結構：

1 戲劇階段	序幕	冒險、劇情過程	相認、高潮、轉折	終曲
2 情節內容	大雨滂沱、霹靂還起 烏雲	閃電、霹靂	大雨	雨過天青
2 轉場詞	霎時間	接著	再接著	轉眼
這些轉場詞營造出什麼效果？畫面感、戲劇感、緊湊、瞬間				

四 基礎題

(一)戲劇結構：

很棒的Ans.

1 戲劇階段	開端	冒險（過程）	發展成長（轉折）（高潮）	終曲
2 情節內容	天昏地暗（烏雲）	閃電纏身 霹靂壓頂	大雨滂沱 閃電霹靂肆虐	太陽出來.
2 轉場詞	霎時間	接著	再接著	轉眼
這些轉場詞營造出什麼效果？連接，令下個角色出現，延續 緊湊				

▲共備後〈田園之秋〉學習單（故事情節）。

以〈田園之秋〉為例，我們決定以「戲劇效果」為主軸，從情節安排、人物形象及戲劇效果等層面引導學生，理解作者為何認為「大自然有時像戲劇」，並依此架構分類、統整線索。

開學後，我將共備成果實際運用在課堂上。經過篩選與有意識的提問設計，主旨明確，層次分明。學生透過鷹架引導，從龐雜的篇章中逐步整理訊息，進而推測作者想表達的效果，並提出自己的觀點與理由。如此，不僅我的教學目標變得清晰，不再像過去什麼都教了卻感到空虛迷茫，也能從孩子的回答中看出他們的困難，適時引導，減少無效的抄寫與學習。

屠龍密技——我該怎麼教？

網路上曾經流行「小孩子才做選擇，我全都要」這句話。作為老師，我學會了取捨，因為懂得取捨，才能讓教學更加精準有效。在確立教學目標後，還需要適當的教學方法與進程，才能帶領孩子直搗黃龍。

剛開始認識三層次提問（暖身、基礎、挑戰）時，我認為與以往的教學流程沒多大區別，無非是先透過有趣的方式引起學生興趣，例如：〈吃冰的滋味〉描述吃冰的五感，〈聲音鐘〉帶學生聆聽生活中的叫賣聲等。然而，當遇到情感表達較為抽象的課文時，如：如何從摺紙船，連結到〈紙船印

(二)人物形象

1 主角	烏雲	閃電	大雨	太陽
1-2 想像	黑怪、惡魔、妖巫 張牙舞爪	無敵的大主宰 英雄	水霸洩洪	〈牧羊人之歌〉 修覺
1-2 人的反應	膽破魂奪 孤伶伶	逃進屋裡 被震懾得 氣脫奔頓 個個不能起	漸蘇醒 通體發紅	舌靈甘味 感嘆 兩過天青
3 正／反派	反派	各半	各半	正派
3-1 你認為他是正／反派的原因	張牙舞爪，令人不由膽破奪魂	反：無不被震懾得氣脫奔頓，霹靂肆虐 正：天地間除它是英雄外，無第二人	反：沒有蓑衣遮蔽，一定被打得通體發紅 正：閃電肆虐，為雨所掩，失魂者蘇醒	彷彿聽見〈牧羊人之歌〉

修辭：擬人、譬喻

good！色彩很有詮釋空間

(二)人物形象

1 主角	烏雲	閃電	大雨	太陽
1-2 想像	黑怪 惡魔、女巫 張牙舞爪	英雄 大主宰	水壩洩洪	牧羊人之歌 （移覺）
1-2 人的反應	膽破魂奪 孤伶	逃進屋裡 氣脫奔頓 震懾，個個不起 懾服	漸蘇醒 遍體發紅	感嘆 放心
3 正／反派	反	反	反	正
3-1 你認為他是正／反派的原因	像惡魔小兵，大聲說著惡魔的軍隊要來了。	惡魔的軍人，開始發起了攻擊。	令人討厭的惡魔出現了，帶來許多麻煩，不便。	天使出現驅走惡魔

修辭：誇飾、譬喻、擬人

good！很有畫面感

▲共備後〈田園之秋〉學習單（人物分析）。

(三)氛圍塑造

戲劇四幕	一	二	三	四
聲【聽】覺	沒有聲音　詭異	霹靂環起	水霸洩洪 雷聲遠	牧羊人之歌
光【視】覺	黑壓壓 烏雲	閃電 左右夾擊，前後合攻	行潦川流 閃光遠	明亮　鮮潔的色彩
戲劇氛圍	反派準備出現	魔王出現攻打城堡	勇者要去討伐魔王	魔王死了，城堡重現光明！

(三)氛圍塑造

遮掩了雷聲

戲劇四幕	一	二	三	四
聲【聽】覺	X（安靜）	霹靂壓頂 羊群慘叫	不斷淒淋 雷聲變遠	牧羊人之歌
光【視】覺 黑壓壓	滿天烏雲、天昏地暗、黑怪	氣勢萬鈞 閃電 牛群狂奔	拇指大的雨粒，水霸洩洪	鮮潔的色彩 亮明、雷光遠
戲劇氛圍	陰森，暴風雨前的寧靜	壓抑、魔王來襲的配樂	閃光遠，滂沱行潦川流 抒發、抒展自己	恢復平靜，

▲共備後〈田園之秋〉學習單（戲劇效果）。

象〉中的母愛？如何從吃橘子，讓孩子體會到〈背影〉中的父愛？這些活動雖能引起孩子強烈的動機，但卻無法遷移至內容。一旦進入課文，學習便又回到原點，記住的內容寥寥無幾。

為了避免這個問題，我們設計三層次提問的順序，必須以基礎題為主軸，再搭配暖身與挑戰題，每個環節都緊扣文本主題，層層相連，而非單純為了設計而設計。

然而，理論與實踐之間仍存在落差。初次設計基礎題時，因為內心有「標準答案」的存在，我的問題引導常流於「猜謎」，學生只是依提示猜測出正確答案，卻無法理解這些答案的理由，也無法從中建構出對其他文本的認識。例如，教學〈小詩選〉時，學生雖在我的引導下回答正確，但未能真正理解答案的背後意涵。班上有位很聰明的亞斯學生，他經常質疑：「為什麼A是標準答案？B也說得通啊！」好幾次在說明時語塞，也不禁思考「山為何是山」？要能解決這些問題，並從容地應對，需建立在對文本有足夠的了解之上。只有更深入了解其脈絡，才能引導孩子理解。

在理解脈絡後，我開始思考如何更好地引導學生。以同樣為新詩的〈一棵開花的樹〉為例，我參考了「MAPS教學推廣網站」上溫展浩老師的做法，不急著進到詩作分析，而是先建構「意」與「象」的連結。首先，以日常中玫瑰予人「美麗又危險」的「意」，引導學生思考玫瑰的什麼「象」讓人有此連結。再以歌曲孫燕姿的〈風箏〉與涂靜怡的詩作〈風箏〉為例，反向操作。請孩子先找出文本中的「象」，從而延伸思考可能的「意」。搭好「意」、「象」的鷹架後，再進入詩作分析。

起初，我擔心能力較弱的學生在面對新詩這種比較抽象的題目時，即使有了鷹架，也可能無法依靠自己的能力分析；又擔心在沒有經過思考的情況下開始討論，他們會一面倒地採用能力較好者的答案。我在要採取共學還是自學的問題上猶豫許久。幾經掙扎後，還是選擇放手，先讓他們自行思考、寫出自己的答案，之後再用其他顏色將討論時聽到的其他答案抄寫在旁邊。

幸好我有讓孩子們嘗試，他們的答案令我十分驚豔！在「象」的部分，我僅列出「花開、花落、花瓣」三項，請他們從詩中依照「能解析出抽象情感或含意」的定義找出其他項目。原本「樹」不在我預設的答案範圍內，我認為樹是願望的具體化，不屬於抽象。然而孩子卻由樹「堅實」的特質認為它象徵堅定等待的「意」。又如「路」的「意」，我原本覺得這題不好解讀，沒想到許多孩子答出了「命運、機會、人生的道路」等接近標準答案的答案，更有人進一步認為：「路」不可以單獨解讀，要搭配後文的「路旁」來看。因「路」

分析完〈跳水〉一詩，你認為艾青習畫以及加入中國左翼美術家聯盟的經歷，對他的作品有什麼影響？【　　　　　　　　　　　　　　　　】

四　基礎題

(一)艾青〈跳水〉

三階段／句	圖解	具體的畫面【　　　　　　】	抽象的情感【　　　　　　】	手法
		十米高台（1 米＝1 公尺=100 公分，【　　　　　】公分，約三層樓）	為何要言「十米高台」而不言起點？	□動 □靜
		陶醉	1 主詞是？ 2 為何陶醉？	
		湛藍	1 表： 2 象徵：	
		跳板與水面之間	指這過程中的什麼？	□動 □靜
		從容的曲線	「從容」是何意?為什麼他能從容?	
		青春	青春有什麼特質？	□動 □靜
		雪白	1 表： 2 象徵：	
		【　　　　　】讚嘆	為何要言旁人的反應?	

(二)白靈〈風箏〉

【　　　　　】	【　　　　　】
1.【　　　　　】扶搖直上	希望。兩者有何共同特質？
2.遊戲	放風箏的過程像什麼樣的遊戲?
3.細細一線	若風箏是希望，那這條線象徵什麼?
4.整座天空	追逐希望的過程中，什麼會與我們「拔河」？
5.都快看不見了	拔河會有什麼動作?
6.拉著天空跑	為什麼會快看不見?

▲〈小詩選〉一課，〈跳水〉、〈風箏〉二首詩的意象分析學習單。

基礎題

象　　意

•美麗又危險

意象

基礎題

象　　意

我不要將你多綁住一秒
我也知道天空多美妙
請你替我瞧一瞧
天上的風箏哪兒去了　一眨眼不見了
誰把它的線剪斷了　你知不知道
從前的我們哪兒去了　路太遠我忘了
如果你想飛我明瞭　你自由也好

•消逝的愛
•變心的另一半

意象

基礎題

象　　意

我的心／繫在兒女們身上／
像牽住一根長長的線／
一端是我的牽掛／
一端是他們的翱翔/
只有在暴風雨來臨時／
我才將線緊收／
讓風箏平安地／回到我身邊

•對兒女的牽掛

意象

▲〈一棵開花的樹〉意象鷹架 PPT。

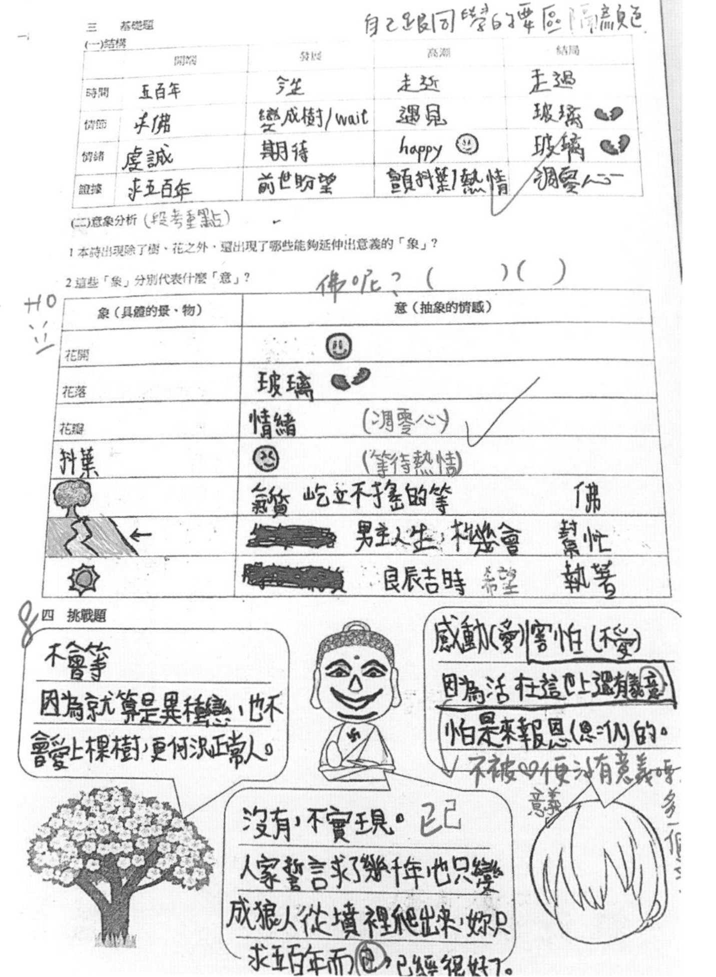

▲〈一棵開花的樹〉的學習單設計與學生作品。

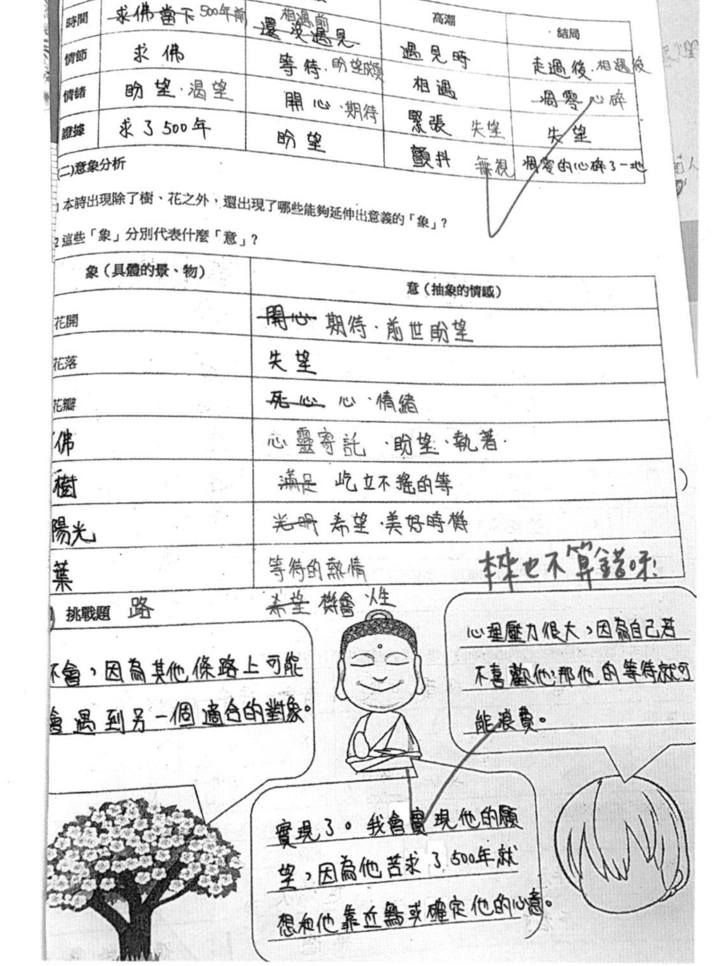

▲〈一棵開花的樹〉的學習單設計與學生作品。

雖必經，但「旁」字代表主角僅會從「旁」錯過，而不會進到那人的「生命中」，因此得出「錯過的宿命」的「意」。

這些超出我預設的解讀，被我放進教學投影片中與別的班級分享。這些學生發現自己的答案也能夠成為範例，不僅激勵了自己，也激發了其他人的積極性，大家更用心地思考、更認真地作答。當然，也會有少數學生為了吸引注意而試圖標新立異，這時我就會引用黃侃先生的話：「能破而後能立。」請他們用課文的證據來說服我，引導他們回到文本。

終極惡龍——共學＝分組？

分組活動向來是在操作共學時，最令人望而卻步的魔王。一來，擔心孩子們在討論時是否真正在討論，還是聚在一起聊天或抄答案。二來，憂心隨著班級人際圈固定後，由分組所引發的相關問題難以處理。三來，煩惱進度的掌控——在一堂課裡既要搬桌椅、換座位、說明、討論與發表，一週只有四堂課，要如何在有限的時間裡，有效地完成所有環節？這些難題使我遲遲不敢嘗試分組學習，只能小範圍地指定問題，讓孩子們以座位為圓心，與四周的同學討論。

這份不敢嘗試的心情讓我羞於啟齒。看著同組夥伴分享課堂上分組的畫面，心中既佩服又羨慕，但心虛的我總是避重就輕地不談自己對於分組的恐懼。直到寒假回流時，與MAPS 前輩徐紫庭老師聊天，才小心翼翼地向老師「自白」未曾嘗試分組的事。「有讓孩子們進行討論就是共學啊！」老師的話猶如治癒之手，撫慰了我，也讓我重新思考「共學」的真正意義。

「共學」指的是「共同學習」，而非坐在一起學習。分組只是眾多形式中的一種，若孩子能透過同儕的鷹架習得我們設定的課程目標，便不必拘泥於某種特定的形式。透過紫庭老師的提醒，我才發現，原來我在不知不覺間，早已克服了「敵人」。阻礙我前進與發現的，不是別人，而是自己的不勇敢。

克服內在心魔後，我回頭檢視並整理自己的共學方式，可概分為以下步驟：

1.先幫題目分類型。擷取訊息、有明確線索推論、統整等，有標準答案且難易度較低者自學；線索較不明確、無標準答案者共學。

2.無論何種題型，一開始會先使用計時器計時自學，無論對錯皆要先產出自己的答案，以鉛筆或黑筆書寫。

3.自學時間到後，已完成的孩子可選擇往下操作其他題目，亦可在共學時間引導未完成的同學。未完成的孩子則以座位為圓心，與四周的夥伴進行共學。

此方法的好處有三：其一，能解決我課堂最原始的問題——程度好的孩子被晾在課堂上。他們握有學習或討論的選擇權，可避免部分學生或家長反彈他們的課堂時間花費在引導同學，而非自我的學習上。其二，在人際方面，因保留了選擇的彈性，故沒有參與討論的不一定是因為人際，也有可能是因其主動選擇自學。若學生未共學的原因為前者，我們能在巡視時，適時給予引導與協助，使其仍能透過鷹架完成學習任務。其三，因以座位為圓心，討論成員至多四位，且不一定是平日的好友，加上時間的限制，大大降低了分組時的秩序問題。

然而，惡龍之所以是終極魔王，在於解決了形式問題後，接著便要處理孩子因其背後的結構性因素而延續到課堂的被動——不討論、不思考怎麼辦？除了在步驟2、3巡視時的正向引導與回饋，以及上文曾提及分享優秀答案的社會性獎勵外，我還搭配了隨機抽籤的發表方式。孩子會因為不確定自己會不會被抽到而積極討論。若被抽到後未回答正確，便須先起立。此起立並非處罰，而是未完成的標示。我會不斷提問，他只需要在下課前答對一題即可坐下。若未於下課前坐下，則須完成趣味的「國文小表演」，例如：由〈王藍田食雞子〉的動詞組合而成的雞子歌，或是從律詩結構「首頷頸尾」所改編的唐詩舞，又或是〈木蘭詩〉的對鏡貼花黃等。這些小表演不僅提升了孩子答題的積極性，也可以透過趣味的方式再次複習課程內容的重點，加深記憶。

▲課堂風景：學生自由選擇共學與自學。

◆光明之珠——孩子閃閃發亮的眼睛

勇者歷經一連串的冒險後，得到了照亮前路、帶來希望的光明之珠。而照亮我教學之路，為我帶來希望的光明之珠，便是孩子們那一雙雙閃閃發亮的眼睛。

「老師，『服輸的精神』這段為什麼不能和『超越勝敗的心胸』合併為一段？」「不是啊！因為這兩個段落雖然都在講輸贏，但討論的層次不同，所以不能放在一起。」「但

▲課堂風景：學生上台書寫發表。

▲課堂小表演：貼花黃。

是，如果說這兩段是同一主題的不同層次，那整篇文章不就也能解釋為同一段落嗎？」這是我上完〈運動家的風度〉後，下課時間所看到的風景。幾位孩子在講桌前爭論全文結構的分析，是否有不同答案的可能。看著這個畫面，我想，答案為何已非重點，能讓他們不是為了分數，而是因著最原始的求知本能——好奇而開始探尋、討論，便是我最大的成就。

實踐MAPS的這一年，我接了兩個後母班，遇到了許多認為回答與標準答案不同，就等同錯誤的孩子。看著他們從最初一說到開放討論便低頭翻找參考書、補習班講義，不敢發表意見，到現在願意先思考可能的答案，互相討論，再翻閱課本確認答案。眼睛從一開始總是閃避與我對視，到現在雖仍有點怯生生，但已能依照提問脈絡，自行查找線索，主動推論答案，眼中閃耀著自信光芒、舉手補充不同答案。當然，也有孩子無法在這麼短暫的時間中，便有劇烈的成長，但能從原本無神的瞳孔、百無聊賴的態度，變成開始願意參與討論、詢問他人，那眼中的求知慾，不僅為其學習旅途上的大躍進，亦是我在教學這條「屠龍」道路上最大的動力。

◆屠龍之後？

勇者不會在屠龍之後就從此無憂無慮地過著幸福快樂的

日子，猶如教學並不會因為一時的順利就挑戰結束。回頭檢視自己一年來的實踐歷程，無論是對於自學與共學的掙扎，亦或是回流時對於「T」科技融入教學的運用等，仍有許多尚待改進之處。但我始終謹記「只有開始，改變才可能發生」。下一個關卡究竟會遇到什麼？是史萊姆？是惡龍？還是耀眼的下一顆珍珠？只有踏上旅途，才有機會相遇。

謝謝政忠老師與在前路拓荒的勇者們，建立了MAPS教學法，讓我們這些不勇敢的勇者，能依循前人的屠龍祕笈，找到屬於自己的光明之珠。謝謝在MAPS遇到的老師，與曾經的、現任的同事們，因為這些屠龍夥伴的鼓勵與陪伴，才能在我迷茫時、受挫時、想放棄時，給予我裝備與能量，補滿血條後再次踏上屠龍之旅。

謝謝孩子們願意跟著我一起去嘗試，一同討論，共同成長，讓我得以窺見光明之珠的閃耀。謝謝一年前那明明不勇敢，但仍鼓起為數不多的勇氣，踏出第一步的自己，今天才能看見這樣美好的風景。

不勇敢的勇者們，和我一起勇敢踏出第一步吧！

【國小領域】

7

蔡育庭／走一段 MAPS 的英雄之旅

臺南市安南區九份子國民中小學

山中大叔導讀

當一位教師願意放下過往的教學成就，重新踏上學習之路，這樣的勇氣值得我們敬佩。

蔡育庭老師的文章，不僅是一篇 MAPS 教學實踐紀錄，更像一部動人的教育冒險故事。從疫情時線上教學的挑戰出發，到勇於接受 MAPS 的召喚，再到在教室中不斷摸索、調整、成長，字裡行間流露著一位教師對教育的熱忱與堅持。

這趟實踐之旅，不只改變了她的教學，也為學生開啟了一扇探索知識的新窗。這是一個關於教育勇氣、專業成長，以及永不停止追求卓越的故事。

◆英雄之旅——醞釀

和孩子一起學習，一直是我很喜歡也很享受的事。

秉持著成為正式老師時對自己的承諾——「激發孩子的學習動機，讓孩子成為更好的自己」，我利用課餘時間參與不同的研習，渴望從不同老師的身上學到更多的教學技巧、汲取不同的教育養分，我讓自己像一塊海綿，在學習的過程裡，內化所學，轉化所得。每每站上講臺，都讓我想像自己是個引領航向的船長，我和班上的孩子們會一同在課文中悠游，即便過程中有礁石暗流，我們也可以一起度過。

在遇見 MAPS 教學法以前，平時我認真備課，上課時透過問答式教學法，和學生在每一堂課裡頻繁互動，一問一答間產生的火花曾讓我深以為傲——我一直以為教學就是這樣子的。

冒險的召喚

猶記得前幾年的 Covid-19 疫情，「五一八大停課」讓全臺灣的老師頓時都陷入焦慮，停課不停學的哨音一響，即使覺得有些困難，老師們還是紛紛化為教室裡的「直播主」，在每一個鏡頭前賣力講授課本中的知識，我也不例外。借了實物投影機、買了視訊鏡頭，甚至添了網美燈，還去學了線上授課的技巧，每一個準備都是為了讓班上的孩子有不受場地、不影響品質的教學。

但疫情期間的線上教學，對我來說彷彿是個「照妖鏡」，過往讓我自豪的精彩教學，放到線上課程卻開始漏洞百出。我觀察到學生開始在鏡頭前放空，我發現到會回答老師問題的學生永遠是那幾個，我注意到那些原本在教室裡就屬於低成就的學生開始在課堂裡「隱形」，且漸漸地，在上課時主動參與、給予回應的學生也慢慢「消音」……，這些都不亞於確診帶給我的衝擊。

線上課程帶給我的挑戰超乎預期，我思索著：學生在家中與在學校上課，心態確實會有不同，但令我不安的是，雖然場域會有影響，但萬一這些教室裡的「客人」是我的教學方式導致的，那會有多可怕？

相遇的起點

二〇二二年的六月，我和我的學生一起從學校畢業，從新北市的學校調回臺南市。可以回到家鄉服務讓我心中充滿雀躍，同時也想起自己很用力教書、學生反應卻不如預期的狀況。那一段茫然和自我懷疑，讓我下定決心面對問題並改變我的教學。

每一個嘗試的背後都藏著深切的、對於改變的渴望，我也不例外。

線上課程帶來的衝擊，曾讓我對自己的教學感到失落。因為不想讓人覺得上課無趣，也為了活絡課堂，所以我設計了很多活動、遊戲，上課時學生笑得很開心，看似熱鬧，但喧嘩後更讓我覺得心裡空空蕩蕩——這真的是我要的課堂風景嗎？我有真的教會學生語文知識或能力嗎？我雖然反省，卻找不到有效的解決方法。到底我的教學少了什麼？真的好想找到答案！

同年暑假，我報名了臺南夢N的研習，選擇從未參與過的 MAPS，打算讓自己的國語教學重新開始。兩日的實作工作坊，在講師帶領下，我們先是認識何謂 MAPS 教學法，也從文本中嘗試設計提問、畫出心智圖。兩天中充實的學習，聽著講師分享教學的成果、學生的改變，這樣既有系統又能符應國語教學本質的教學方法，讓我覺得自己好像得到一把

▲這是我的第一張實踐家小卡，勇敢擊掌，接下挑戰！

開啟新世界的鑰匙，甚至主動接下實踐家的卡片，眼前的教育路好像又重新亮了起來。

◆英雄之旅——啟程與試煉

在巨人肩上學習

臺南夢N的研習結束後，為了不讓熱情消退，在新學年開學前我便開始著手設計國語的提問單。不過「代誌絕對毋是憩人想的遐爾簡單」，只參加過一次 MAPS 研習的我，對於設計三層次題目猶是似懂非懂，加上初到新學校，尚未找到可以一起備課的夥伴，可以給我答案的只有手上的教師手冊、前輩們分享的提問單，揣著不確定的心情，我的旅程開始了。

在只能自己摸索的過程中，我深刻體會到何謂「理想很豐滿，現實很骨感」，那陣子最常問自己的便是：「到底要怎麼開始？」「題目要怎麼設計？我沒有靈感怎麼辦？」「心智圖這樣畫是對的嗎？」在初始嘗試 MAPS 教學時，我覺得自己好孤獨，這些問題我也不知道該找誰回答。

興許是宇宙聽到了我的疑問，某天在 MAPS 的社群裡出現一則工作坊的訊息，講師是 MAPS 教學法的大神——寧定

威老師。雖然工作坊在一個交通不算方便的位置，但迫切想要了解提問到底如何開始的我還是排除萬難前往。在那次工作坊的研習裡，阿威老師手把手帶著我們操作，從分析文本、設計提問、提問後建議及示範提問設計等，兩天的課程彷彿讓我重新認識 MAPS 教學法，原本焦急的心也得以定錨，找到了一點前進的方向。

打鐵要趁熱

重拾教學的信心後，一一一學年的上學期，我在班上運用了第一版的 MAPS 提問單。這個版本我參考了蔡志豪老師的講義設計，脈絡雖然清晰了不少，但還是遇到許多難題，例如：每一課都要出現暖身題、挑戰題嗎？我畫的心智圖是對的嗎？和教師手冊上附的不一樣可以嗎？心智圖要記多少細節呢？我要如何引導學生從文轉圖？每一課都需要繪製心智圖嗎？各式各樣的問題在我腦袋中縈繞盤旋。

在 MAPS 教學路上，我承認自己走得戰戰兢兢，過程裡充滿不確定感，也無法肯定自己做的對不對。支持我走下去的，是因為答應了李筌帆老師要在隔年的夢N分享實踐心得，頭都洗下去了，沒有回頭路，只好咬著牙根前進！

在說服自己教學是場「實驗」，一邊提醒自己要隨時觀察記錄，一邊適時修正、找回方向的過程裡，就來到了下學期，而我的提問單也從「只提問，未要求學生書寫」的第一版，發展到「課文重點挖空，讓學生填充關鍵字」的第二版，更走到了讓學生「從課文中找線索，寫出完整句」的第三版。

之所以會不斷在提問單上進行滾動式修正，主要是因為我會觀察學生習寫的狀況進行調整。例如：第一版提問單中只有提問，學生就真的「只看過」，鮮少有人會在上課前就思考那些問題的答案。進入第二版後，因為學生必須要完成提問單的內容，加上我在課堂中融入小組合作與榮譽加分制度，學習的狀況便有了變化。而第三版的誕生，則是因為我發現學生在發表時大多只能回答關鍵字，無法完整敘述想法，因此我調整了提問的問句，增加題目可讀性，同時要求學生寫出「完整句」。

挑戰的過程絕非一帆風順，即便這些調整讓我感覺到自己的教學走在一條有明確方向的路上，但設計提問單並非容易之事。沒有可以一起共備的夥伴，加上有時學校的事務繁忙，要設計問題也要批改訂正作業的進度壓力，心底總會響起「下一課還要做嗎」的自我懷疑。

打破我這些念頭的，是某次單元教學結束後，學生挨近身邊問我：「老師，下一課的基礎題已經印好了嗎？我可不可以先寫？」我帶著好奇回問：「為什麼想先寫呢？不會覺得班上的作業很多嗎？」他說：「雖然要寫很多字，但是完成後可以更理解課文在講什麼，我覺得這樣比較好。」學生的回答讓我又驚又喜，除了讚賞他的認真，也默默打消了想放棄的念頭。

我心裡明白，不可能所有的學生都喜歡書寫提問單，不過無論這個孩子的想法是什麼，都是很值得參考的反饋。我認為，只要老師了解自己的教學架構，有意識地設計課程，那就能帶著學生找到更多教學裡的可能。

▶改變教學，提高學習動機，讓孩子的眼中有光。

▼謝謝五〇二的夥伴，共備燒腦讓我們緊密的圈在一起

知不足而奮進

「我們無法用相同的自己，去得到不同的未來。」這是我很喜歡的一句話，對於想在教學裡做出突破的自己，也是重要的信念。

二〇二三年的七月，我站上臺南夢N的講臺，和臺下老師們分享我一年來的實踐心得。雖然在臺上侃侃而談，但心裡明白，自己當時的MAPS提問還不是完整的「三層次」提問，我只有「基礎題」而已，如果想要更精進自己的教學能力，我還需要持續學習。因此在看見前輩好友——陳權滿老師在臉書分享第五屆種子教師工作坊的訊息時，我馬上私訊問她細節，並請權滿老師擔任推薦人。

在為期三天兩夜的扎實課程裡，通過政忠老師的帶領，讓我對三層次提問有了系統性認識；在指定作業裡，更加了解設計「基礎題、暖身題、挑戰題」的步驟與脈絡；和同組夥伴共同經歷腦力激盪的燒腦時刻，也在老師點評時，與組員共享被讚賞的喜悅。

除了設計過程所帶來的腦內風暴，更讓我覺得驚喜的是，學員中臥虎藏龍，潛藏許多高手。例如有的夥伴原是音樂專業，因為要帶班當導師才來參加工作坊，他絲毫沒有因為非語文專業而影響自身對教學的熱忱，反而憑藉不同專長讓教學產生各種創意變化。而任教低年級的學員也令人大開

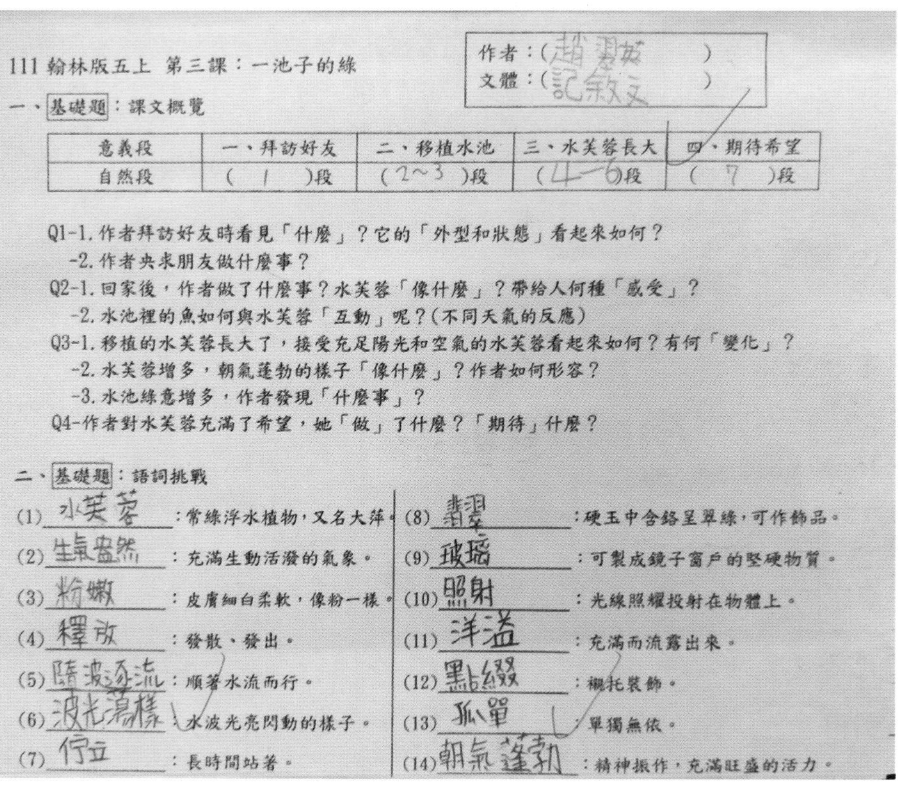

111 翰林版五上 第三課：一池子的綠

作者：(趙[illegible])
文體：(記敘文)

一、基礎題：課文概覽

意義段	一、拜訪好友	二、移植水池	三、水芙蓉長大	四、期待希望
自然段	(1)段	(2~3)段	(4~6)段	(7)段

Q1-1.作者拜訪好友時看見「什麼」？它的「外型和狀態」看起來如何？
-2.作者央求朋友做什麼事？
Q2-1.回家後，作者做了什麼事？水芙蓉「像什麼」？帶給人何種「感受」？
-2.水池裡的魚如何與水芙蓉「互動」呢？(不同天氣的反應)
Q3-1.移植的水芙蓉長大了，接受充足陽光和空氣的水芙蓉看起來如何？有何「變化」？
-2.水芙蓉增多，朝氣蓬勃的樣子「像什麼」？作者如何形容？
-3.水池綠意增多，作者發現「什麼事」？
Q4-作者對水芙蓉充滿了希望，她「做」了什麼？「期待」什麼？

二、基礎題：語詞挑戰

(1)水芙蓉：常綠浮水植物，又名大萍。
(2)生氣盎然：充滿生動活潑的氣象。
(3)粉嫩：皮膚細白柔軟，像粉一樣。
(4)釋放：發散、發出。
(5)隨波逐流：順著水流而行。
(6)波光瀲灩：水波光亮閃動的樣子。
(7)佇立：長時間站著。
(8)翡翠：硬玉中含鉻呈翠綠，可作飾品。
(9)玻璃：可製成鏡子窗戶的堅硬物質。
(10)照射：光線照耀投射在物體上。
(11)洋溢：充滿而流露出來。
(12)點綴：襯托裝飾。
(13)孤單：單獨無依。
(14)朝氣蓬勃：精神振作，充滿旺盛的活力。

▲第一版提問單：基礎題只有提問，學生較少書寫。

11 翰林版五上 第五課：我的隱身術

作者：(張曼娟)
文體：(記敘文)

一、基礎題

Q1-1 引文：張潮《幽夢影》。
-2 張潮認為「人莫樂於閒，非無所事事之謂也。」
閒可以做哪些事？(讀書)、(遊名勝)、(交益友)、(著書)。
-3 張潮認為「天下之樂，孰大於是？」

Q2-1 作者張曼娟的隱身術，是因為回想起自己在香港工作時，經歷一整天繁瑣事務，覺得惱人情緒如影隨形。
-2 從高聳低溫的辦公大樓走出來後，原本要搭計程車的作者，走向碼頭。
-3 她捨棄了地鐵和計程車，為的是搭乘天星小輪，它的特色是(一百多年的渡船、一百多年的速度、緩緩的)，這樣的緩慢和舒緩，能讓時間的催逼找不到。

Q3-1 有時候，作者也會選擇百年電車，揀二樓的座位坐下，來趟慢速小旅行。
-2 和朋友一起坐電車，彷彿翻閱城市建築圖冊，朋友從抱怨→放鬆，甚至捨不得下車。
-3 作者朋友說搭電車的那一個半小時，是最難忘懷的美好經歷，看起來似乎是無所事事的九十分鐘，卻是最豐盛的時光。

Q4-1 作者說「無所事事的人，感受不到閒；忙碌不堪的人，不敢讓自己閒下來。」
-2 在喧囂的尖沙嘴彌敦道公寓，從高樓上看浪潮般的觀光客，有一種隔絕的寧靜。在人潮流不進的九龍公園，坐在噴水池邊曬太陽，悠閒時刻讓作者覺得我才是自己的主人。
-3 總結：閒，是需要學習的一門生活藝術，學會了，再忙的生活也能找到它。

▲第二版提問單：將課文重點挖空，讓學生能思考填答。

501 11 陳妍安

第十課〈憨孫耶，好去睏啊！〉基礎題

▲Q0：本課自然段共有(13)段，請依據課文，完成下列表格。

	祖母的(寄望)	(熬夜)的原因	祖母的(關心)	(想念)祖母
意義段	一	二	三	四
自然段	1-2	3-4	5-9	10-13
結構	起	承	轉	合

▲Q1-1：在課文 1~2 段中，作者提到他從小就養成熬夜的習慣，讓他這麼做的「原因」為何？他想成為秀才

▲Q2-1：在課文 3~4 段，為什麼作者會說「事實上，小學到中學的階段，不熬夜也不行」？他要忙些什麼？①家裡的瑣事，總是那麼多。②書包一放下，招呼一大群雞、鴨、鵝去了。星期日，還要上山砍柴，下田拔草。即使不上山不下田，也要劈柴挑水。

▲Q3-1：作者如何描寫天黑後的村莊？墨黑、漆黑、無止境的黑

Q3-2：「飯桌這時就成了我的書桌」，請依據描述，畫出書桌、作者和祖母的位置。

good.

Q3-3：作者如何形容他寒窗夜讀的時光？他和祖母「互動」的情形如何？

①「就這一頁，讀好這一頁就睡！」

②祖母是個矛盾的人，經常催作者快去睡，又記掛著這個憨孫不知道讀通了沒

▲Q4-1：第 11 段為什麼作者會說「每次夜讀，過了子時，我耳邊總會想起祖母這一句熟悉的聲音。望著寂寂陰寒的窗外，眼眶不覺隨之潤濕」，他怎麼了？

作者經常想到祖母對他說得那些話。

Q4-2：課文最末段，作者先是自問了一個問題，接著說「回答我的不是一句『憨孫哩咧』，而是比二十多年前更深沉的葉的寂寥。」這句話傳達出什麼樣的感覺？作者想說什麼？(1)很悲傷 (2)作者很想祖母。

+5

▲第三版提問單：題目增加可讀性，讓學生用完整的句子回答提問。

眼界。原本我認為文本需要有一定長度才能操作 MAPS、才能設計題目，但低年級的課文長度都偏短，內容也較為簡單，到底要如何設計提問，讓我摸不著頭緒。因此看著夥伴們從鷹架的完整搭建，到題型的多元變化，完成學習單設計並在各自班上實踐後，除了讓我讚嘆他們的創意，也驚嘆 MAPS 教學的可能性。

出發才是挑戰的開始

在實踐過程中，我深深體會到「魔鬼藏在細節裡」。雖然拿到了 MAPS 教學法這把開啟新世界的鑰匙，但要得到藏在世界盡頭的大祕寶，除了要在過程中挖掘、注意各種細節，還得一一擊破阻礙，才能繼續這趟旅途。

從種子教師工作坊回來後，雖然自己滿腔熱血，但真的要開始進行備課、製作提問單時，我卻有些卻步。翻開課文，即使已經讀過數遍，在設計提問時燒腦費時不說，還會擔心自己文本分析的走向不對、心智圖是否有涵蓋文章重點。在無數自我懷疑鞭答下產出提問單，過程並不容易，但每每和孩子們一起完成講義內容，確實感受到了課堂氛圍的變化，體驗過孩子們能力提升的美好感受後，需要面對的那些「辛苦」似乎也變得無足輕重了。

十分幸運的是，我有一群夥伴的支持，雖然我們分散

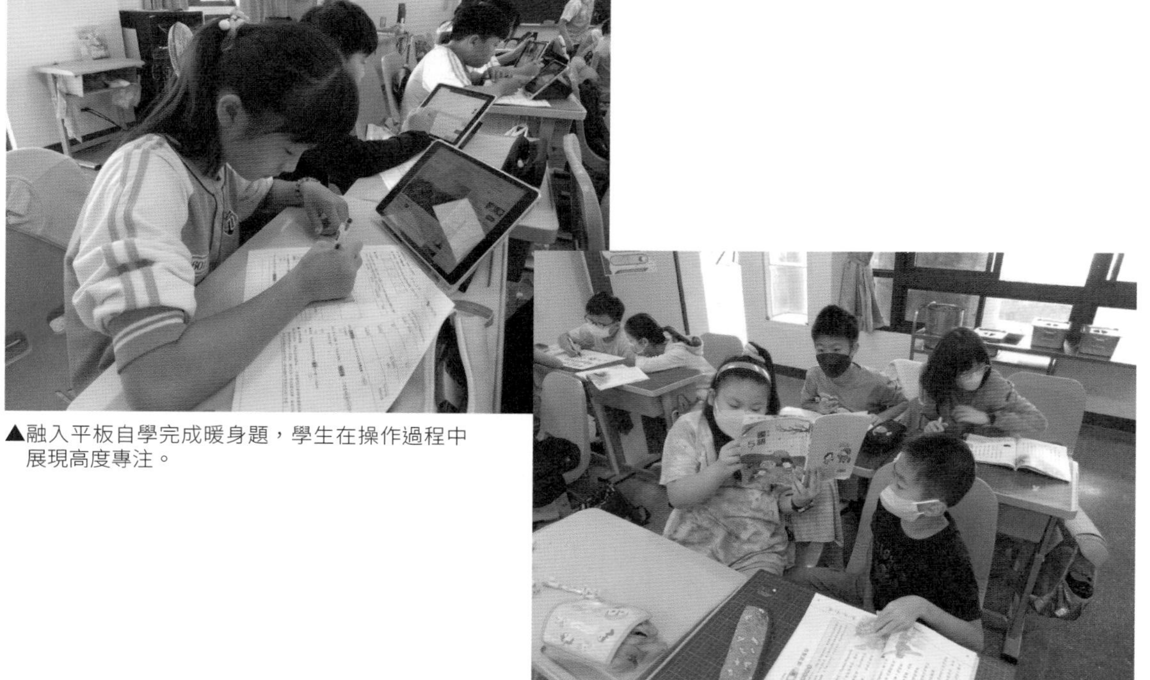

▲融入平板自學完成暖身題，學生在操作過程中展現高度專注。

▲小組共學，透過同儕討論激盪想法。

在不同的學校，但透過定期共備討論和回流充電，不僅梳理了我不少疑問，有時聽聽夥伴的教學日常、彼此打氣鼓勵，會覺得在教學路上自己並不孤單，讓我回想起第一次初遇MAPS的感動。也很感謝MOXA基金會和所有計畫助理的支持，細心照料學員的餐食，讓大家可以心無旁騖學習，還時常對我們投以肯定、鼓勵的眼神，撫慰大家使用過度的腦細胞。每一次研習結束，走出教室大門，雖然不敢說自己已完全做好準備，但打通了任督二脈，彷彿身心都是嶄新的自己，又有了新的力氣可以面對接下來的挑戰。

◆英雄之旅——抵達，再出發

二〇二四年六月一個下午，我接到政忠老師的電話，邀請我在第五屆種子教師工作坊的畢業典禮上分享這一年實踐的歷程與心得。我又驚又喜，喜的是感覺自己被肯定了，驚的是不確定自己是否能夠做好。猶豫不決間，推動我接下這份任務的，是班上的孩子。如同我們時常在教室裡鼓勵孩子們應該勇敢接受挑戰，其實老師也應該先學習勇敢承擔，這不只是身教，也是一個身為教育者的信念和風範。

作為菜鳥實踐家，覺得自己是一個幸運的人，在實驗與實踐教育的路上，目前尚沒有遇到太艱難的阻礙。提筆寫下

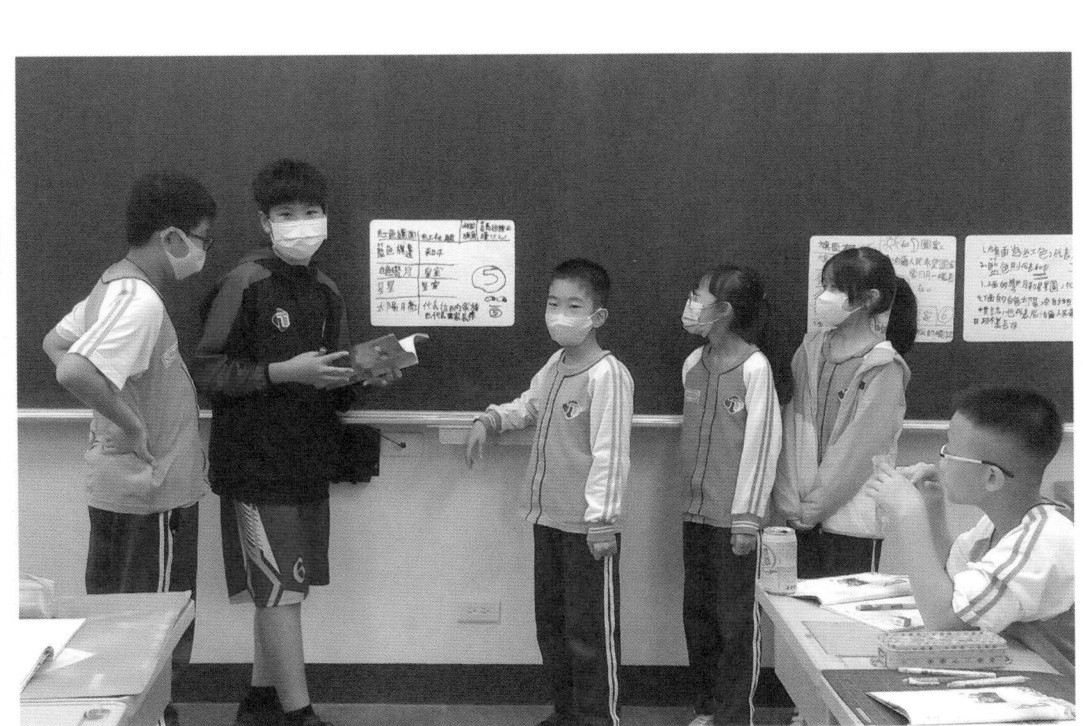
▲學生上臺發表小組討論結果。

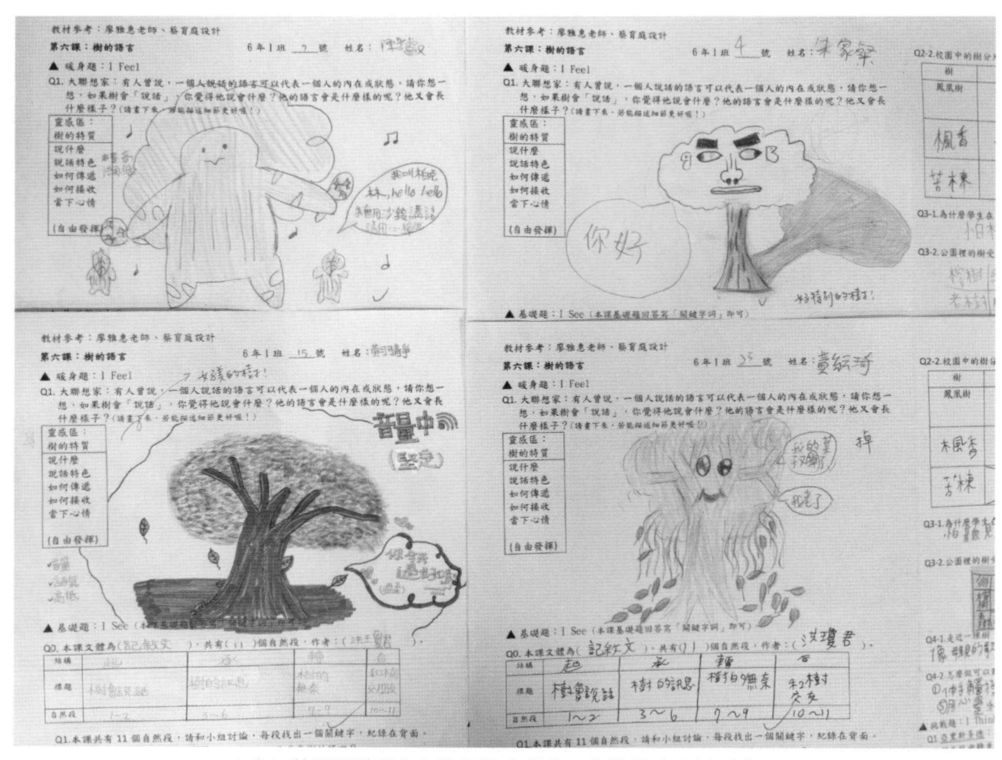

結構	起	承	轉	合
標題	樹會說話	樹的訊息	樹的煩惱	和樹交友
自然段	1～2	3～6	7～9	10～11

▲多元的題型讓學生展現不同的創意，開啟對文本的想像。

▲同儕共學，成為課堂裡最美的風景

▲課堂給任務，減少教室裡的客人，讓學生成為主動學習者。

教材參考：黃郁珊、羅仕瑩老師、蔡育庭設計

第七課：享受過程　　6年1班 14 號　姓名：

▲ 暖身題：I Feel

Q1. 課前想一想 I：從小到大，我們都曾經歷過許多的選擇或學習/競賽經驗，你覺得「完成一件事情」是過程重要，還是結果重要？為什麼呢？（請用 20 字以上完整句子寫想法）

我覺得結果重要，因為大人們都說，不管過程多艱難，可以完成就好。

Q2. 課前想一想 II：作者為何要讀者「享受過程」？如果不享受過程，會怎麼樣嗎？在做事的過程中抱著享受過程的心態，可能會帶來哪些好處？

Q3. 掃 Qrcode 閱讀影片：影片中飛在天空的飛機，和好友們一起製作的滑翔翼，和本課有什麼關聯呢？讓你聯想到什麼？（請用 20 字以上完整句子寫想法）

①享受過程

②不管結果有沒有成功，只要過程開心就好。

▲ 基礎題：I See（本課基礎題回答寫「關鍵字詞」即可）

Q0. 本課文體為（議論文），共有（11）個自然段，作者：（　　）。

結構	論點	論據	結論
標題	提出主張	舉例說明	歸納結論
自然段	1–3	4–8	9–11

Q1. 本課共有 11 個自然段，請和小組討論，找出意義段的關鍵字，紀錄在課本上。

Q1-1. 作者認為「做任何事，過程和結果同樣重要」，他舉了什麼例子來佐證？

鋼琴比賽、登山

Q2-1. 作者在自然段第 4 段中舉了「登山朋友」的例子，請根據本意義段內容想一想，並歸納本段重點。

攀登過程和登頂都讓人快樂

Q2-2. 作家普西格在書中提到他和老禪僧攀登喜馬拉雅山的經歷。普西格明明是最年輕的成員，卻爬得最吃力，撇除身體健康因素不談，請比較普西格和老禪僧在「登山」這件事看法的異同？

	普西格	老禪僧
年齡/體力	最年輕，最吃力	年紀大，最輕鬆
目標	攻頂	攻頂
心態	一心只想攻頂，無法享受，喪失鬥志	不把登頂當唯一，享受每個步伐節奏

Q3-1. 作者在最後的意義段寫到「老望著山頂，就看不到腳邊的花草」，他想表達什麼？

Q3-2. 作者在文中給讀者一些建議，請找出相關敘述並寫下來。

①別把目標看得太重　②別把快樂放在完成那天

③輸贏很重要，但也只是其中的一部份

▲ 挑戰題：I Think

Q1. 在本課中，作者提出了自己的觀點，請問閱讀哪些部分能夠幫助讀者迅速找到作者想表達的重點？

Q2. 作者在這篇文章中舉了「鋼琴比賽、登山」作為論據，哪一個論據更能說服你？為什麼呢？（請用 20 字以上完整句子寫想法）

Q3. 看待事情你是哪一派？閱讀前：（結果）派 → 閱讀後：（過程）派。

承接暖身&基礎題，作者在文中提出論點「過程和結果一樣重要」，這是否顛覆了你周遭或成長過程中聽過的觀念？你認同或贊成作者的想法嗎？請分享你的看法。

盡了全力就是最好的

▲翰林版六下第七課〈享受過程〉提問單。（學生沈妍倢作品）

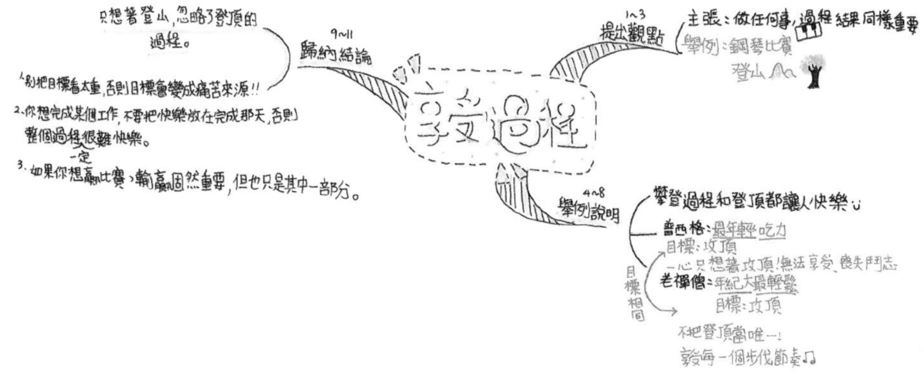

▲翰林版六下第七課〈享受過程〉心智圖。（學生黃羽靜作品）

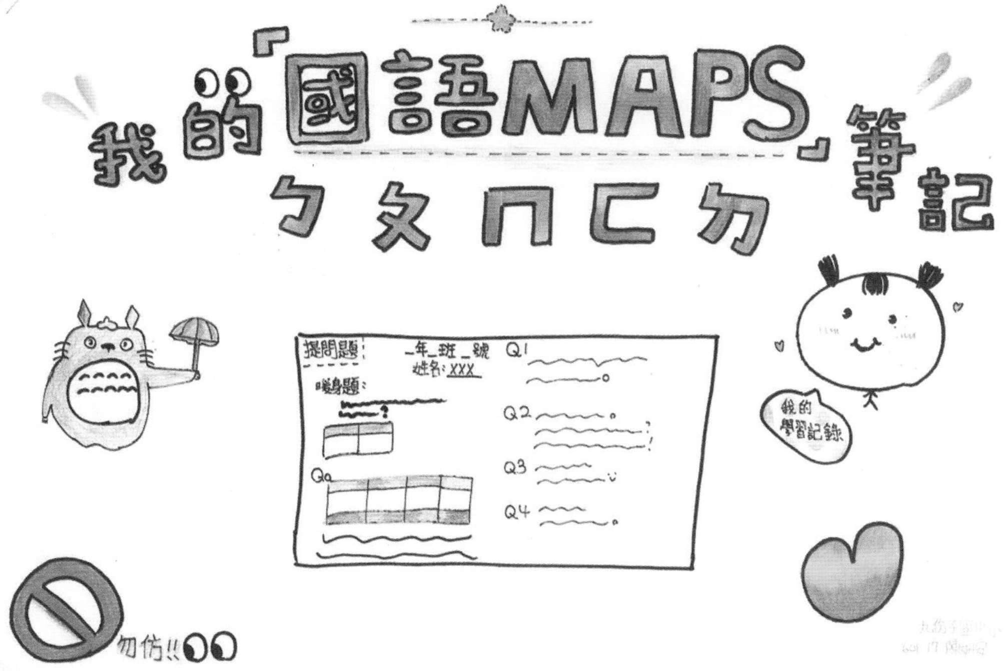

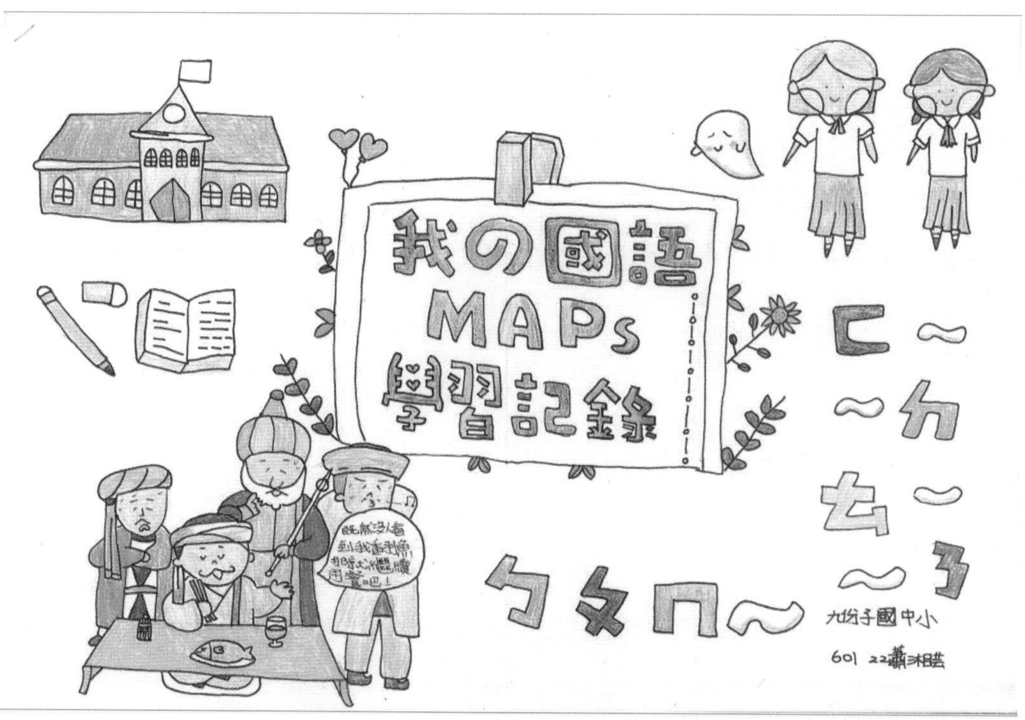

▲期末時學生將這一年的提問單收集成冊，並繪製美麗的封面
（上－學生陳妍安作品／下－學生蕭湘芸作品）

這些文字的現在，腦中閃過的，是陪我實踐 MAPS 夢的第一個班級，他們見證了我在設計提問時的卡關和受挫，也和我一同在實踐的歷程裡學習和成長。因為好奇他們對於 MAPS 教學的真實看法，也想知道這一切教學的感受會不會只是我單方面的錯覺想像，因此在這班孩子們畢業前，我設計了問卷，蒐集他們的想法，問題包含：國語課中覺得最有收穫的活動、自評心智圖掌握程度、未來如何運用、整體回饋或建議等。

統計的結果令我驚喜，學生認為最有收穫的活動是「心智圖、挑戰題、關鍵句與意義段下標」，認為這些活動都幫助他們讀懂文本；在心智圖的掌握上，班級內也有超過百分之五十的學生學會分層解構訊息。最令我欣慰的是，學生們主動提到要將 MAPS 帶到國中，幫助自己學習。他們真誠的回饋讓我感動，這珍貴的一字一句，都是我未來調整教學和實踐的動力。

改變一旦發生，就會一直發生！

若要問我實踐 MAPS 到底有什麼收穫，對我來說，它除了是一種教學法外，也是一種備課的「心法」。每當我開始設計提問，腦中閃過的是政忠老師曾問我們的問題：「你想教什麼？」

▲我和我的第一屆 MAPS 班，冒險的路上，有你們真好！

扎實備課，讓我對自己的教學有了踏實感；有意識地備課和教學，因此我能確定課堂內所有學習都是有意識地發生，也能更準確地掌握教學節點和課程進度。此外，我也試著把 MAPS 這套方法延伸到數學教學，雖然提問的思考脈絡會不太一樣，但初步嘗試下已經讓我感受到班上學習氛圍的改變，學生在過程裡會留下思考的脈絡與學習痕跡，感受到自己的進步。而看見學生提升學習能力，就是身為老師最大的價值和快樂。

政忠老師曾說：「實踐是孤獨的，改變是需要勇氣的。」行筆至此，回望這一路上的風景，很感謝自己曾有「歸零」的勇氣，感謝有一群神人前輩為我們照亮腳下的路，也謝謝一起共學的夥伴，讓同行路上不孤單。我是一個平凡的國小老師，在我的教室裡進行自己想要看見的改變。我的夢，是打造一個學習「有效」也「有笑」的教室。因為深知「一步走不上山頂上」，唯有老師先從自己的教學做出改變，才可能帶動孩子做出改變。因此期待在每一次的練習中，持續累積自己分析文本與設計提問的經驗；也期待每一次種在孩子心底的種子都能發芽，長成一朵朵燦爛的花。

「改變一旦發生，就會一直發生。」這是我第一個實踐 MAPS 教學的班級，未來我會繼續在我的教室裡持續努力，繼續寫下更多未完的冒險故事。

【國中領域】

8

蘇昱芳／MAPS 與教學生涯探索

高雄市立文山高級中學

山中大叔導讀

在這篇紀錄裡，蘇昱芳老師如同在教室裡種下的那顆小小的種子，隨著 MAPS 教學法的養分而發芽成長。她以溫柔的筆觸描繪了從懷疑自己、無助徬徨，到逐漸找到教學核心的心路轉折。她不再只是傳授知識，更是在學生與知識之間架起一座溫暖的橋樑。當她將數位科技融入課堂、讓學生在互動中成長時，蘇老師開始理解，教育並非僅是知識傳遞，而是彼此成就的旅程。於是，她深知每個課堂中的提問、每個思維的觸動，都像是撒下一道星光，點亮孩子的前路，讓愛與智慧在教學的當下悄然流動。

◆為什麼要當老師？

阿嬤對憨孫女的期許

心底常會想起，我那嚴肅又具威嚴的阿嬤，總是用溫柔的語氣告訴我：「昱芳啊……你要拚一點噢……。」

她常說，女人當老師最好了，穩定的飯碗可以照顧好自己的家庭。或許是因為我溫和、無大志的個性，又或許是因為阿嬤和媽媽都是堅強獨立的女人，我沒什麼好想的，就是依循家人的期望，毫不猶豫地走上教育這條路。

我生命中遇到的老師

國小高年級時，我的兩位老師都是既威嚴又帶著溫柔慈愛。我常被他們高聲威斥的聲音驚醒，然後在心裡警惕自己：「認真一點，別偷懶，不要忽略老師提醒的細節噢！」另外，也有一幅難忘的畫面刻在我的心版上：小六時，老師曾帶我和另一個同學去買文具用品，回家後我聽見媽媽和老師在通電話。我常在想，老師如此瞭解我、知道我吃軟不吃硬，難道是因為與媽媽在私下互通訊息的緣故嗎？

到了國中，對老師嚴厲的教學風格早已習以為常，同學的身上留下藤條印、巴掌印，都是再正常不過的事情了。班導師退休後，接任的是一位年輕的初任女老師。她很用心、好認真，總是會和我們聊天，關心我們的生活瑣事，女生們都很喜歡她。然而，隨著原本的男班導退休，原本被鎮壓地好好的男同學們，開始在下課時間玩起一些不該玩的遊戲。新班導試圖以關心和勸說的方式制止他們，但很快發現這樣的態度對這群學生起不了作用。一夕之間，她變得好兇，甚至令女生們也開始討厭她……。

原本以為，溫柔且循循善誘的老師應該是相處起來最舒服的對象啊，但是和前任班導相比，才發現擁有權威的鞭子並適時給予獎勵的胡蘿蔔，才是能和一群處於身心狂暴期的中學生相處的理想方式。

到了高中和大學，老師的教學專業和看待問題的視角深深影響了我。我看到一些老師把課本當成教學手冊，一切材料和問題引導都依循的課本的內容進行，每次抄完筆記後，我總是伸個大懶腰，忍不住心裡仰天長嘯……。我的大學教授卻不同，他常說：「教育無他，愛和榜樣而已。」課堂上，他分享了一個又一個曲折離奇的成長故事，讓我驚訝地了解到，原來一個人的成長歷程中，會遇到諸多挫折和挑戰。這些故事在我心中種下了深刻的啟示：作為老師，應該用生命的經歷來感動人，而不僅僅是用嘴巴傳授書本知識。

插曲：老師，你會不會回來？

※ 初探杏壇，風起雲湧

獲得中等教師資格後，我幸運地在應試的第二年，考上臺中區教師甄選，分發到臺中市海線的一所大校。當時，我享受著心想事成的喜悅，卻未預料到種種的考驗，即將接踵而來。

那時，我的日常就是反覆面對「叫你這樣做，你偏偏背道而行」的場景。每天都一定要用高分貝且充滿威脅性的話語，來讓行為和情緒失控的孩子不再跺腳、稍微安靜下來，卻不能保證他們下一刻會乖一點噢！

有位資深教師看到我的處境，很憐憫我的遭遇，於是主動幫我會會這幾個處於狂暴期的青少年。我看見她以和學生相同的姿態、調皮且愉悅地向他們打招呼，短短不到一刻鐘的時間，她就與這些學生建立起了「大姊與小弟」的微妙默契。這種「無招勝有招」的方式，當時我完全無法領會。只記得資深老師對我說：「你要懂得『他們在想什麼』、『需要什麼』？並且『願意和他們並肩同行』。」

※ 被政忠老師的精神影響

二〇一一年，王政忠老師的新書《老師，你會不會回來？》出版，這本書深深觸動我內心深處，看完書後熱淚盈眶。我非常佩服，政忠老師可以在偏鄉小校，這麼艱困的行政及教學環境下堅持下來，那些被他一個個收服的孩子，普遍都是家庭環境有困難，如果不靠教育的力量真的很難翻身。政忠老師像是個教育科學研究專家，不斷剖析問題，然後對症下藥。那年，政忠老師，在我心裡種下一棵小苗：「不是沒有辦法，而是你到底願不願意想辦法？」

回到家鄉學校的困境

※ 沒有釐清及解決的問題，「重複」發生

歷經四年的磨練，我介聘回到了家鄉高雄。當時我總覺得自己的底氣應該更充足了，應該不會再有搞不定的學生問題了吧？事實證明，我太天真了！個性溫順、缺乏獨立性的我，其實忽略了教育環境的複雜性。我能適應前一所學校，是因為強大的行政支持和前輩提攜後輩的傳統，我是被照顧的，很多問題其實我沒有解決，而是受到他人的鼓勵和支持，才讓我走過了這一屆。

在人生地不熟的新環境中，我遭遇到同樣的問題，就是看事情缺乏理念及框架，且應對方法也不夠純熟。常常是「頭痛醫頭，腳痛醫腳」，就像國中遇到的年輕導師一樣，不理

解問題的複雜性，也沒想清楚前腳走的這一步，會遇到什麼狀況。因此，常常被突如其來的變數，嚇得措手不及，搞到自己身心俱疲。

在新學校的第二年，非常想要順從心裡的小惡魔：「辭職。」這個想法讓我心驚膽顫！於是我積極尋求心理治療，也開始學習心理學，讓自己遇到問題可以冷靜應對。像這樣藉由了解自己情緒反應的原因，我才同時了解到孩子們行為反應背後的原因。

※ 找回記憶深處，那個「為孩子回來」的老師

重視自我覺察的過程中，我重新找回了教育的初衷：「教育無他，唯愛和榜樣。」與此同時，阿嬤堅毅的面容、政忠老師不畏艱難直向前進的堅定步伐，也讓我心中浮現一句話：「要勇敢，向前跨出一步，試看看！」這時我才明白，原來我所面對的每個孩子，都是內在的我真實的樣子——有些是開心的、健康長大的，有些則是脆弱的、受傷的。

因為不懂如何面對內在的脆弱受傷，對於孩子外在的問題，我同樣感到無所適從。於是，我下定決心，要用心陪伴每一個曾經帶給我困擾的孩子，讓內在與外在都能共好。在這過程中，我才真正體會到那位資深老師的理念：「陪伴孩子，讀懂孩子，你就會找到方法。」

◆ 學習 MAPS 的進程

初識 MAPS

由於班級經營的需求，我積極嘗試分組教學，觀察每個孩子的特質、屬性，了解每個人對團體的適應性。分組學習策略和同儕鷹架是我經常使用的方法，孩子們能從中感受到支持的力量，也能看到協助他們的同學身上的優點。不過，當時我常在思考：如何加強孩子的聽說能力？因為教師還需要耗費大量精力，講述他們不懂的概念。為此，我轉而聚焦在「學科本質的探討」，思索國文科的優勢到底在哪裡，以及他們真正需要掌握的是什麼。我的最終目標是要培養他們的獨立思考能力。

在一次王政忠老師的演講中，我學到一個比喻：「課本的意義，就像是學會如何騎腳踏車的說明書。」孩子只要學會騎車的方法，日後遇到不同的腳踏車也能應對自如，因為他學會了應對問題的方法。這讓我更加確信政忠老師發展出的 MAPS 三層次提問教學法，是我想跟隨的教學法。在政忠老師帶領的一場工作坊中，我看到了 MAPS 的備課思維，具體、有結構，並且好複製而易於應用。當時剛學會時，我迫不及待立刻應用在教學現場，然而最終還是被繁忙的班級事

務淹沒，逐漸無法持續 MAPS 的備課進程。

第五屆種子教師研習

二〇二三年七月，我參加了為期三天的初階種子教師工作坊。在政忠老師親自指導下，我真正體會到「有意識地備課」的含義。從閱讀文本開始，到畫出我所理解內容的心智圖，並依此評估該課的教學目標。目標不需過多，只要聚焦一個即可。以〈紙船印象〉為例，我們這組的教學目標是讓學生掌握「今昔今」的寫作架構，以及「敘事抒情」的文體表達方式。到了工作坊的第三天，我們進行了〈田園之秋選〉的共備，完成三層次提問設計，目標是讓學生學習「戲劇的四幕架構：序幕、發展、高潮、結尾」，分辨文章中的「主角與配角」，以及掌握「具體及想像的描寫技巧」。

在實作過程中，我最能掌握的是基礎題，因為與備課用書中的重點相差不大，只需要刪減題目，緊扣心智圖呈現的概念。相較之下，暖身題和挑戰題對我而言是新的挑戰。不過暖身題可以從影片、書籍、電影、社會時事等方面發想，只要掌握重點是引發學生動機，使新舊概念相互連結。但是挑戰題卻是我最弱的一環，過程中也發現，挑戰題的設計需要參考足夠的範例，才能設計出真正有效的題目。

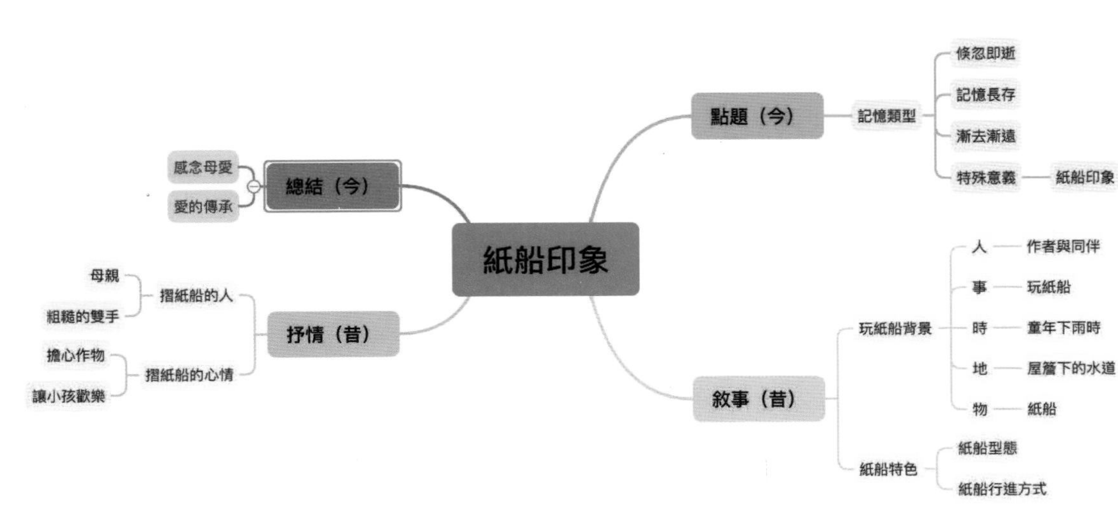

▲〈紙船印象〉心智圖。

教學實踐

※ 蠕動爬行期：從一招半式開始

剛開學時，我為〈吃冰的滋味〉這課設計了暖身題。參加 MAPS 種子教師營後，我了解到：暖身題的目的是連結學生的新舊經驗，猜測與想像學習的內容。而這課的教學重點在於：第一，讓學生認識「今昔今」的寫作架構；第二，學習用摹寫手法，具體描述經驗與感受。因此，我利用廣告影片中常見的「從現在回憶過去」的手法幫助學生理解，如何用「今昔對比」的方法引導讀者追憶過去的各種感受。這類影像素材不僅能讓學生理解故事的進展、發現過去與現在不同的場景，還能幫助他們觀察文本時間軸的變化，進一步探究這種寫作手法的特點。

例如，看完影片後，我問他們：有沒有觀察到影片中時間序的差異？有沒有看出過去與現在的場景對比？雖然他們能舉手表示聽懂我的問題，但我觀察不出他們到底看到什麼場景。因此，在下一堂課中，我加入一個四維表格，清楚要求學生區分現在場景和過去場景，每個場景的描述字數必須超過十個字。從觀看廣告影片，到要描述過去與現在的場景細節，我發現自己正實踐著「以終為始」的教學歷程。透過 MAPS 三層次提問設計，我也不斷問自己：這個教學步驟是為了讓他們學到什麼？這個內容重要嗎？如果重要，我應該怎樣讓他們真正學會？

描寫過去的場景	片一：小時候牠發燒爸爸背著他冒著風雨去醫院 片二：小時候爸爸騎著摩托車載著他
描寫現在的場景	片一：爸爸老了，他的小孩長大了，準備開車帶他爸爸去兜風 片二：他的爸爸出院後，她幫她爸爸修[illegible]陣。

▲〈吃冰的滋味〉暖身題：利用觀看廣告影片，讓學生對於「今昔今」的時間序，擁有具體的印象。

▲兩兩配對學習，任務分工明確，再加上基礎題的具體引導，全班呈現非常專注的答題狀態。

※持續學步期：使用完整的三層次學習單，且融入科技設備的使用

在〈紙船印象〉這課中，我真正體會到 MAPS 三層次問題設計的連貫性。由於暑假時曾與夥伴共備這課，所以我能迅速找到自己想要教的內容，鎖定教學重點，並完整思考過如何在課堂上運用 MAPS 三層次學習單。當我將三層次的提問貫串起來後，便發現學生的投入度提高，老師也體會到有層次的引導的魅力。

為了增加互動，我在課堂上大量使用平板，讓學生利用文字編輯功能，完成指定的學習單任務，並要求他們在時限內上傳提問單的內容。由於將科技融入教學，學生受到更多刺激，專注度提高，回答基礎題的意願也明顯提升，與紙本學習單的效果截然不同。此外，即時上傳不僅能立刻分享優秀作品，讓更多學生受益，老師也能及時回饋，促進了全班的學習效果。

※T-MAPS 成形期：持續科技融入，搭配自學共學轉換，形成模組式教學

在設計〈近體詩選〉這課的學習單時，我參考了政忠老師的建議，先讓學生進行翻譯，再設計提問。我發現大部分學生對〈山居秋暝〉這類融情於景的詩詞翻譯有困難，因此採用填充句的方式，降低翻譯的難度。我的目標是協助學生跨越語詞障礙，理解詩意，而學習單的作用應該是要提供鷹架，而非讓學生在理解層級上陷入困難。提問的設計大部分參考康軒版的提問單，但在編排次序上，我會反覆對照心智圖和單元學習目標，進行裁減與編排。

課程中，我還導入了生生平板設備和 Padlet 數位平臺，並特別著重在基礎題的設計，使其精簡且緊扣學習目標。這樣一來，程度較好的學生若很快完成基礎題，我就可以進而融入自學共學轉換的模式，讓先達到目標的學生往下走。課堂上，變化多樣的策略讓教學節奏更加緊湊，當學生無法猜測我的下一步，答題的過程就增添了更多趣味與挑戰性。

生生平板和引入 Padlet 數位平台，讓我反思：要誘發學生的主動性，源於教師自身的主動性提升。數位課程若要流暢進行，須建立在穩定的班級經營技巧和數位設備使用的熟練。實踐之後發現，其實科技融入教學並不複雜，有一套流程與訓練的步驟，只要開始並反覆練習，就可以掌握了。

對我來說，比較困難的是設計提問的過程。從輸入文本到輸出文本的歷程，已經不斷翻轉及騰空我的腦袋，我也發現自己必須去搜尋更多與語文學習目標相關的題材來活血，更需要參考前輩的提問設計，進行深度研讀，以確保自己能在學生呈現開放性答案時，有清晰的批改原則。

山居秋暝 提問單　　　姓名　　　座號

請先翻譯本詩 (自學)

(首)空山新雨後，天氣晚來秋。
白話:(　　　　)的山野剛下過一場雨，到了(　　)天氣轉涼秋意更加濃厚。
(頷)明月松間照，清泉石上流。
白話:明月照入松間，(　　　　　　　　　)。
(頸)竹喧歸浣女，蓮動下漁舟。
白話:竹林間人聲喧鬧，原來是(　洗衣的女子回家了　　　　)，水上(　蓮葉搖動　　)，原來是(　漁船順流而下　　　　　)。
(尾)隨意春芳歇，王孫自可留。
白話:春天的花要凋謝，(　　　　　　　　　)。王孫當然可以(　　　　　　)。

提問設計-基礎

Q1. 根據詩句的內容，利用(原文詩句)完成下表。**(自學)**　　　　**【閱讀】**

寫景			(　抒情　)
背景概述		空山新雨後， 天氣晚來秋。	隨意春芳歇，王孫自可留。
特寫	自然之景	(　　　　　　)， 清泉石上流。	
	(　　　)活動	竹竹喧(　　　　)， 蓮動(　　　　)。	

Q2. 試從整首詩的文意，判斷「空山新雨後」的「空」是否為「空無一物」的含義？並說明理由。(共學)

□是 ☑否	因為詩作的時間點為「1.(　新雨後　)」，所以這個「空」字是用來凸顯雨後山之2.(　空曠　)，萬物皆被洗滌一番之3.(　清新　)。 延伸參考：同時書寫心靈隨著山中歲月而更顯澄淨空明，不為紅塵所拘。

Q3.請找出詩中以「動態事物」襯托「靜態景物」的詩句，在(　)中打✓，並加以說明。(共學)

詩　句	說　明
(　)空山新雨後，天氣晚來秋	
(V)明月松間照，清泉石上流	藉泉水的流動襯托山林的寂靜。
(V)竹喧歸浣女，蓮動下漁舟	以「竹喧」和「蓮動」寫人的活動，反襯山居的恬靜。
(　)隨意春芳歇，王孫自可留	

挑戰題

Q5. 「王孫」的典故為「王孫兮歸來，山中兮不可以久留。」(《楚 辭・招隱士》) 翻譯是「王孫啊，回來吧(回來為國家付出)，山中險惡不可 久居！」

有才能的隱士不該離群索居而該為朝廷效力。 反觀〈山居秋暝〉末聯「隨意春芳歇，王孫自可留」仍在朝為官的王維不僅傳達了不同的心情，並明確表示他的人生規劃，這也是末聯為全詩主旨所在的原因。

請回答下列問題：

1．末聯「隨意春芳歇，王孫自可留」傳達了王維何種心態？＿＿＿＿＿＿＿＿＿＿。

2．王維下一步打算做什麼？＿＿＿＿＿＿＿＿＿＿＿＿＿＿＿。

▲〈近體詩選〉提問單（康軒版一下）：翻譯、基礎題、挑戰題。

▲在課堂上大量使用平板融入教學流程，學生利用文字編輯功能完成學習單作業。

▲融入 Padlet 數位平台的使用：學生上傳答案到平台，讓老師即時檢視及回饋。

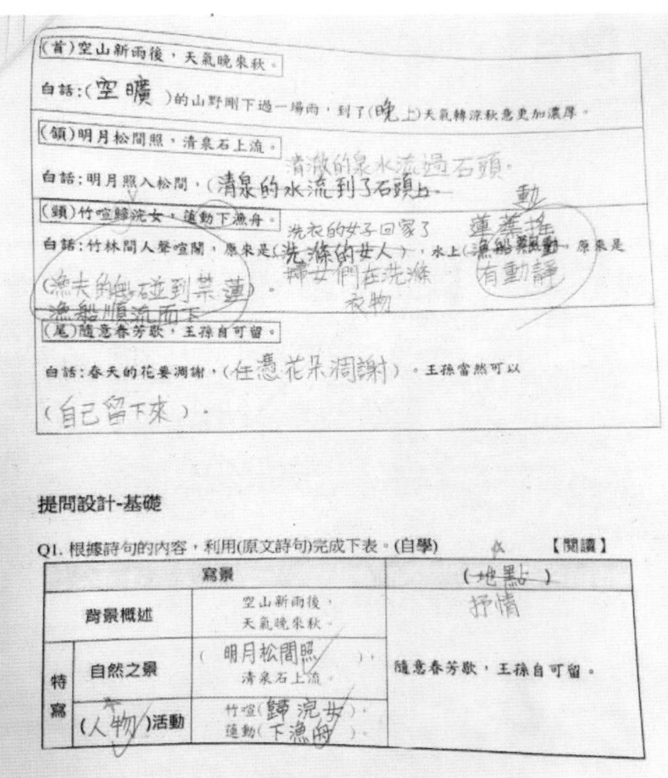

(首)空山新雨後，天氣晚來秋。

白話：(空曠)的山野剛下過一場雨，到了(晚上)天氣轉涼秋意更加濃厚。

(頷)明月松間照，清泉石上流。

白話：明月照入松間，(清泉的水流到了石頭上)。清澈的泉水流過石頭。

(頸)竹喧歸浣女，蓮動下漁舟。

白話：竹林間人聲喧鬧，原來是(洗滌的女人)洗衣的女子回家了，婦女們在洗滌衣物，水上(蓮葉搖動)，原來是(漁夫的船碰到荷葉)。漁船順流而下

(尾)隨意春芳歇，王孫自可留。

白話：春天的花要凋謝，(任憑花朵凋謝)。王孫當然可以(自己留下來)。

提問設計-基礎

Q1. 根據詩句的內容，利用(原文詩句)完成下表。(自學)　【閱讀】

寫景			抒情
背景概述		空山新雨後，天氣晚來秋。	隨意春芳歇，王孫自可留。
特寫	自然之景	(明月松間照)，清泉石上流。	
	(人物)活動	竹喧(歸浣女)，蓮動(下漁舟)。	

▲〈近體詩選〉翻譯題的學生訂正情形。

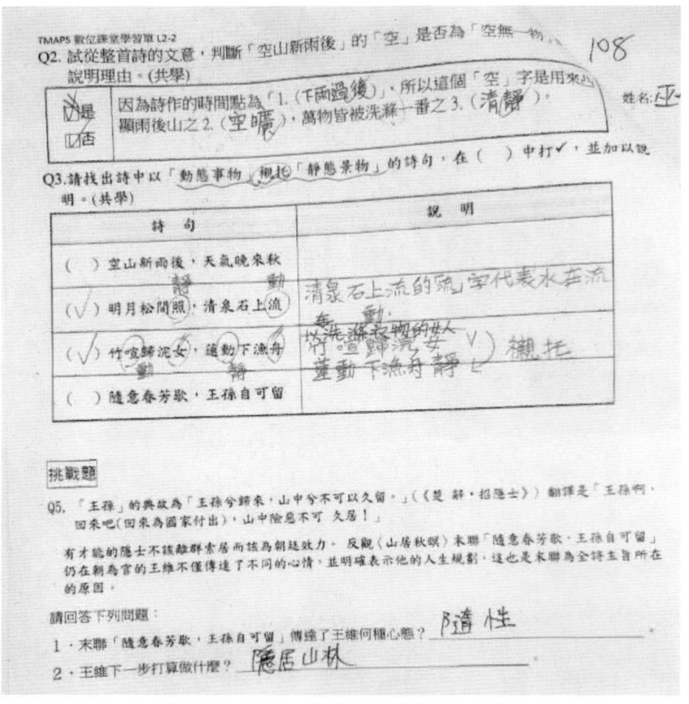

TMAPS 數位課堂學習單 L2-2

Q2. 試從整首詩的文意，判斷「空山新雨後」的「空」是否為「空無一物」，並說明理由。(共學)　108　姓名：

☑是 ☐否	因為詩作的時間點為「1.(下雨過後)」，所以這個「空」字是用來凸顯雨後山之2.(空曠)，萬物皆被洗滌一番之3.(清靜)。

Q3. 請找出詩中以「動態事物」襯托「靜態景物」的詩句，在( )中打✓，並加以說明。(共學)

詩　句	說　明
( ) 空山新雨後，天氣晚來秋	
(✓) 明月松間照，清泉石上流	清泉石上流的「流」字代表水在流動
(✓) 竹喧歸浣女，蓮動下漁舟	竹喧歸浣女、蓮動下漁舟　靜　襯托
( ) 隨意春芳歇，王孫自可留	

挑戰題

Q5. 「王孫」的典故為「王孫兮歸來，山中兮不可以久留。」(《楚辭・招隱士》)翻譯是「王孫啊，回來吧(回來為國家付出)，山中險惡不可久居！」

有才能的隱士不該離群索居而該為朝廷效力。反觀〈山居秋暝〉末聯「隨意春芳歇，王孫自可留」仍在朝為官的王維不僅傳達了不同的心情，並明確表示他的人生規劃，這也是末聯為全詩主旨所在的原因。

請回答下列問題：

1・末聯「隨意春芳歇，王孫自可留」傳達了王維何種心態？隨性。

2・王維下一步打算做什麼？隱居山林。

▲〈近體詩選〉基礎題與挑戰題的學生訂正情形。

※ T-MAPS 大刀闊斧期：因應觀課需要，做了連續數堂的科技融入課程

康軒一下第五課〈背影〉，由於結合了數位精進教學計畫及合作學習深耕學校計畫，其中一堂課運用平板載具，需以全班分為七組、每組四人的形式來共作。以下舉第三節課的科技融入，示範具體的教學型態。

1.第三節課的教學流程

項次代號	教學流程	教學時間
3-1	前置作業：老師（T）已經事先在Padlet布置基礎。	
3-2	基礎題5－2 學生（S）自學上傳成果，T核對說明，S相互評論與回饋，T核對說明。	20
3-3	基礎題6 小組（SS）共學上傳成果，T核對說明。	15
3-4	基礎題7 小組（SS）共學上傳成果，T核對說明。	10

2.教師引導內容

3-2

師：請大家看到基礎題5－2。請大家拿起電子觸控筆，在Padlet的電子畫板上作圖。你可以參考學單上的圖像，以在月臺這個場景，父親和兒子的肢體動作及面部表情為重點。畫完的同學請按發布鍵。

生：（陸續上傳答案至Padlet。）

師：大家都上傳完了。這一題希望大家在5－1表格整理完後，可以將父親那種隱藏的心情藉由圖像呈現出來。這大題要大家去給愛心並加評語，在你覺得最能表現出朱自清及其父親在文本裡的真實性，依據你覺得夠真實的理由給同學評語。

生：（學生觀看同學作品，給評語。）

師：（找出最受歡迎的圖片，並依據圖片及評語的相符程度，給指引。）

3-3

師：來看學單基礎題6。①先瀏覽全文，找到題目所要求的關鍵字，在課本上畫線並寫下是第幾頁第幾行。②請A主持，讓B、C、D輪流說出他們的看法。③取得共識。計時8分鐘。

生：（陸續上傳答案至Padlet。）

師：（點評加分。若半數以上的小組答案一致，老師就直接公布範例答案；若各組並沒有一致性的答案，教師則需要去釐清學生不懂的地方，回到課本做教學指引。）

3-4

師：來看學單基礎題7。①請A主持，讓B、C、D輪流說出他們的看法。②取得共識。計時8分鐘。

生：（陸續上傳答案至Padlet。）

師：（點評加分。若半數以上的小組答案一致，老師就直接公布範例答案；若各組並沒有一致性的答案，教師則需要去釐清學生不懂的地方，回到課本做教學指引。）

▲學生作品：〈背影〉文轉圖。

匿名 5個月
這個圖畫跟課文很像還有從空中看爸爸爬月台的畫面

匿名 5個月
除了有爸爸的樣子畫出來也有畫出爸爸爬月台跟兒子的表情

匿名 5個月
穿著都有畫出來

匿名 5個月
畫的很仔細很厲害.而且主題也有符合作者在課文的描述

▲〈背影〉文轉圖作品的同儕互評。

◆ 使用MAPS，待續的教與學

MAPS之於我

1.文本分析更加確實，並開始扣合教學策略

在教〈背影〉、〈聲音鐘〉及〈今夜看螢去〉時，我蒐集了「MAPS教學推廣網站」上的三層次提問單。為了運用這些題目，我將自己的想法與對文本的理解融入題目的編排邏輯中。過程中，我不再局限於「題目會不會太多、太難」的思維，而是思考這些題目哪種學生必須要會。對於無法理解的學生，我會引入「師生共做」或「分組配對」等策略來協助學習。

2.MAPS的核心要素在教學中顯現

(1) AskingQuestion（提問）

在使用三層次架構的提問單時，我發現學生做不出來的題目通常涉及文本的結構，例如：分成幾個架構、段落要怎麼切分。這讓我進一步思索，是不是我自己也沒有搞清楚文本形式的學習，是為了什麼目標？

後來，在陪學生逐題做完基礎題時，我彷彿看到一絲曙

【第五課 背影】 MAPS 三層次提問設計學習單

班級　　　座號　　　姓名

數位平台 Padlet ➡

【暖身題】

1 請先觀看影片，再回答問題。

影片網址 https://www.youtube.com/watch?v=XYMBi0rkG28　　影片 ➡

(1-1)這部影片是藉什麼來**回憶什麼呢**？

____

1-2 看完這部影片，請你試著寫【背影】這篇文章的書寫**時間(現在過去未來)架構**。

____

1-3

一般寫作文章，常用的敘述方法有順敘法、倒敘法、插敘法、補敘法四種，**順敘法是**按人物經歷或事件發展的時間先後次序來敘述；**倒敘法**是把事件的結局或某個發生在後的情節、突出的精采片段提前敘寫，然後再按事件的發展順序敘述；**插敘法**是在順敘過程中，因表達的需要，暫時中斷主線而插入相關人事物的敘述；**補敘法**則是在文末對前面敘述的事件補充或說明，目的是豐富文章內容，使之表達得更清楚、完整。

閱讀完上述文字，請判斷這部影片使用了**什麼敘述方法**？在**你學過的課文中**，有沒有**哪一篇文章**也是使用同樣的敘述方法呢？

____

____

2-1

象徵是指以有形的事物來表現無形的觀念。即對任何一種抽象的觀念、情感與看不見的事物等，都不直接予以指明，而根據理性的關聯、社會的約定，從而透過某種意象為媒介，間接加以陳述的表達方式。

在〈紙船印象〉一文中，我們學到作者以*紙船***象徵***母親對子女的關愛*，那麼**這部影片**中，你可以看出是*以什麼***象徵***什麼*嗎？

____

____

▲〈背影〉MAPS 三層次提問學習單：暖身題。

【基礎題】

1. 呼應暖身題，本課可以看出是「倒敘法」，請問這種架構**屬於何種時間順序呢**？

____

2. 承上題，請試著劃分出本課的架構，完成以下表格

時間序	今		
段落			6

3. 根據第三、四段，作者父親依序為作者做了哪些事？（在課本上畫線並標記出先後順序）

標記先後順序	父親為作者做了哪些事?
例如: 1.P(頁數)_62_L3 和 L_4_(行數)	例如: 請熟識的旅館茶房陪同作者去車站，且再三囑咐茶房
2. P_62_L____	
3.P_____ L_______	
4.P_____ L______	
5.P______L______	
6.P______L______	

4. 承上題，第四段中，作者對父親的行為表現出什麼樣的態度？

父親的行為	作者的態度
和腳夫講價錢	( )
( )	( )

5. 請同學看完第五段後，請依據段落順序，將以下的表格完成(請列出文本證據)

5-1

	(1)	(2)路程	(3)體態	(4)	(5)
父親月台買橘送行	另一邊月台的柵欄外			戴著黑布小帽，穿著黑布大馬褂，深青布棉袍	A 蹣跚的走到鐵道邊 B ( )
兒子具體反應					

▲〈背影〉MAPS 三層次提問學習單：基礎題。

5-2

請將 5-1 整理出的重點，畫出父親在月台和兒子分別時的情境圖。(父親 V.S 兒子)	
父親	兒子

6.本文中，作者共提及了四次父親的「背影」，請依據表格的標題，統整全文。

背影出現的次數	作者有親眼所見嗎	作者有無落淚	作者落淚的文句(以 P、L 表示)
第一次	□有□無	□有□無	
第二次	□有□無	□有□無	
第三次	□有□無	□有□無	
第四次	□有□無	□有□無	

7.承上題，請問作者為何流淚？ 是因為體會到什麼樣的情感呢？

____

【挑戰題】

1. 呼應暖身題第一題，我們的生活中充斥著無所不在的廣告，而廣告的目的是提供資訊或吸引你嘗試某種事情等，而廣告除了以圖像或紙張的方式，有時也以影片形式來傳遞訊息，達到觸動人心的目的，請你觀看下列廣告（https://reurl.cc/yYDVYD）並回答問題：

影片 ➡

1-1 這個影片運用了什麼敘事手法？

____

1-2 請你為這個廣告下一個標題(10 字內)，並簡述廣告內容(30 字內)。

____

____

1-3 仿照這個廣告影片的敘事手法，構思一個屬於自己組別的廣告，廣告文本構思(至少 100 字)，必須按照題目 1-1 的敘事手法描述。

> **步驟一:**先在 jamboard 上共編 15 分鐘,再讓大家集思廣益,思考彼此內容,找出修改的一個重點。
> **步驟二:**修改 10 分鐘。

1-4 廣告錄製。運用 padlet 的拍攝功能進行錄製(片長 3 分鐘內)。

1-5 同儕之間互相欣賞成果，並進行評分與回饋。

▲〈背影〉MAPS 三層次提問學習單：挑戰題。

光。以〈聲音鐘〉的「總分總」結構為例，在基礎題的第一題就知道這種總分結構，好像定錨一般，讓學生依照段落走下去，比較不會在段落中迷失及徬徨。這種分層次的提問，讓我逐漸對層次提問、爬梳文意更加有信心，也因為逐步踏實地讓學生藉由回答好的問題，讓句構的概念開始生根。

(2) Presentation（發表）

在 Padlet 上設題，讓教師的即時回饋，能幫助學生釐清迷思概念及盲點，進而知道怎麼修正得更好。

(3) ScaffoldingInstruction（鷹架）

使用四人共學，且共同發表一份作業的策略。我發現讓學習快的學生去帶學習慢的學生，學習快的學生可以複習段落重點，並逐漸形成社會性的學習：成為他人的榜樣，這樣的課堂風景實在太美好了！

(4) MindMapping（圖像）

像是〈紙船印象〉、〈背影〉這種具有情意性的課文，教學過程中讓學生在 Padlet 上畫出課文的圖像。這種方法幫助我相信且更勇於讓學生以各樣的圖像，來展現對文本的理解情形。

MAPS 之於生

在數位化的課堂上，我讓不同程度的學生做同一份 MAPS 三層次學習單。同儕間的專注與積極度會相互影響及震盪，再加上即時回饋的效果，自然而然形成差異化學習。程度較好的學生學會自學的方法，能先讀懂題目後回答，對於不清楚的觀念，老師也會在課堂上指出方向，給予具體可行的指引。對於程度較弱的學生，他們因為回答後可以即時獲得回饋，變得更專注於題目，讓他們能更集中注意力於課堂提問上。

自我期許

我期許自己能透過不斷的實踐，將有意識的備課逐漸內化為思維習慣，讓學生的提問成為持續備課的養分。阿嬤認為的安穩，正是在教育框架中可以不斷試煉的保護傘；老師的獨立思維，也會成為學生未來獨立思考的典範。最大的療癒來自一群人為自己、為學生、為社群不斷努力，生生不息。

【國小領域】

9

林書楷／MAPS 的實踐——一份送給自己與孩子們成長的禮物

新北市三峽區龍埔國民小學

山中大叔導讀

書楷老師的文章，猶如教育者的自我告白，真誠記錄了他在教室中運用 MAPS 教學法的豐富歷程。

從最初的誤解到逐步探求，他在反思中前行，讓心智圖成為孩子們建構思維的橋梁。透過三層次提問設計，他引導學生在文字海洋裡梳理、歸納，最終內化成學習的力量。這不僅是一場教學法的實驗，更是一份深情的成長禮物——提醒我們，教育的本質不只是知識的傳遞，而是生命彼此成就的契機。

◆以實踐作為禮物，擁抱彼此的成長

詩人荷馬曾說：「夢想，是來自宙斯的禮物。」夢想，是一種行動力，它讓你有前進的目標，不斷成長茁壯；夢想，是一種幸福感，它讓你有努力的動力，達成自我的想望。而我們的教育夢，也因 MPAS 而偉大！

由迷霧中尋找前進的方向

在過去參加夢N活動的過程中，時常聽到關於 MAPS 課程的「魔法」，但自己一直沒有機會深入了解或嘗試。最初，我天真的以為 MAPS 教學法就是將文本轉化成心智圖，讓孩子們可以快速理解和記憶課文的結構與大綱。因此，我也與沖沖地將繪製心智圖融入在課堂中。看著孩子們一張張精美的作品，我還覺得自己的教學活動豐富有趣，甚至為此感到驕傲、沾沾自喜。然而，當我仔細檢視這些心智圖的內容時，卻發現它們與文本毫無關聯，對於語文教學來說，無疑是一場災難。

因為缺乏縝密的設計與鷹架的支撐，學生在繪製心智圖時幾乎是「漫無章法、各自為政」的狀態。他們依據自己的喜好，或是印象最深刻的片段，隨意擷取關鍵字進行繪製，甚至開始追求高超的繪畫技巧、相互競逐。這些美麗的圖畫雖然賞心悅目，但卻無法讓學生的學習可現、思維可見，就像是用綺麗的外表掩蓋了空洞的內在，華而不實。他們雖然能以天馬行空的創作方式完成任務，但卻無法與文章的內容對話，最終也無法達到提升語文能力的效果。這讓我陷入反思，也開始質疑自己：「是否把語文課上成美術課了呢？」教學的核心應該是幫助學生掌握語文知識，培養他們的閱讀理解與邏輯思維能力，而不是以絢麗、豐富的活動來干擾學科的本質。這次經驗給我上了寶貴一課——教學是有目的的引導；學習是有意識的鋪陳。因此，未經深思的教學是無法讓學生真正受益。

從知其然到知其所以然

自此之後，我開始思考：什麼才是真正的 MAPS 心智圖？MAPS 三層次提問教學的核心概念又是什麼？種種的疑問驅使我想要更進一步認識它，並且在機緣巧合下，參加了 MAPS 種子教師培訓研習。

三天的培訓與兩天的回流課程中，讓我深刻體會到 MAPS 教學法不僅只是產出心智圖這麼簡單，還需要以清晰的引導與鷹架作為前提，才能形塑學生的知識概念。它就像一座思想的橋梁，幫助學生將複雜的知識轉化為具體且有條理的內容。透過刪除不必要的資訊，歸納主題句，學生可以清楚地進行上位概念的統整；再藉由梳理階層架構，能讓他們了解順序與因果關係，進而體悟文章內涵。這樣的教學訓練強化了學生的邏輯思考能力，更幫助他們在知識的海洋中能舉一反三，培養獨立思考的能力。正如蘇格拉底所說：「教育的目的，不是灌輸，而是引導學生思考。」透過有策略的引導方式，學生的思維能夠更加有條不紊，進而掌握學習的關鍵，融會貫通運用到各個學習領域。

心智圖（Mind Mapping）就像一顆種子，教師的引導就是陽光雨露。如果沒有教師的精心培育，這顆種子就無法生根發芽。過去，我只是提供學生一片土壤，讓他們自由自在的生長，卻忽略了提供支架、澆水施肥的重要性。在學習的過程中，教師不僅要思考如何為學生搭建一個穩固的知識鷹架，形塑學生繪製心智圖的方法，更要引導他們思考階層間的意涵，激發他們的觀察與創造力，讓他們在知識的大海中能自在航行。

三層次提問設計（Asking Questions）是啟動 MAPS 教學法的鑰匙。透過暖身題激發學生的學習興趣，讓他們與課文產生連結，逐步沉浸在文本之中。接著，緊扣基礎題的鋪墊，引導學生梳理文本的結構，釐清敘述內容中的層次與順序，培養歸納與分析的能力，更能貼合作者的核心理念。而在挑戰題的部分，引導學生將文本知識連結到生活經驗中，

▲ MAPS 培訓過程中的燒腦與成長。

實現學習遷移、觸類旁通的目標。

俗話說：「學語文就是學生活。」因此，在學生習得一項技能後，總希望他們能夠學以致用，透過多元的發表（Presentation）實踐應用於日常生活當中。無論是聽、說、讀、寫，甚至是戲劇表演、影音創作，都能幫助學生一步步梳理和內化學習歷程，形成自我的「學習地圖」。同時，我們也能結合 TPACK 教學設計，讓學生練習利用載具或 AI 工具進行創作，展現他們的多元智能與數位科技素養能力。

在實施 MAPS 教學法的過程中，為學生搭建鷹架（Scaffolding instruction）是至關重要的。透過鷹架的支持，學生可以墊起腳尖、伸出手，去摸到他們想要的蘋果。無論是提問、圖像繪製或是探究思考等策略，他們能夠在每個學習階段搭建並逐步拆除鷹架，最終掌握學習的要領，達到拔尖扶弱的效果。因此，在教學中，我們能提供有策略性的引導與步驟，並運用自主學習的四學流程（學生自學、組內共學、組間互學、教師導學），使學生成為學習的主人。

教師的角色不再只是知識的傳遞者，而是引導者，幫助孩子探索、發現自我學習的力量。正如教育家陶行知所說：「教是為了不教，學是為了自學。」我們的目標是培養孩子的自學力，實現差異化教學，最終讓每個孩子都能在學習的星空中找到專屬自己的經緯座標。

我的MAPS備課心法
從課綱出發
找出語文學習點
繪製心智圖
統整歸納有亮點
重探究實作
腦力激盪立焦點
三層次提問
循序漸進無盲點
學習力遷移
以讀促寫有趣點

▲我的 MAPS 備課筆記與心法。

◆揚起 MAPS 的帆，探索知識的大海

成為學習旅程中不可或缺的同行者

MAPS 的精髓在於提供一個明確的學習框架與思維方法給學生，而非讓他們在漫無頭緒的狀態下茫然摸索。在研習後，我開始將這種有系統、有脈絡的提問策略和圖文整合融入自己的課堂，讓教學不再是單向的灌輸，而是引導學生在學習中探究與思考。

還記得開學時，我向孩子們介紹了 MAPS 教學法與學習單，並告訴他們為了提升他們的語文能力，老師在這個暑假進行許多準備與努力。這不僅是為了讓課程更加生動有趣，更希望每位孩子都能在新學期中日益精進，邁向更高的學習目標。與此同時，我也和孩子們共同立下了一個約定——以 MAPS 作為我們彼此學習成長的軌跡。在這條成長的道路上，每個人都是自己最大的對手，也是自己的最佳榜樣。孩子們聽了老師的分享，雙眼也閃爍著期待的光芒，這過程就像一份珍貴的禮物，將成為我們人生中重要的瑰寶。

適時調整航行的速度與方向

實施 MAPS 教學法的初期，我的內心充滿了期待與不安，特別是在面對已有自我見解的六年級學生時，很難要求他們完全拋棄舊有的習慣，以嶄新的方式重新學習心智圖的繪製，許多學生仍然以自己的想法來繪製心智圖，甚至會覺得老師的要求多此一舉。例如，我請學生對照基礎題的題目，循序漸進、從右上開始順時鐘編排、根據不同階層與進行分類等，他們第一時間似乎無法接受這些繁瑣的步驟與細節。看到這樣的現象，我一則以喜，一則以憂——喜的是有些孩子們能夠自主創作，展現獨立思考的能力；憂的是，我無法確定他們是否能透過心智圖梳理課文結構，掌握學習的準則。因此，我開始放慢教學步調，帶領孩子們從 Q0 到 Q3，一步步解析三層次提問與心智圖之間的關聯性。從最初的填空到逐漸放手的開放性反饋，讓學生在每個階段都能有鷹架的支撐，建立正確的邏輯思維。

「只有在具備清晰的邏輯概念之後，學生才能夠透過心智圖條理分明地梳理文本，將文本的主題、細節與上位概念串聯起來。」秉持著政忠主任的這句話，只要學生完成一份心智圖，我都會邀請他們說說自己的想法。這不僅可以透過重述文本內容，放聲思考加深學習，更能探討各階層與線段、箭頭所代表的意涵。在口述過程中，我發現孩子們由原先的自圓其說，漸漸提升到有憑有據，甚至可以扣合文章內容，言之有理，言之有序。隨著時間推移，孩子們漸漸能透過三

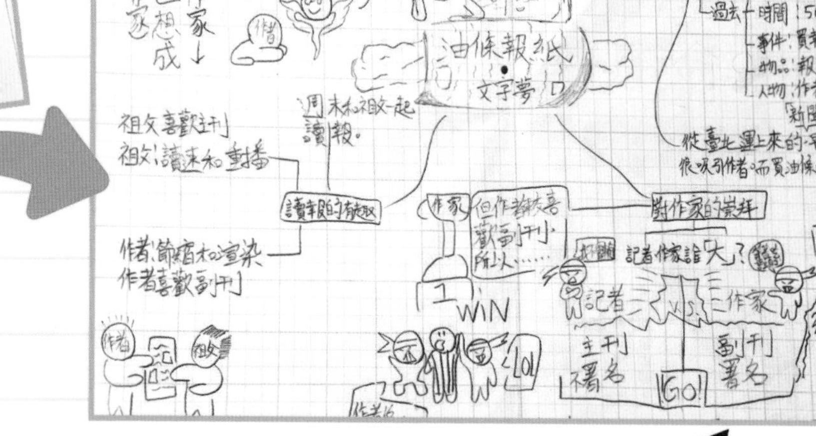

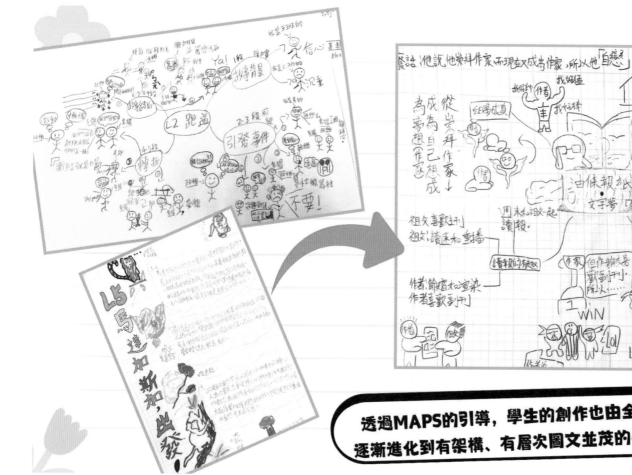

透過MAPS的引導，學生的創作也由全圖全文逐漸進化到有架構、有層次圖文並茂的心智圖。

▲學生心智圖的前後比較。

暖身題：

Q1：本課標題為「跑道」，請你依據課名預測課文的內容可能是什麼？（口頭分享）

Q2：我們可以運用「六何法」整理故事的內容與結構，請同學們仔細閱讀課文，透過 ipad 進行資料的整理，並小組共同討論與檢核。

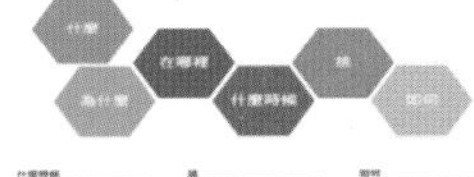

Q3-1：在校園生活中常常會遇到不如意的事情或是與同學產生衝突，請問每當遇到問題時，我會有什麼樣的感受？如何解化呢？請以「六何法」完成以下表格。

事件	感受	如何解決	產生的結果

Q3-2：承上題，你滿意自己解決的方式與事情最後的結果嗎？如果再給你一次機會，你想怎麼做，使自己更滿意事情的結果？（口頭分享）

暖身題透過5W1H與4F思考法，引導孩子與生活經驗產生共鳴。

藉由有順序的鷹架編排，使用學生得以掌握結構、概念與訊息。

基礎題：

Q0：本課是一篇插敘法的記敘文，透過發展的故事背景、____、____與____四個面向作為故事的架構。

Q1-1：第一段所描述的時間點是什麼時候？(　　　)

Q1-2：承上題，五班選手與正彬的心情有什麼不同？

五班選手	正彬

Q2-1：這起事件的導火線是什麼？(　　　)

Q2-2：老師與正彬的想法各有什麼不同？

答(1)老師的目的是(　　　)。

(2)正彬認為老師(　　　)，因此心中(　　　)。

Q2-3：承上題，因為這起導火線，使正彬與名揚後續產生什麼樣的衝突？

答(1)正彬不願意(　　　)，甚至想要在比賽時(　　　)。

(2)同學與老師的反應是(　　　)。

Q3-1：接力比賽前，發生了什麼不幸的事情呢？

Q3-2：承上題，名揚與子強分別產生什麼樣的反應呢？

名揚	子強

Q3-3：承上題，這事件讓正彬產生什麼樣的心情轉折呢？當正彬站在起跑線前，他希望自己做到哪些目標呢？(　　　)、(　　　)。

Q4-1：這場比賽的結果是什麼呢？(　　　)

Q4-2：承上題，針對比賽的結果，正彬與名揚說的話各有什麼不同？

正彬	名揚

挑戰題：

Q1-1：根據事件的發展完成下列表格，並繪製出正彬的心情溫度計變化：

事件	正彬的心情
站在起跑點上	(　　　)
老師調換棒次	(　　　)
名揚請正彬幫忙搬運器材	(　　　)
名揚不慎受傷	(　　　)
(　　　)	既激動又慚愧
(　　　)	興奮

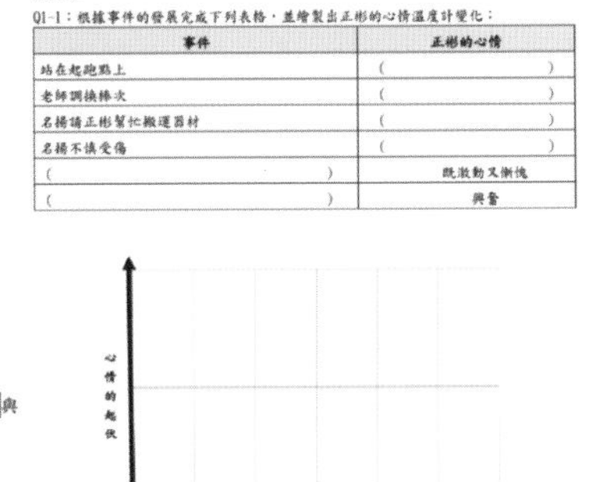

2：承上題，故事發展的轉折在哪個部
ㄴ，故事的結果可能是什麼？
：(

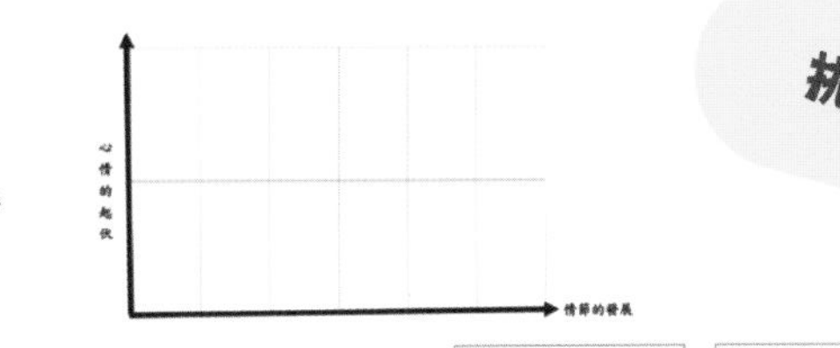

3：4F 討論法是由英國學者Roger 所提出，四個「F」分別表示為Facts(事實)、Feeling 感受)、Finding（發現）、Future（未來）。透過這樣的探究分析可以讓我們學到件的反思與經驗學習的目標。請透過 4F 的思考架構，以寫出 300 字與家人、同儕產衝突經驗的小短文：

事件(facts)	感受(feeling)	我發現(finding)	未來（future）

透過心情折線圖、文氏圖呼應先前暖身題的4F法策略，引導學生探究思考，形塑自我的語文素養。

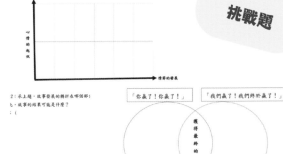

▲三層次學習單的設計與多元評量。

層次提問的鋪墊，勾勒出一張張緊扣文本的心智圖，當我聽到孩子們說出：「哇！原來畫出心智圖這麼簡單喔！」這份成長的喜悅是無法言喻的。正如愛因斯坦所說：「教育不是灌滿一桶水，而是點燃一把火。」我們的目標不僅是讓學生學會技巧，更要讓他們將所學應用在未來的道路上。

此外，在幾次的操作後，我也意識到自己在教學設計和專業度方面尚有不足，有時難以將提問設計與課程脈絡順暢地結合，使活動環環相扣、相輔相成。經過與夥伴們的共備並檢視孩子們的學習狀況後，我發現：有時求多不如求好，唯有先從各課的學習點出發，才能在不偏離正軌的情況下，走得更長更遠。因此，我開始採取「以終為始」的目標來調整我的課程設計與活動，掌握一課一重點，詳盡地分析語料與讀寫策略後，再確認該課的教學順序。透過備課策略的調整可以讓三層次提問在同一個教學目標當中相互呼應，更能藉由挑戰題的設計達到讀寫合一、跨域延展的理念。之後，開始慢慢將學習的權利還給學生，讓學生互學與自學，建立同儕間的學習模組，老師再針對學生不懂的地方與重點加以引導，並透過心智圖建構知識概念。

例如〈東海岸鐵路〉這篇寫景的記敘文，作者運用多種寫作技巧，包括移步換景、動靜態描寫法等，這些正是學生們在寫作時需要掌握的知識技能，因此課程設計就以「寫景的方法」作為主軸。先透過暖身題，引導學生歸納意義段，形塑寫作的結構大綱。再透過電子地圖找出作者的移動順序，一步步喚起他們移步換景寫法的記憶。接著，透過基礎題的表格設計，以感官覺察比較動態與靜態景象的描寫，並從文字中體悟作者的情感。最後，將上述的寫景方法分成組塊，融入在挑戰題的小練筆中。搭配心智圖的綱舉目張，使學生們的作品更符合主軸，且能提升寫作的層次。

以終為始的目標不僅能夠強化學生們的邏輯思維，也能讓課程設計更具有一致性，達到更佳的學習成效。

◆繪製夢想的藍圖，開啟智慧的大門

一課一重點，能力積累有亮點

六下國語的第一單元以「人間有情」為主題，內容涵蓋友情、大愛與思鄉之情。透過單元整合與預測推論，可以讓學生們對單元中的三篇課文有基本認識。王維〈過故人莊〉是一篇五言律詩，為了讓學生更容易理解這首詩的內涵，我從「緣由」、「描景」、「互動」和「感受」四個面向來引導Q0的結構，並與過往寫遊記的例子相呼應，使其能快速類化舊經驗。

在字詞教學上，採用「圈不懂、想一想、看注釋、順一順」的閱讀策略，讓學生們能迅速讀懂古詩詞，並引導他們將古詩詞「改寫」成白話文。藉由 Canva 的魔法媒體工具，讓學生嘗試將抽象的文言文轉化為可視的圖像。在這個過程中，孩子們發現，如果自己改寫的內容不夠清晰，或注釋的使用不夠精準，就無法產生理想的圖像作品。因此，透過不斷嘗試，孩子們無形中加強了對古詩的閱讀與理解的能力，並能用自己的話清晰表達出來。集合夥伴們的教學創意，我們也以文轉圖的內容為基礎，製作了〈過故人莊〉的廣播劇，讓孩子們不僅培養了他們的聆聽與口語表達能力，也提供了一個多元展能的契機。

在繪製心智圖後，孩子們對文章的結構有了更深入的理解。教師也進一步結合統整活動，帶領學生了解律詩的格律與寫作技巧。之後，再結合畢業主題，讓孩子們創作「畢業藏頭詩」，將律詩的格律轉化為實際應用的技能。這不僅讓孩子們感受到學習的趣味，更促使他們將所學應用於日常創作之中。透過心智圖的繪製能驚喜地發現，孩子們在文本結構理解與思維邏輯能力有了顯著提升。他們不僅能將文章以圖文形式呈現，還能將語文知識進行遷移應用，具體展現活學活用的學習成果，更激發了他們的學習興趣和創造力。

用探究策略，創新寫作看得見

〈空城計〉是一篇精彩的長篇小說，我希望孩子們能掌握小說中強烈的人物特質、生動的場景描寫及精采的情節發展這三大要素，進而培養敏銳的觀察力與思維能力。在基礎題練習中，由於前幾課的能力積累，孩子們已能透過自學方式，從文本中獨立找出答案。是故，我開始安排學生兩兩一組，互相檢核答案並討論彼此的見解，幫助他們快速建立對課文的基礎認識。

這課文章的人物刻畫生動，諸葛亮與司馬懿之間的鬥智情節特別令人印象深刻。透過暖身題，我引導學生觀察人物性格的描寫技巧，例如開篇的人物介紹、對話內容，以及主角的神態、動作、表情，這些都是學生在之後挑戰題中，進行讀寫合一練習的寶貴素材。

挑戰題設計時，則引導學生依據「背景」、「引發事件」、「內在反應」、「解決行動」及「結果感想」的架構來梳理故事階梯，接著，再運用文氏圖的探究思考策略，進行人物對比分析，找出人物間的相同點與不同點。這樣的活動不僅促進學生的統整歸納能力，也透過討論激發出多元的想法與觀點。運用「同中求異、異中求同」的收束概念，學生可以歸納出人物的性格，並學會連結文本，找出支持自己觀點的證據，讓分析更具說服力。

故人具雞黍　邀我至田家
朋友邀請孟浩然至他鄉下的農園中吃豐盛的大餐
一課一重點
學生多元評量
畢業鐘聲響起時．龍舞升空夢更長。
業績豐碩廣如海．埔平寬闊深似娘。
快馬加鞭前程奔．國家棟梁自我翔。
樂在其中心自暢．小樹成蔭話成長。

▲〈過故人莊〉心智圖學習單。

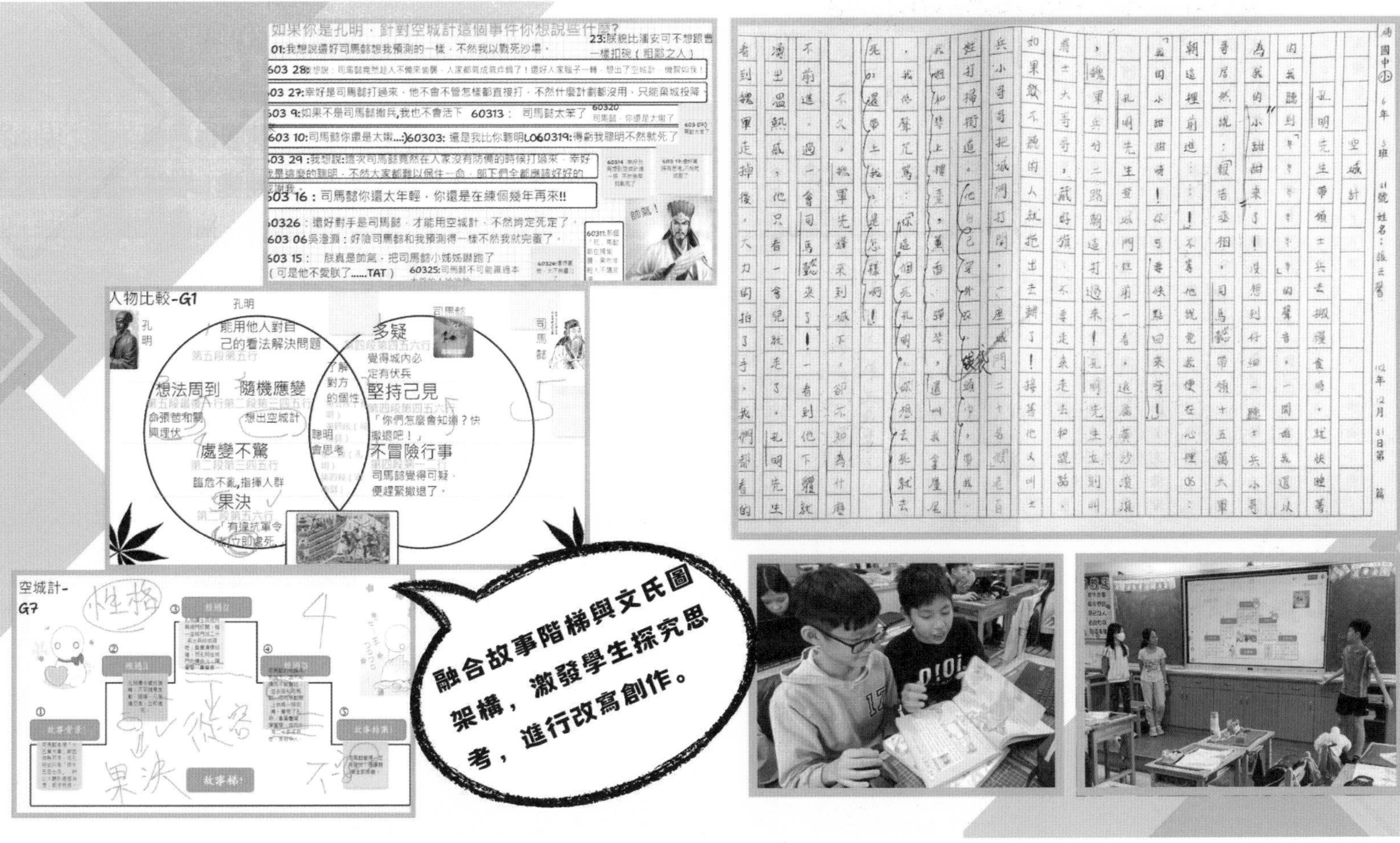

▲〈空城計〉學習單：讓孩子進行探究實作，歸納人物特質。

在課程最後，我向學生介紹改寫的概念，強調在不改變故事主線與情節發展的前提下，請他們透過轉換敘述者的視角，再次描寫〈空城計〉的事件——讓學生透過「換位思考」的方式想像人物內心獨白，這不僅能幫助學生理解每個人物對同一事件的不同看法，同時也培養了改寫這項語文基本功。

T-MAPS 數位融入，合作學習輕鬆點

經過幾次的教學引導後，我開始讓學生使用數位心智圖軟體進行心智圖的創作。由於之前累積了紙筆操作的經驗，學生能快速類化學習，並將學習單的結構與層次巧妙結合到心智圖中。由於使用線上平臺進行操作，學生們可以輕鬆地調整文字的內容與位置，這也激發了他們勇於嘗試不同階層關係的呈現方式。在討論過程中，我發現各小組的關注角度有所不同：有的小組強調階層的順序性；有的小組則利用「概括」功能進行故事的歸納；另一些組別則根據「敘事與說理」的結構，將事件所產生的啟發表述出來，讓課文旨意更加清晰。這樣的小組共作形式顯示出學生更高的參與度與討論度，他們也因此吸收到更多元的觀點。

透過數位工具，學生可以即時修正並反思，促使他們更有效地分工討論。例如，有些學生透過表情符號來優化正、

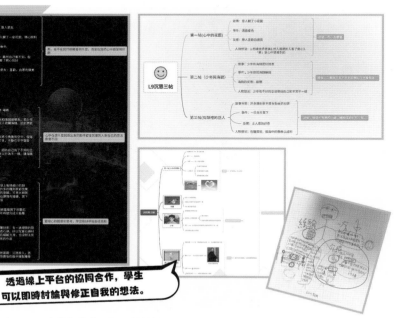

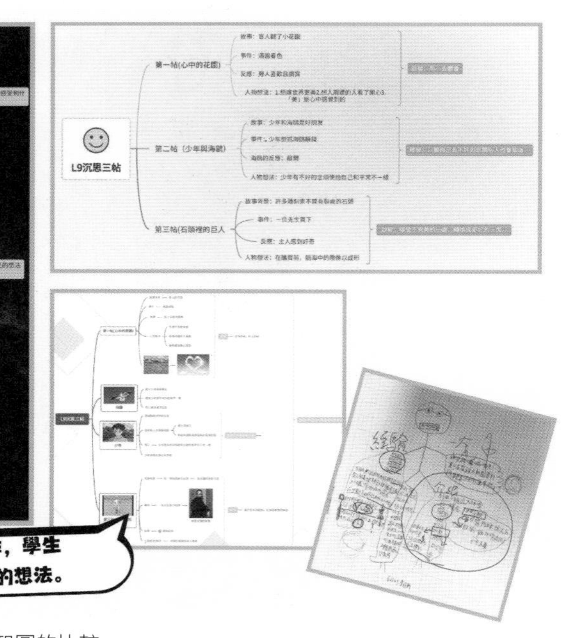

▲學生數位心智圖的比較。

反面的思維角度，並結合挑戰題的設計，以不同立場思考事件的影響與變化；有些學生將事件結果與啟發放在同一層次，引發同學進行激烈的討論，呈現出更多元的思路；有些學生也樂於針對文本中的啟發進行了深入探討，主動對〈沉思三帖〉三篇故事進行比較閱讀與分析。其中，學生們更發現第二篇〈海鷗與少年〉的文本中，作者沒有明確寫出啟發性的內容，於是將自己的想法補充上去，逐漸形成了敘事與說理並存的上位概念。

在討論過程中，學生不僅能關注主題與美感，還產生更多關於邏輯與結構的對話。數位工具的便利性使得學生能夠即時調整和修正他們發現的問題，對症下藥，這樣的互動與討論模式，是在過往僅利用紙本的課程中較難觸及的。透過多次的心智圖討論，學生不僅提升了邏輯思維能力，更展現了學習遷移與跨領域學習的潛能。

◆與夥伴同行，齊相得益彰

在這段 MAPS 的學習成長旅途中，我深刻體會到團隊合作是成功的關鍵。俗話說：「一個人可以走得很快，但一群人可以走得更遠。」實踐的過程中因為有了「MAPS 相傳，始終如一」的夥伴們彼此協助，共同進行文本梳理和概念澄

學生說明心智圖的結構與編排方式，
並透過組間共學交換策略與想法。

▲學生針對心智圖的差異進行討論。

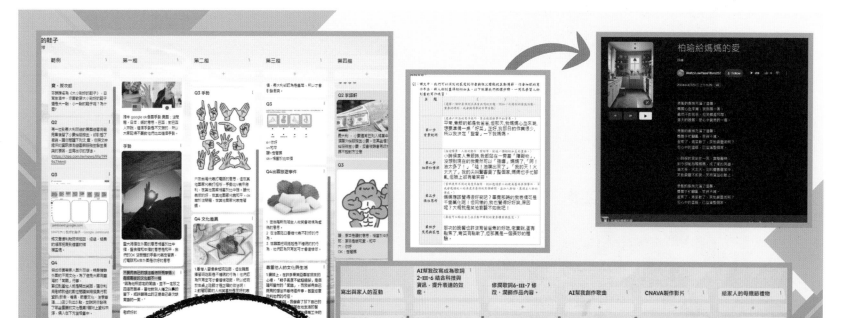

▲結合數位媒材，讓學生展現多元智能。

清，讓整個學習歷程更加充實且有序。特別感謝綵菁老師的協作與引導，一步步帶領我們釐清心智圖的提問設計，將複雜的概念逐步解析，讓我們在教學上有更明確的操作方向，並適時提醒我們放慢腳步，避免操之過急，反而對孩子們造成了學習上的壓力。我們以語文知識點為主軸設計暖身題、基礎題和進階挑戰題，整個教學概念變得更加完整，孩子們在學習中也能夠累積語文素養。

因為有了共備夥伴們：庭榕、婷婷、惠琦、宜儒與鈞評之間的交流與互動，每次共備活動中，我們相互砥礪，成長茁壯，為彼此注入無限的正能量，體現攜手並進的力量。此外，透過彼此分享教學實踐的過程，我們能夠更了解如何將心智圖內化成學生的日常。例如婷婷老師引導學生繪製數學心智圖的成功經驗，啟發了我們將心智圖應用於跨領域學習當中，許多夥伴也開始把心智圖融入社會、自然科，甚至應用於宣講、班級經營活動。

隨著 MAPS 應用逐漸融入孩子們的學習中，這些策略也成為他們未來學習的重要工具。德國教育學家迪士多維格曾說：「教學的藝術不在於傳授什麼本領，而在於激勵、喚醒和鼓舞。」我們希望透過 MAPS 的訓練，幫助孩子們養成思考的習慣，讓他們在未來面對各種學科時，都能夠靈活運用這些筆記與學習策略，提升他們的專業素養與能力。

透過 MAPS 教學法，我們能在教室中營造出最美的風景——那是學生思維時綻放的智慧火花，也是在學習成長中送給彼此最好的禮物。

◆隨手札記

【國中領域】

10

游秋宴／改變的契機

新竹縣立仁愛國民中學

山中大叔導讀

每個轉變都始於一個覺醒的時刻。游秋宴老師以「無頭蒼蠅」來形容自己過去的研習歷程，這份自省與坦白，正是蛻變的開始。

從 MAPS 初體驗到差異化實踐，游老師的教學之路宛如一幅生動的進化圖譜：她走過跨組討論的熱鬧課堂，經歷師徒制分組的溫暖時光，直到掌握數位工具的靈活運用。在這條路上，她始終記得每一個需要被看見的學生，也從未放棄任何一次創新的可能。

「出發時想要改變世界，結果卻被世界改變了我！」這句話道出了教育的真諦——在改變他人的過程中，我們何嘗不是在改變自己？游老師的實踐歷程，不只是一份教學紀錄，更是一個教育者靈魂淬煉的見證。

認識王老師多年，今年暑假還親自駕車到爽文觀課。路不難開，耗時也不久，但知道王老師耕耘很久才讓爽文發光發熱，內心不由自主地讚嘆！

我進入職場已十多年，維持傳統講述法高達十年，近幾年像無頭蒼蠅般研習，學得很雜，實施過合作學習、學思達、共同教學體等特殊教學法，但一直沒有持續進行，也沒有定期書寫實踐紀錄或檢視效果，直到同學馮尹君老師帶我報名了第五屆 MAPS 種子教師工作坊，經過暑假三天的集訓，認識不少志同道合的夥伴後，我才開始認真完成每一次實踐紀錄，也定期聆聽王老師的點評，每每獲益匪淺！

我將教學實踐過程大致歸類為以下四個階段：「MAPS 初體驗」、「MAPS 微旅行」、「T-MAPS 輕實踐」（數位融入：HiTeach）、「T-MAPS 差異化實踐 ing」（數位融入：Padlet）。

從這四個階段的變化，可看出我個人實踐過程的成長，從沒有數位融入到運用自如，從沒有差異化任務布置到有布置等，很感謝王老師的耐心指導，以及所有給過我建議的夥伴。誠如爽文觀課時聽到的話：「出發時想要改變世界，結果卻被世界改變了我！」我希望自己被改變，但要變成一個對世界有益的人！

◆ MAPS 初體驗

新生班的第二課〈無心的錯誤〉，是我工作生涯第一次比較認真運用三層次提問法來上國文課。此教學法成功的不二條件絕對是教學前的共備，感謝神隊友之餘，我決定實際帶領學生逐步思考三層次的問題，書寫答案並口頭分享。

誠如學生照片所示，我採用四人一組的模式，過程中提供兩人討論、四人討論、跨組別討論的機會，較能掌握每個人的學習狀況。

暖身題中，因剛好設備故障，學生只能看臺北酷課雲的默片〈議論文介紹〉，正因為沒聲音，過程中學生反而比較

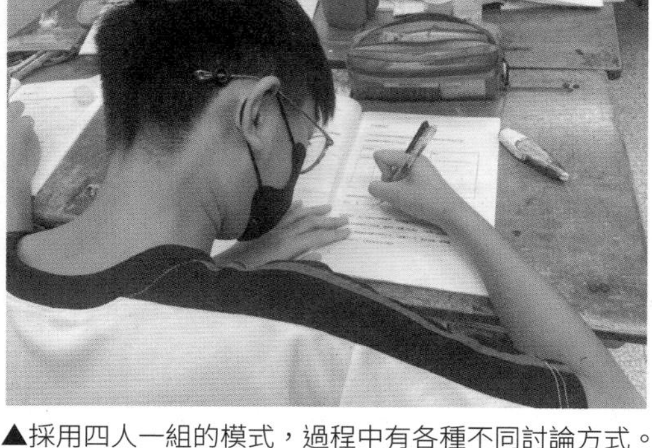

▲採用四人一組的模式，過程中有各種不同討論方式。

專注閱讀字幕，故能有效填寫議論文三要素的表格。

基礎題中，最令人驚喜的片段為請學生逐段挑出作者論點的文字時，遇到 P4L12~16 課文時，學生非常疑惑到底要畫下哪幾句課文才算是作者的論點。此時我請學生跨組別進行討論，讓他們各述己見，最後做出結論並說出畫線的理由。

挑戰題中，因為提供給學生的課外文章略長，故請同學先回家瀏覽並畫重點。雖然大多數人並未完成，我還是請有先閱讀過的同學約略講述文章的重點摘要，再順勢請各組討論相關問題。因為討論的議題貼近學生真實生活，故發言很踴躍！

國一新生的能力相差懸殊，剛開學分組時能參考的依據不多，導致有的組別進度落後很多，所以本次的分組效果不太好。但看到各組互相扶持、沒有人受到排擠的情況，我感到非常欣慰。

三層次提問中，有的問題較淺顯易懂，原本的設想是：先指派程度弱的學生負責思考，給予他們表現的舞臺；難度較高的任務則指派給程度較好的組別，請他們先操作給其他同學看，等大家程度趨近一致時，即可共同操作全部的提問。但王老師適時提醒我：這樣的做法，會有很多題目不是每個人都有機會學習到，所以之後就依照題號順序，請學生逐題破解，即使難度高點也能激發學生潛力！

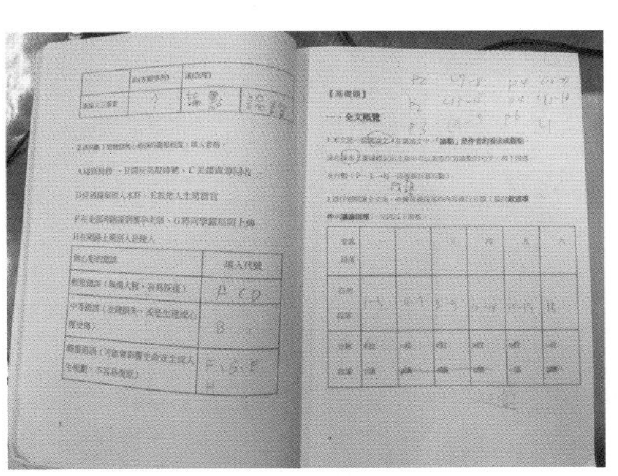

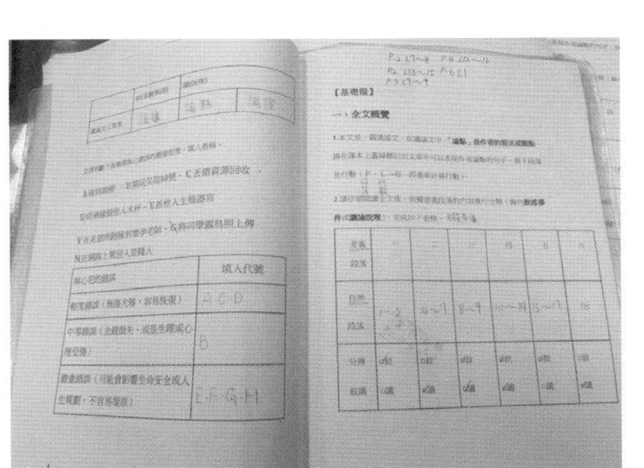

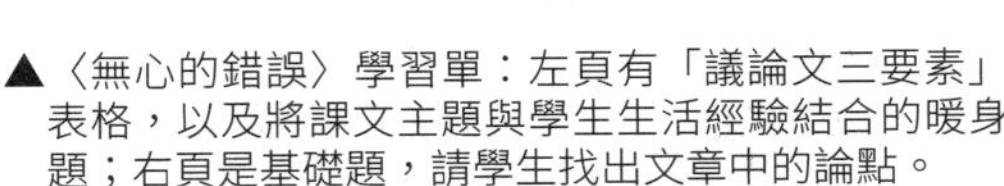

▲〈無心的錯誤〉學習單：左頁有「議論文三要素」表格，以及將課文主題與學生生活經驗結合的暖身題；右頁是基礎題，請學生找出文章中的論點。

▶將挑戰題設定為貼近學生生活的主題，各組討論相關問題時，發言就可能會很踴躍。

◆ MAPS 微旅行

〈背影〉這一課，暖身題的文章剛好是學生客語課本裡的課文〈目送〉，於是下標題的任務就被輕易完成了，但我還是以「為人母」的心情帶領學生認真體會這篇文章的感情。

本次課程每組負責一～七題題目，因為閱讀課當時的進度剛好在教學生畫筆記，所以本課特別著重學生畫線的部分。有時候學生畫的是很長的句子，我就提醒他們要聚焦於動詞的部分，且提醒學生可自行依據不同段落位置，變換螢光筆的顏色，讓學生有意識地畫出自己認為獨特的詞語。表格填空，我覺得挖空的地方其實可以設計得更細緻，例如：（奮力地）為（兒子）買（橘子）。因為教育除了拔尖，更要扶弱，必須為基礎語文能力較差的同學搭上鷹架。

小組發表討論成果之片段中，除了老師協助拍學習單、投影給全班看之外，也要求各組派人上臺寫板書。本次自願上臺的正是國文段考六十分的學生，雖然成績不佳，但上課態度始終良好，也願意好好書寫小組想法，與投影畫面對比，我覺得板書更有溫度了！敝校雖然缺乏觸控式電子白板（預計下學年會有），但依然可以將投影布幕升起，直接書寫在黑板上，或讓學生上臺填寫表格，以省去畫表格的時間，提供更多讓學生表現的機會。

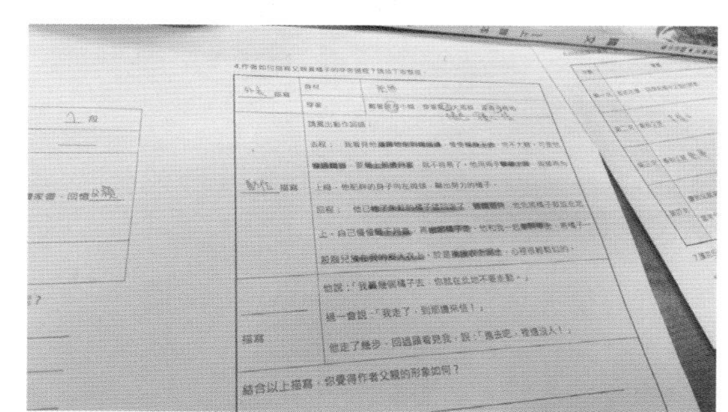

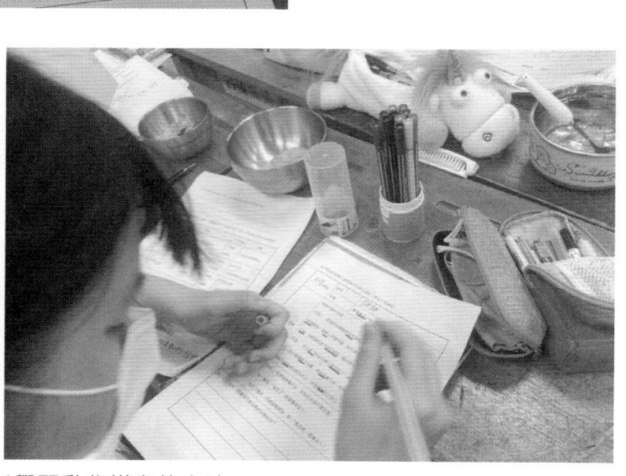

▲請學生標記出動詞，藉以學習動作描寫的方法。

前面提到，剛開學分組時能參考的依據不多，原本想用第一次段考的成績來分組，但成績測不出一個人的態度、情意與技能，所以我還在斟酌要依據什麼來幫學生分組。目前操作下來，各組的上課態度都很積極，可能是因為小組積分制中，我傾向於採用加分而非扣分的方式，但之後可能要複習合作學習以及政忠老師曾傳授過的加分機制，以提高學習成效！

◆ T-MAPS 輕實踐

原本想運用寒假時王老師指導的差異化教學模式，但我資質駑鈍，聽完研習後忘記怎麼布置差異化任務，所以還沒真實開始操作。但在〈紙船印象〉這課，我勇於嘗試 T-MAPS 的精神，融入新的教學軟體：HiTeach，實際採用其中多個功能：選擇題、填空題、作品收集區、搶權、挑人以及便利貼等。原本以為我會很慌亂，但過程中意外順暢，讓我大吃一驚。

暖身題的文章剛好是檢討作文時即將提供的寫作指引，等於一篇閱讀題組的概念，例如：請同學回憶相關課文手法是否符合此指引的要點？我很喜歡這樣的暖身題，下次也會融入相關文章去設計連結新舊經驗的題目。

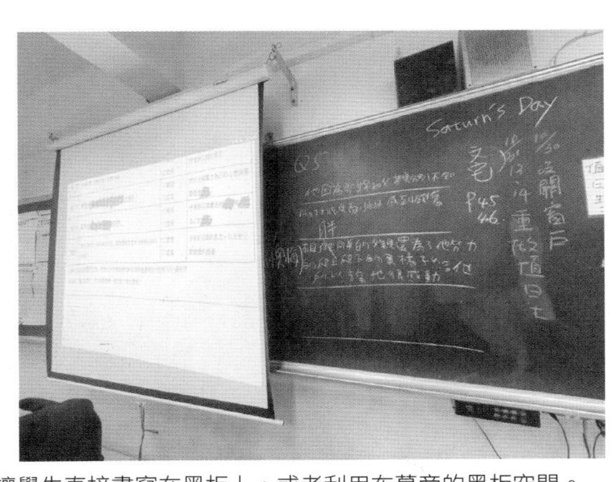

▲即使沒有電子白板，仍然可以靈活地升起投影布幕，讓學生直接書寫在黑板上，或者利用布幕旁的黑板空間。

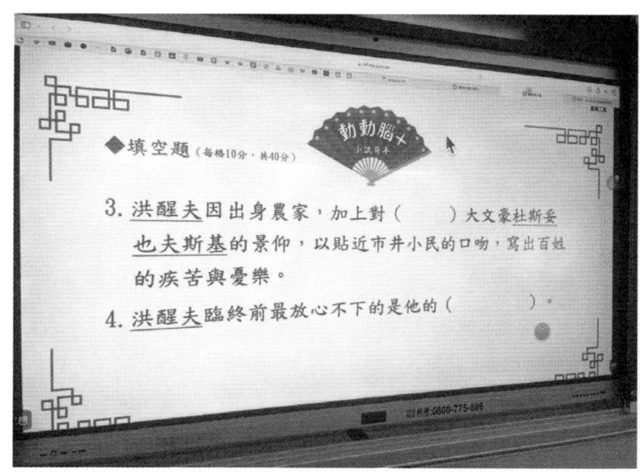

▲利用作者動動腦的題目，熟悉 HiTeach 軟體的功能。

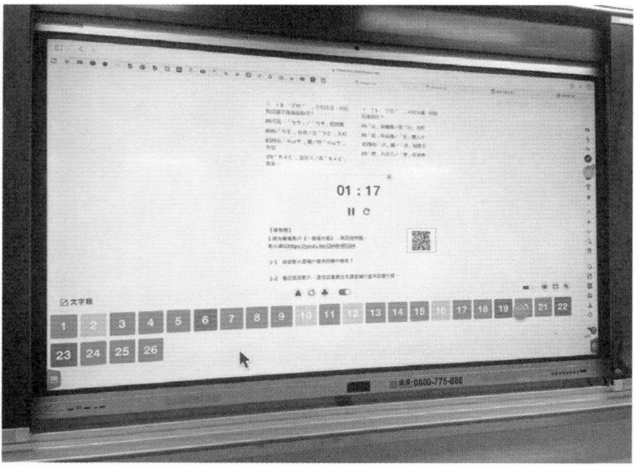

▲利用 HiTeach 軟體可以即時掌握學生的答題速度與完成狀況。

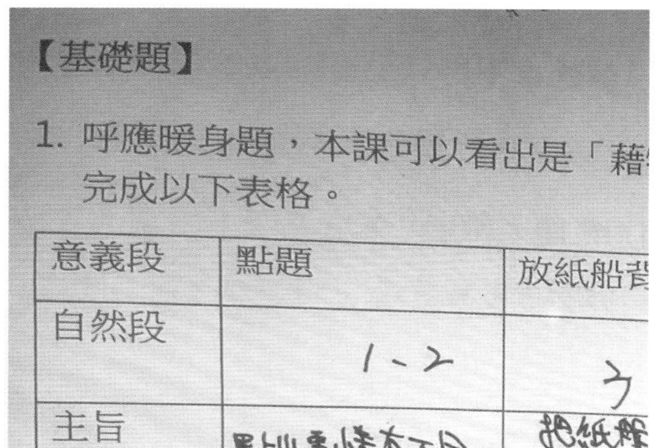

▲利用 HiTeach 軟體的作品收集功能，讓學生上傳學習單內容。

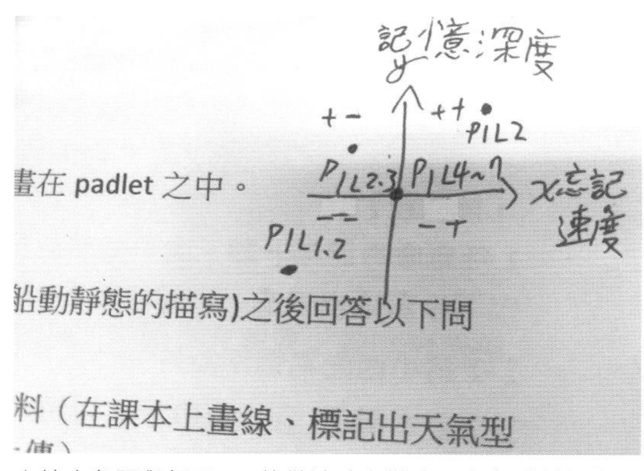

▲結合象限與標示 PL 的做法略有難度，但有助於促進學生思考。

▲布置各種學習任務讓課堂氣氛更加活絡。

▲學生為了在時限內上傳作業，精神變得更加集中。

本次課程的分組方式，是按照上學期三次段考加總排名之後，按照師徒制模式均質化而生成的組別，每組都有一位國文綜合表現優良的學生，可協助較弱勢的同學。近日剛好得知段考國文的平均成績名列前茅，讓我更加篤定這種分組模式是成功的！但過程中仍須保留一點彈性空間給需要獨立思考的同學。

基礎題的表格填寫方面，相較於上學期，學生更能快速進入狀況。在靜態的紙船描寫面向中，學生會把動態的描寫內容歸類於這張表格之中，並賦予「排列方式」的上位概念。首先要肯定同學的用心，但相關內容實際上還是應該歸類於動態描寫之中。

基礎題標註ＰＬ，對某些學生來說還是有點難度，且我不太能掌握師徒制中的學徒能否自行找到ＰＬ，也許這就是我下次布置差異化任務的起點！

◆ T-MAPS 差異化實踐 ing

很高興我可以走到差異化教學這一步。我選擇在〈近體詩選〉這課操作的原因自然是文本長度短小精悍，也是因為可讓我輕易布局形式與內容賞析的差異化任務。此時的課堂風景變得更活絡更有朝氣了！

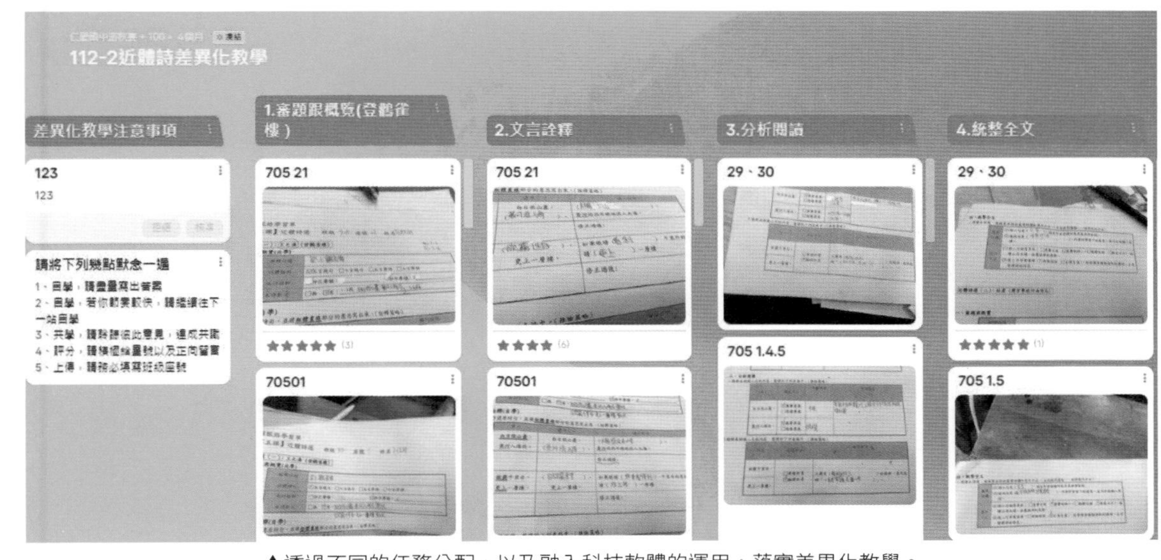

▲透過不同的任務分配，以及融入科技軟體的運用，落實差異化教學。

本次差異化教學聚焦於三首詩的「基礎題」，分別為〈登鸛雀樓〉、〈聞官軍收河南河北〉以及〈出獄歸家〉三首詩，採用的是翰林版的脈絡提問表格。以下以〈登鸛雀樓〉為例，說明差異化任務的布置。

我把格律分析的「審題」與「概覽」布置為共學；「文言詮釋」部分我希望每個學生都能自己練習到翻譯，所以布置為自學；「分析閱讀」略有難度，故布置為共學；作業為朗讀唐詩的錄音作業，屬於自學。以下是操作的簡單說明：

1. 鼓勵學生自學，設定好鬧鐘，時限內要求上傳學習單。
2. 將作答完畢的內容輸出成 PDF 後，一一檢討並給予修改的機會。
3. 共學部分，會請小組推派代表口頭發表，老師可追問答案有缺漏者。
4. 請學生將課本補充的筆記寫好後，上傳給老師檢查。
5. 要求學生回家後錄音唐詩朗讀，上傳後請同學互評。

本次教學過程中，學生為了趕在時間截止前上傳學習單，精神變得更加集中，眼神更加銳利。加上點評之後，還要於修改後再上傳一次，因此大家顯得相當忙碌，但教室內並不會很吵。不得不說，這是我最喜歡的上課模式了！因為是使用共同的模式一次討論三首詩，學生第一首詩操作不順的話，還可利用後面的詩篇。

◆ 未來期許

以上四個階段中，雖曾若干次全程操作三層次提問，但嚴格說起來，尚未能實踐一次完整的 MPAS 的教學歷程，而且很多提問設計是在工作坊中與夥伴集思廣益後的成果。我希望自己未來能獨立設計出一課完整的 MPAS 教案，如同暑假到爽文觀課時，王老師示範〈土芭樂的生存之道〉一課，所傳達出的人生信念：無論處在人生的高低谷，永遠要知道自己是誰！

我期許自己未來能設計出類似的教案，讓每一課都能超越文字之上，傳遞出無形的價值！

【國小領域】

11

成　容／用 MAPS 打開學生的學習潛力

桃園市八德區大忠國民小學

山中大叔導讀

在教育的長河中，每位教師都在尋找屬於自己的航道。這篇文章記錄了成容老師從教學迷航到尋得方向的動人歷程。她以真摯的筆觸，描繪出一位教師在專業成長路上的起伏與蛻變。

當 MAPS 教學法如一道光芒照進她的教室，原本黯淡的教學熱情重新被點燃。我們看見她如何細緻地設計每一個提問，如何巧妙地搭建心智圖的鷹架，更看見她帶領學生在語文天地中翱翔的智慧與溫度。

特別動人的是，這不僅是一個人的教學蛻變史，更是一群教師共同追求專業成長的群像。透過她的文字，我們可以感受到：教育創新的力量不在於方法本身，而是那份願意改變、勇於突破的教育初心。

◆親愛的 MAPS——寫在認識你之前

在當初國小教甄錄取率僅有○．○○五的年代，一堆同學退出教職，我花了一年實習備考、一年代理摸索、再當一年全職考生，終於在二○一○年衝破極度難考的教師甄試！當時我滿懷希望踏上教職之路，卻沒意識到「溫水煮青蛙」的威脅逐漸逼近。

開始擔任高年級導師、導師兼行政或純行政等工作後，現實中的工作壓力和責任，無聲無息地消磨著我的教學熱情……。在網路上看到那些厲害的老師，再回頭對照自己，即便我依照教師手冊的指引進行教學，卻仍時常感到茫然無助、不知所措，彷彿是一匹被拉來擺去的羊。教國語真難！我總覺得自己的國語課乏善可陳，只能在心裡對學生說聲：「抱歉！」

儘管一路從大學到研究所，我的學習與職涯都在教育領域，卻沒有一個專精科目。幸運的是有幾個學生給面子，考上好的高中、大學，並與我保持聯繫，讓我從他們身上看見自己在教育界的一點點價值。然而，我內心深處仍渴望找到一個出口！感謝當時主任的賞識，邀請我擔任教學組長，讓我可以暫時脫離這樣的窘境。

即便如此，我仍不甘心，於是給自己一個新的挑戰——教六年級的社會科。作為行政人員與導師各有其辛勞之處，但在第一年尚能抽空備課的我，漸漸發現教社會科有趣，又有點辛苦。有趣的是我能在課程中天馬行空，儘管有考試和行政的壓力，卻能專心教授一個科目；辛苦的是需要大量吸收本來不熟悉的知識，加上學校規模較小，期中、期末考試的出卷工作也落在我身上，這讓教學充滿挑戰。

六和遇見夢N——我愛小社，小社愛我

二○一八年暑假，先生考上正式教師，因為先生的關係，九月我們一起前往桃園的第一場夢N！踏進六和高中的這一步，著實影響到我後來的教學生涯。

開幕式時，聽著政忠老師談及他的教育初衷，這些話語竟如此巧妙地觸動了我的心弦！「感動」這個詞彙已不足以形容當時的情感，我也無法用更多詞句來表達，因為熱淚早已盈眶……。原來，教育竟然有如此強大的影響力！當我聽到夢N主題曲時，原本想跟著唱，但歌詞實在太貼合我的心境，使我無法開口。因為我知道，只要一開口，淚水便會止不住地湧出……。

當時，我參加的是夢華老師帶領的國小社會組。在過程中，看見講師群認真實踐的模樣，讓我不禁思考自己是否也能做到。我的腦中不斷思索教學現場可能會如何發展，然而

▲桃園夢 N 小社講師群合影。

這時，心中總會有一個小惡魔跑出來，嘲笑過去那個畏縮不前的自己。

這兩天的課程讓我學到了許多知識與技能，但更重要的是，我學到了更多的情意：「感動不夠，要對自己承諾。」於是，我們所有人都跟大叔擊掌！

接下來，我花更多時間在準備三年級社會課程，我盡可能將所有學到的方法、筆記術都教給學生，也透過多元的方式帶學生邊玩邊學習社會。這一年，我真的看見了學生們期待來上社會課的發光眼神！雖然隔年我調校了，但從前同事口中得知，這批學生們還想繼續上我的社會課，也有學會我教的東西，並且應用到別的科目上！我知道自己做到了！學生也感受到了！

◆環遊 MAPS 世界——打怪、練功、衝裝備

傳說中的大叔來了！做夢！做夢！

二〇二一年四月十日，大叔來到我們學校開 MAPS 研習，只有短短三個小時，不僅要聽、要想、要討論，還要實作，結果當然是大叔說得很清楚，我聽得很模糊。不過，桃園夢 N 的開幕式有一句話叫做：「不用很厲害才開始，要開始才

會很厲害。」所以，即使在場的老師只有我是帶低年級，我還是想實做看看，畢竟低年級教得好，中高年級可以學得更好嘛！謝謝晏慈老師陪著我當 MAPS 白老鼠，在號稱低年級老師最美好的下午時光，就看見我倆拿著手冊傻乎乎坐在教室裡討論如何畫出心智圖，如何設計提問單……。

由於教的是低年級學生，為了提升趣味性及持續性，我們將暖身題、基礎題、挑戰題，再進一步拆解，並改為關卡A到E，同時結合預習、複習的精神，讓學生每天回家完成一部分，一週下來剛好可以完成一張提問單。關卡有：拼音認字練習、文意練習、成語學習或繪畫創作等。面對疫情後的下一屆，我也利用暑假將學年共買的閱讀書籍，整理出能跟國語課文結合概念的文章，讓學生寫提問單時可以增加閱讀量。

當 MAPS 來敲門

二〇二三年三月，佳慧學姐在我們的小群裡分享了第五屆 MAPS 種子教師的報名網站。我因為害怕，原本打算裝作沒看到，默默等著報名期限過去……。然而，在學姐的奪命連環 call 之下，我還是乖乖地報名了！原本我期待能再帶一屆低年級，進一步完善 MAPS 教學，但事與願違，五月底時，我確定自己將成為高年級的導師。

▲大叔到校開 MAPS 研習。

在二〇二三年七月的三天時間中，我重新擦亮之前所學卻已逐漸模糊的 MAPS 知識，並且接觸到更詳細的說明以及更多精彩的作品。過程中少不了許多實作，我與同組夥伴不斷討論、設計並完成作業。如果要說我參加過的最硬的研習，非這次莫屬！每天傍晚上完課，並不是課程結束後的休息，而是開啟另一段繁忙的挑戰。雖然我們身處不同地點，卻在線上一同完成所有作業。

我們要將在這次研習中習得的能力，帶回學校，應用在教學中，讓學生能夠展開 MAPS 的翅膀，在語文天地裡翱翔。

做我說的，說我做的

MAPS 非常強調「提問」，而這些提問都是有特定目的的。教師在教學中需要進行有意識的「提問」，因此備課時的思考、選擇與設計成為最耗時、最費心力的部分。在這個過程中，無數的想法不斷冒出來，我也不斷推翻自己，直到覺得有了一個比較完整的成品，才會和夥伴進行討論。每次討論時，夥伴們總能幫助我突破盲點。有時我也會感到沮喪，覺得自己的能力不足，這時，我會告訴自己沒關係，因為學姐曾說過：「教學、設計提問出包，都是平常。」所以不要自我設限，只要持續努力，就一定可以完成，因為「沒有最好，只有更好、更適合」。

以五下第四課〈縣官審石頭〉為例，這是一篇劇本，因此我們就要特別強調劇本的特色，包含故事情節的安排、劇本的特殊格式、深入解析劇本內涵，甚至進一步改編劇本並進行表演。基於此，我們有了以下設計：

※ 連結思緒暖身題

暖身題的設計是為了讓學生「猜測想像」：古代的縣官為什麼需要審判石頭？縣官可能會從事什麼樣的工作？藉由這些提問，讓學生與文本產生連結，引發學生的好奇心及興趣。同時，縣官在判案時必須運用正確的邏輯思考才能找出犯人，因此我們選用網路上的偵探推理小短片，來吸引學生注意、刺激學生思考，讓他們充分理解邏輯推理與突破僵化思維的重要性。透過引導，學生能明白推論與證據在判案中的關鍵，進一步理解為何縣官在判案的過程中必須想辦法先找出證據。

※ 奠定能力基礎題

這課基礎題的設計以表格為主。讓學生透過劇本中的表情、動作和語句來推測角色的感受與想法。在課堂上，我們不斷要求學生要從劇本中推論並找出證據，才去填寫表格答案。前面的表格，老師會帶領學生理解、尋找文本中的答案

Q4-1：請根據故事高潮，完成以下表格。

高潮事件一				
人物	縣官	官差	眾人	阿土、阿三
動作			從低頭偷笑到哄堂大笑	

Q4-2 請根據故事高潮，完成以下表格。

高潮事件二				
人物	縣官			馬明
動作		丟錢	丟錢，且水面浮出油花	（台詞）為何要丟錢入水中

▲〈縣官審石頭〉基礎題學習單。

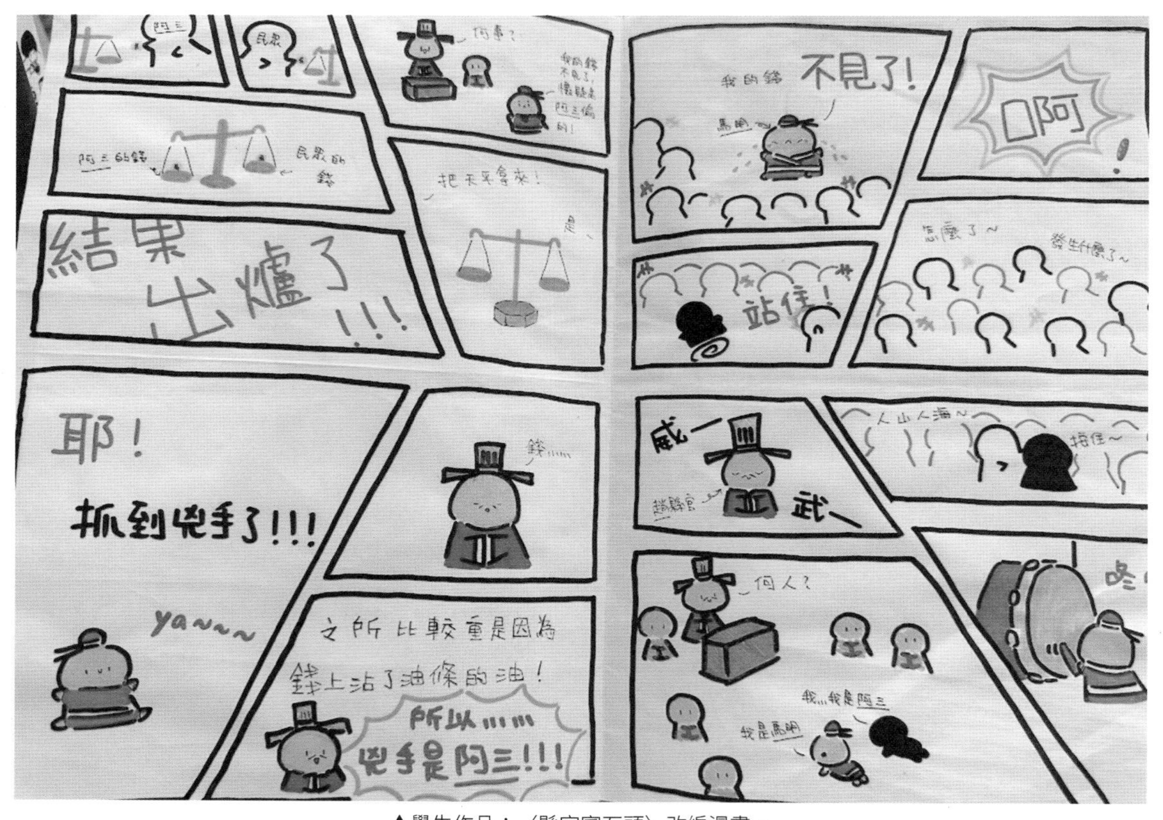

▲學生作品：〈縣官審石頭〉改編漫畫。

並討論，精簡後填入表格。中間的表格，由小組自行討論、找答案。最後面的表格則由學生自己一個人找出文本證據並完成作業。透過這樣的過程，學生不僅能學會文本的「訊息檢索」，還能夠從中「認識架構」，更能理解劇本的呈現與表達方式。

※ 拓展未來挑戰題

古代縣官問案時，驚堂木是非常重要的存在，不僅可以維持秩序，還可以威嚇壞人。劇本中多次展現這個概念，因此在挑戰題中，我們要求學生找出文本中三次驚堂木出現的情況有何不同，分別有什麼功用。由於學生在基礎題中已經充分熟悉課文內容，因此這題對他們來說輕而易舉。

挑戰題的第三題是為了和「語文天地」進行連結，請學生先閱讀語文天地的劇本介紹，然後回顧本課課文，假想自己是導演、編劇或演員，找出劇本中敘述不夠詳細的片段，或者加以修改可以更有韻味的段落，並嘗試修改，讓每個角色的人物設定更完整、精準。

承接前面的問題，最後一題則鼓勵學生發揮創意，重新創作一個新的「縣官審石頭」的故事。但這次要改以非劇本的形式來撰寫，甚至可以改編成漫畫。有的同學將他們喜愛的動漫角色融入故事中，有的同學將社會課中學到的法律概念寫進作品裡，最終呈現出創意十足又有趣的故事！

遨遊心智圖仙境

五年級上學期初始，學生來自十個不同的班級，因此我們透過第一課稍微了解學生的語文程度、學習態度與習慣，同時教導一些基礎語文知識。我確認學生已經了解自然段與意義段的概念，也知道如何使用提問單輔助國語課堂的學習，能夠跟著老師設計好的鷹架，看懂基礎題並完成心智圖的空格填寫。

第一課到第三課的心智圖，都是以老師繪製的心智圖作為示範，這樣可以完整告訴學生如何呈現，並告知不同層次的概念。到了第四課，心智圖的空格增加，連第一、二層也設有挖空格子。第五課開始逐步拆掉鷹架，並留空第一段。到第六課時，意義段的第一、三段完全挖空，讓學生自行參考課文與基礎題進行書寫，此時便可觀察到他們是否具備繪製心智圖的基本能力。

期中考後，基於前六課的心智圖練習鷹架，第七課〈高第的魔法建築〉的提問單設計者佳慧，在這份提問單中，單純用文字引導學生完成整課的心智圖。因此我選擇在課堂上示範並講解，讓學生直接在課文中劃記重點，回家後再完成心智圖，有空閒的學生則可以再畫上相關插圖。隔天，學生

▲學生作品：〈魔術師爸爸〉心智圖。

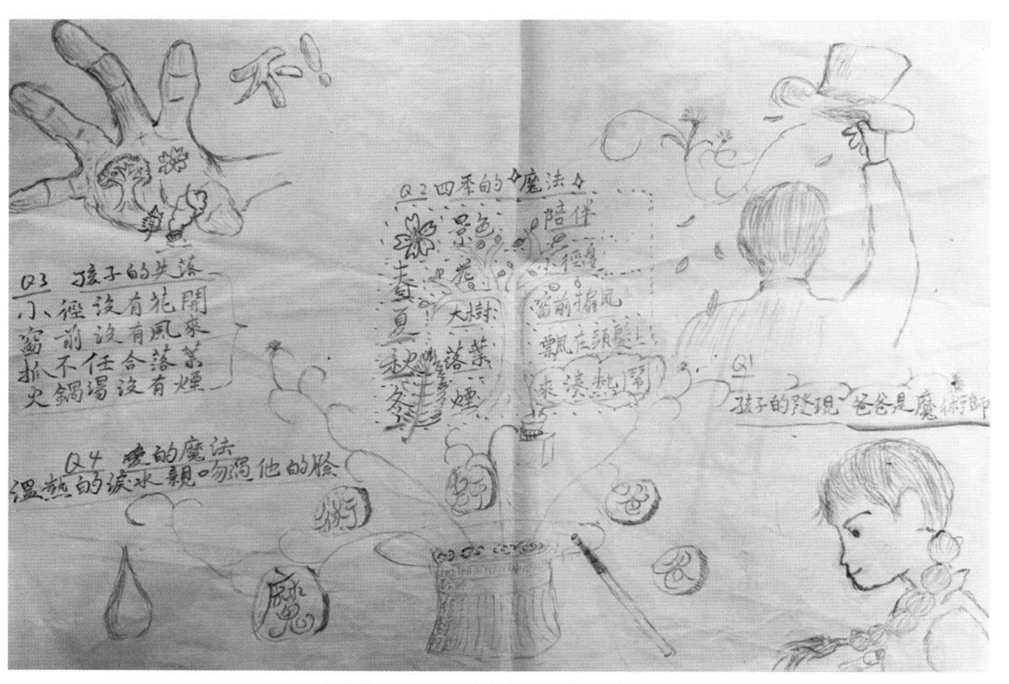

▲學生作品：〈魔術師爸爸〉心智圖。

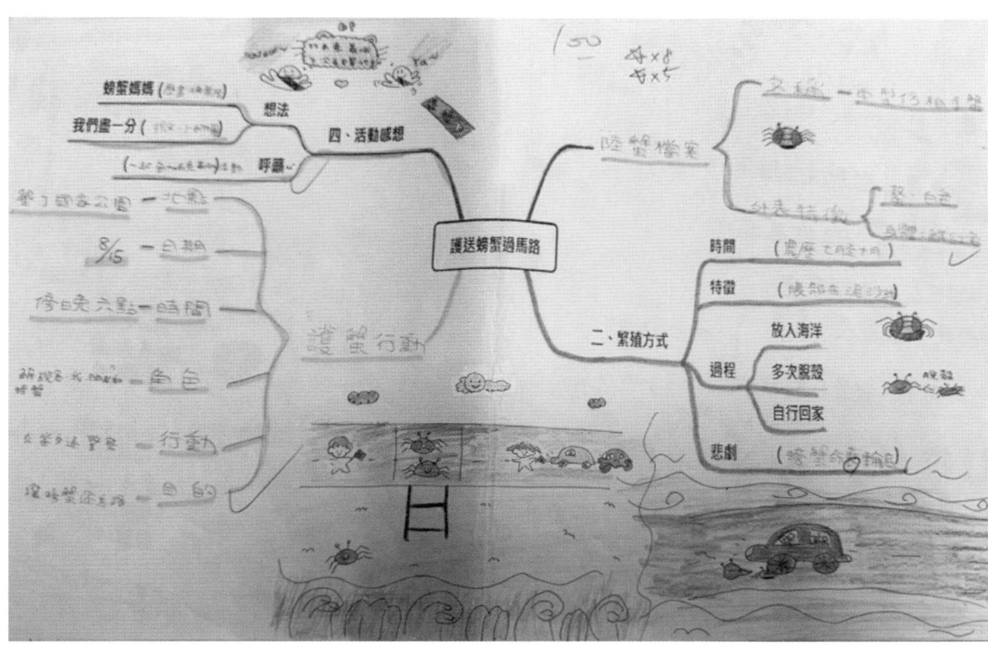

▲學生作品：〈護送螃蟹過馬路〉心智圖。

▲學生作品：〈明智的抉擇〉心智圖。

繳交功課後，我立即將優秀作品貼到公布欄，讓其他同學參考，每個人就可以知道自己不足之處，並進行修改。

有些學生將心智圖視為困難的作業，有些則視其為一種舒壓與挑戰的功課，而大多數學生會先完成心智圖的層次與文字書寫，再進行插畫創作。到了累積能量後的下學期，班上有兩位學生將第七課〈魔術師爸爸〉這首詩的心智圖繪製得十分生動，讓我自嘆不如。其中一位學生的作品是從右至左，展現詩中作者心境的變化，透過大樹表現出作者對父親隨時陪伴的開心，枯萎的樹則展現了作者的難過與無助，最後以愛心氣球象徵著作者仍然感受到父愛。另一位學生的作品則是將魔術師爸爸的背影與作者的側臉相對，再配上擋住一切的手，彷彿看見了心中的痛楚與哀傷。

在學期的最後兩課，為了幫助學生準備六年級課程，我帶著他們在課堂上使用 X-mind 來繪製心智圖。經過一年的練習，加上學生們已具備使用數位工具如 myViewBoard 和 HiTeach 5 的能力，操作起來得心應手。令人驚訝的是，班上一位平時程度較落後的學生，因為愛用 3C 工具，竟然能夠獨立繪製出完整的心智圖！

◆ 暢遊 MAPS 樂園——張開雙手擁抱教學

牽起心靈的那條線

在五下第六課〈佐賀的超級阿嬤〉的挑戰題中，我們詢問學生：是否容易做到樂天知命、知足常樂？沒想到，班上一位平時情緒穩定的學生竟默默落淚。下課後，我陪他聊了一會兒，才得知這道題目觸動了他的心弦。原來，他曾經住院一年，無法理解為什麼是他生病？為什麼他要樂天知命？知道這件事後，他的媽媽十分感恩，因為這讓她能知道孩子的想法，並且能夠陪伴他跨過這段心裡的坎。

在五下第八課〈八歲，一個人去旅行〉的暖身題中，我們讓學生回家訪問家中的長輩，問問他們：在八歲時是否能夠獨自完成什麼事情？這次的活動不僅拉近了學生與家長之間的距離，各式各樣的答案也讓學生們發現，以前的風氣和環境與現代生活有多大的差異。那個年代，長輩們在八歲的時候，通常已經必須照顧自己、照顧弟妹，有些人甚至要自己砍木頭燒水，或跟著家裡長輩一起賺錢。甚至有的因為家境窮困而沒有機會唸國中。聽到這些故事後，學生們才驚呼自己真幸福，不需要擔心餓肚子，也不用去扛磚頭。

只有 MAPS，才能如此自然地牽起這些珍貴的連結。難怪我和學生們都這麼熱愛它。

▲學生一起在 myViewBoard 上回答學習單提問。

▲學生使用平板、myViewBoard 拖拉課文段落，並解釋原因。

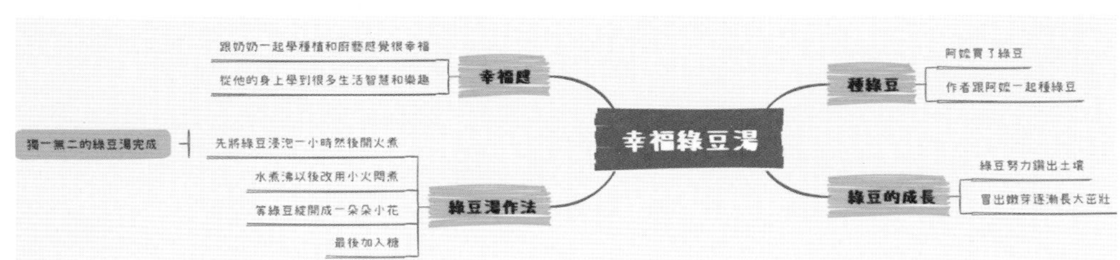

▲學生於讀報後，運用 Xmind 繪製心智圖。

放棄是一種選擇，而堅持是另一種選擇

經過一年的操作後，我才真正體會到當初帶領我們的大叔及協作團隊的用心良苦。他們運用不同的話語引導我們思考與創作，讓我們逐步成長。我衷心感謝大叔、翠婷及權滿老師，也感謝五〇三——三盟海誓的所有夥伴。在這一年來的線上會議中，我們總能彼此分享，並指出盲點，讓教學設計得以不斷進步。

經過一年的薰陶、實作後，學生們的閱讀理解能力不知不覺提升了。即使是那些程度較低的學生，也開始發現提問

▲最認真可愛的我們這一班。

▲拚盡全力、團結一心的呆呆獸。

單的邏輯、心智圖的有趣。最讓人欣慰的是，就算有些學生的國語成績無法馬上顯著提升，他們也能帶著笑容說喜歡國語課、喜歡畫心智圖。而那些程度不錯的學生更能自行嘗試，將國語課中學到的方法，學以致用，應用到讀報課程中——讀完報紙文章後，結合X-mind，製作出一張報導的心智圖。這正是他們從課堂中帶走的實用能力。

國語課程的主題包羅萬象，我們學年設計的提問更是豐富多元。基礎題側重理性思考，而暖身或挑戰題則讓學生抒發感性想法。透過這樣的方式，可以讓高年級學生更願意表達他們內在想法。現在，每次上國語課前，我再也不用擔心自己講課內容會不會太空洞，反而是擔心討論時間不夠用，或是學生們的回答太過於天馬行空，以至於難以拉回主題呢！這樣的教學情境，是不是一種享受呢！

幸福，就是有一群人的陪伴

距離我上次擔任高年級導師，已經過去了七年。當我再度面對手邊的國語、數學及社會備課用書時，不禁感到茫然：應該從哪裡開始呢？手錶的秒針不斷向前移動，彷彿在嘲笑我的無措與焦慮。幸好，我有學年團隊的支持，積極的佳慧學姐、與我共備也共被的中一，還有那些認真投入的學年老師們：翊芳、聖芬、馨仁、瑋欣、昀蓁、虹儀、子瑩、玉琴、連勝。

正因為有這群人的陪伴，我們才能在每週四下午的最後一堂課相聚，一起進行紮實的共備！無論是國語、數學還是校訂課程，在一起討論與準備的過程中，我深刻體會到「共好」的力量，這不僅為我帶來教學上的動力，也讓每一天的教學變得充滿愉快與成就感。感謝你們，遇見你們就是「遇見美好」。因為有你們，我才能在這一年裡穩定且堅持地帶著學生進行MAPS國語教學。

如果你現在沒有夥伴，那麼請勇敢地去尋找他們吧！「一個人走得快，一群人走得遠」這句話是那麼真實而有力。就算暫時找不到志同道合的人，我們也要成為「孤勇者」，持續勇敢地走下去，終會「遇見美好」。

▲五〇三「三盟海誓」合影。

▲優秀努力的學年夥伴們合影。

【國中領域】

12

李璧菱／最好的教者，不給答案

宜蘭縣立員山國民中學

山中大叔導讀

教育之路，恰似登山。有人繞道而行，有人裹足不前，更有人在山腳哀嘆遠望。而璧菱老師選擇了勇敢攀登，在二十年教職生涯中，她如同修行者般不斷探索、突破、超越。

當疫情如火山噴發般席捲教育現場，她沒有退縮，反而在這場「造山運動」中找到了嶄新視角。透過 MAPS 教學法，她讓課堂搖身一變，成為學生探索的桃花源。從《灌籃高手》到心理測驗，從教室到圖書館，她巧妙編織出一張張學習地圖，引領學生踏上自主探索之旅。

猶如北極星般，她學會適時隱去光芒，讓學生自己尋找答案。這不僅是教學方法的蛻變，更是一位教育者回歸初心的動人故事。

◆見山是山

初遇廬山

教與學，在我長達二十年的職業生涯裡，一直是不斷變化演繹、與時俱進的事情。從二〇〇四年踏上教途，便開始屬於我一個人的「修行」。說是一個人，是因為教育工作者本是與人相處、互動的職業，生命與生命的相遇與悸動，交會與撞擊，像極了日本茶道裡的「一期一會」：我們在學生人生季節中僅只一次的青春時節裡相遇，時而有幸迸發出深刻精彩的火花，這些都像可預期，又像不可預期的場景。在生命與生命交會的當下，其中所淬煉出的經驗與智慧，又會因著相異的緣分與際遇，而呈現出不同的教學風格，演化出最適合當下的「招式」。「萬法原本於一心」，這些卻全都源自與生命真誠交流的初心與熱情。

於是從事教職，就像一個人的修行。雖有夥伴同行、一起闖蕩，但如何內化、沉澱、判讀教學生涯之於自身的定位與意義，仍必須靠自己去領悟。嘗試在這條路上，檢視並時刻反省自己：是否不悖離初衷，是否能以更精妙的「功力」成就學生，提升自己。

在踏上教職的「修行」之路後，我感覺自己好像徒步取經的「唐三藏」，即便身旁不乏同任教職的夥伴，甚至外子也是同業，卻仍感覺：修行，是自己一個人的事情；也感覺像經歷一場「一個人的旅行」。在這條路上，我從精力充沛的孩子王，一路走到教職生涯已經過半的「資深教者」。其中經歷了臺灣教育的翻轉改革、平地捲起的學思達颶風，我的教室風景也從傳統講述，隨著時代演變不斷地更新，有時融入分組討論、有時採用提問技巧，但一路走來，現學現賣，憑著自己的教學經驗與直覺，施展最適的教學法，煞是有模有樣地自成一方世界。而我的「取經之路」，全靠自己「頓悟」，「教育」這座「廬山」，也就在我跋山涉水的過程中，不斷轉變其面貌，峰迴路轉之間，我曾見識到不同角度的「教育大山」。但大體而言，除了來到偏鄉初任教的頭幾年外，尚能與自己的生命歷程磨合接軌，安然自適。教學，在我的小小天地裡，自有屬於自己的演化秩序。

開門見山

一切如常，直到歷經可謂是「造山」等級的疫情衝擊。

如果說人生中的第一次翻轉，是初任教職。那麼，二〇二〇年的疫情衝擊，就是除了結婚、生子的職家衝突外，最最嚴峻的考驗。那種有如來自地心的火山熔岩瞬間爆發，一路向外衝擊的力道，非但讓教育現場經歷了板塊運動般的擠壓動盪，還讓全球原本平靜穩固的教學模式，起了造山等級的強烈震動。一座不知從何而起的資訊大山，瞬間從平地冒了出來！等這波疫情稍稍平息，有些教師試圖尋得向來之路，回到從前，邁起大步，信誓求得繞山而過之法；有些，則視之為一時亂象，乾脆視而不見，敵動我不動。

而我，試圖攀上這座大山，藉由山勢，走出我的一方世界。以不同的視角，眺望我耕耘十餘年的教學平原，赫然發現，我前所未見的風景。

◆ 見山不是山

山窮水盡

隔著螢幕授課的情形，從 COVID-19 剛爆發的畢業班尾聲，一直延續到疫情雖趨於緩解，卻仍動輒停課，線上、線下頻繁切換的新一屆小七班級。而就在這一年過後的暑假，讓我開始決定嘗試 MAPS 教學法。

已習慣線上授課與非同步教學的這一屆，放大了以往學生常見的種種習性：慣性逃避、態度懶散、注意力既難以集中更無法持久，以及學習動機薄弱……。所有學習上的弊病，現在全部以大魔王等級現身，並且高度密集地出現在同一個班級教室裡。當我用以往的講述功力與教學模式，即便使出渾身解術，再也無法有效喚起學生的全副精神與專注力，回不去向來讓我引以自豪的班級經營與授課成效時，我遇見了政忠老師的 MAPS 三層次提問教學。

峰迴路轉

一開始面臨最大的挑戰，便是打破以往的教學慣性，用全新的角度備課。

MAPS 教學法就像布置一張地圖，讓學生循著地圖的指引，按圖索驥，自己找到理解文本的路徑。從暖身、基礎到挑戰，用「提問」有層次地逐步引導，循序漸進。在這個設題與布題的過程中，教者不直接給答案，而是放手讓學生帶著闖關般的緊張與好奇，逐步前往探進。而在學生前行的路上，要讓他們既能放手挑戰，卻又仍能保有安全感，便需要教師巧妙地給予指引。

※ 暖身題

三天的種子教師研習營結束，我帶著實踐的決心，在康軒版第一課〈小詩選〉裡，以日本打進奧運資格賽，輔以寒假上映，討論熱度極高的電影《灌籃高手》作為暖身題的設題素材，切入〈跳水〉一詩的主旨——熱情。在播放賽事片段與回顧電影精彩情節的過程中，讓學生藉由激勵人心的畫面與節奏分明的電影主題曲，去回想自己是否也曾有過不顧一切，想要真切投入某件事物的熱情。接著，再請同學輪番上台分享，其餘同學必須專注聆聽，好在同學發表之後，重複他的發表內容並給予回饋。在這次的初體驗中，我把「發表與分享」、「聆聽與回饋」，作為我的教學目標。當話語權回到學生身上，老師不再緊抓著麥克風，學生在全班專注聆聽之下略帶羞澀與不流暢的分享練習，與發表後同學的重複與反饋，在我的課堂教室裡，起了不同以往的熱絡氣氛與化學效應。

暖身題是三層次提問設計中，我最喜歡的部分。可以天馬行空，並且藉由各種不同的有趣媒材，大膽地玩創意。每每想到了一個吸睛的暖身素材，都可以讓我興奮好久，充分地投入備課情境中。藉由暖身題，可以讓學生依著不同的新、舊經驗，去切入文本。暖身題的玩法，就像萬花筒一樣千變萬化，既能增添課堂的趣味，同時也達到了引起學生動機的目的。

在準備〈愛蓮說〉一課時，我的腦袋中突然靈光乍現，想到用時下年輕人最流行的心理測驗，讓學生憑直覺，選出一朵最喜歡的花，再從測驗結果與花語中，去設想心理測驗是否準確，並找出和自己測驗結果「相同」、「速配」與「悲劇」組合的同學和老師簽名，從這個過程中體會周敦頤「以

▲成就學生的舞台，讓他們聽見自己的聲音，也試著聽見別人的聲音。

▲〈跳水〉暖身題：結合二〇二三年在臺灣上映，創下新臺幣四．五億票房的《灌籃高手》電影版，連結時事，喚起學生對熱情的記憶。

花喻人」，「藉物言志」的寫作手法。學生在這堂國文課裡，可以離開教室，結伴同行，或單獨去各處室找老師以及班內同學簽名。下課後，可再去找別班符合條件的同學簽名，蒐集到指定的簽名數量，才算完成任務。

這次的嘗試，不僅讓學生藉由測驗結果的花語，達到融入課文、共感作者觀點的目的，為了完成學習單的必然互動，也讓班級內部的氣氛活絡起來，更多了與各處室師長交流的機會。執行過程中，也同步進行品德教育，提醒同學，務必注意禮節，而眾多師長們在學生們的邀請之下，掃碼學習單上的QRcode，嘗試一下心理測驗，也讓校園裡多了一份熱絡的趣味。在這之前，我從沒想到〈愛蓮說〉，竟可讓教室裡外皆展現出不同以往的熱絡風景！

※基礎題

而所有的文本核心，都在基礎題。政忠老師建議，基礎題可以來自課本既有的鑑賞分析、應用練習，也可以運用自己的原創設計。目的是在於透過教者有意識的設計，讓學生在答題的過程中，不知不覺地探究作者觀點，循著文本脈絡漸進。

各課的基礎題在問法上要層次分明、有效引導，對我來說，基礎題在取材與設題上，相較於暖身與挑戰題，是最花我心力，也卡關最久之處。不過在取捨的過程中，我學會釐

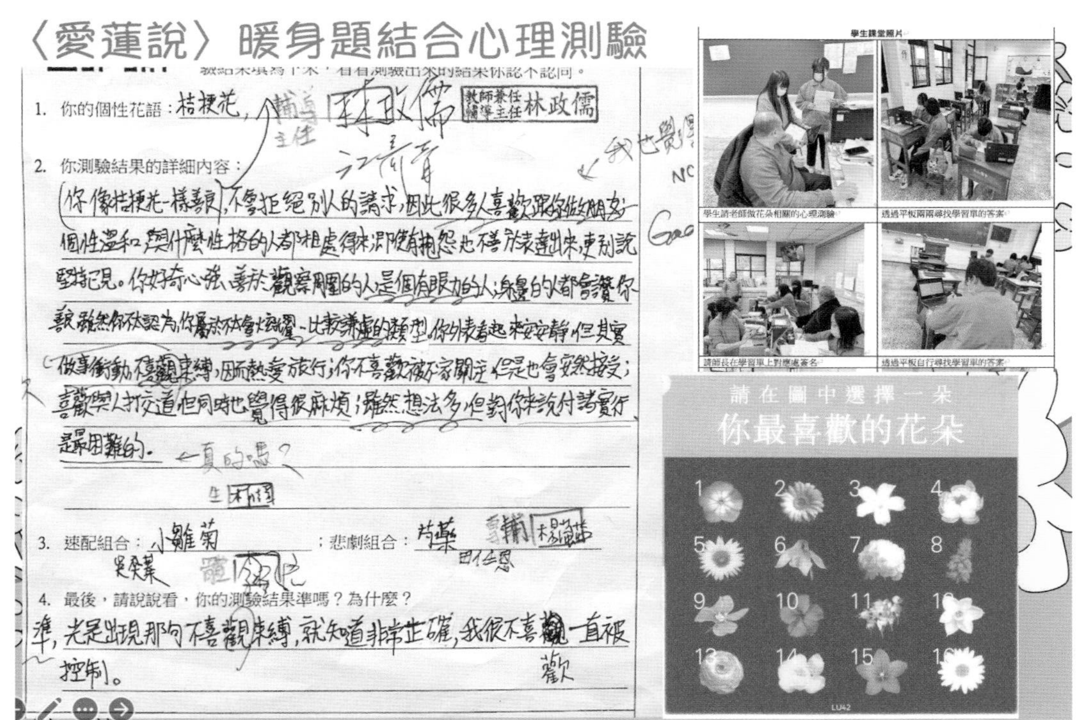

▲〈愛蓮說〉暖身題：選出一朵你最喜歡的花，找出你的專屬花語，和「速配」與「悲劇」的組合。

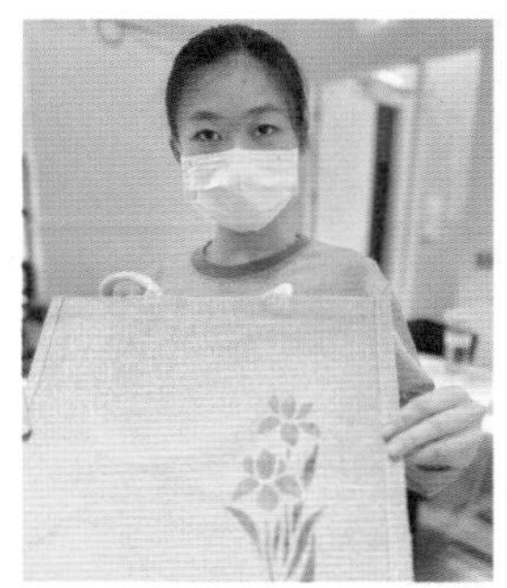

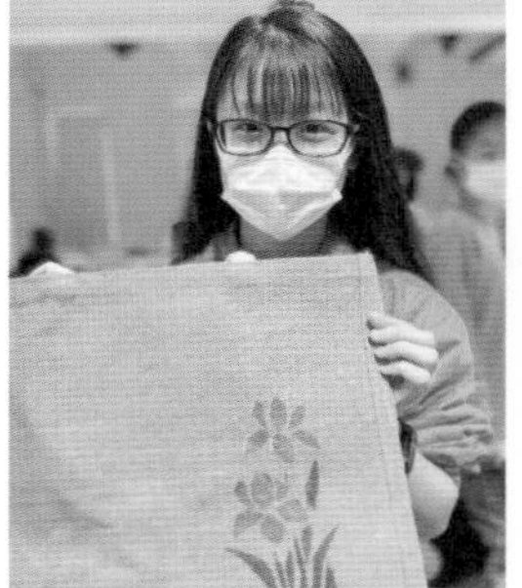

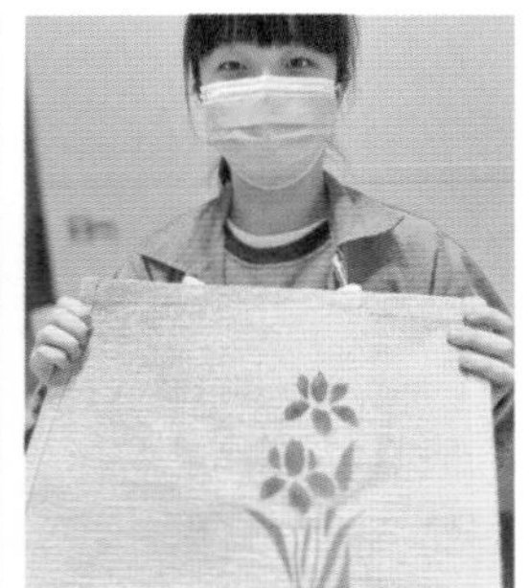

▲〈愛蓮說〉挑戰題：走出校園，去當地美術館體驗跨域經驗——手作鳶尾花拓印。

▲〈愛蓮說〉也能結合校外教學，在美術館中，聽完梵谷的故事後，透過自製鳶尾花的手作包，體驗創造出一朵花的美好經驗。

清：在一課內，我最想要學生學會的是什麼？把握輕、重、緩、急，才能設計出簡潔精妙的精彩好題。不能「既要、又要、還要」，必須在有限的時間裡，快狠準地切入重點，才能讓學生看見清楚的架構；而在有了架構之後，再往外擴張，層次才能清楚分明。

暖身題有最多發想、也最允許天馬行空，而基礎題則是每課最應先設置好的核心所在。在練習布題的過程中，我會參考手邊既有的教學資源，藉由巨人的肩膀，讓資源得以豐厚學生的視野；也在有限制的題數裡，漸漸聚焦自己的教學目標，正所謂「取捨見功力」，練習讓學生在清楚的鷹架中，看見文本的輪廓、掌握文本的脈絡；在深入了解作者的觀點後，進而能有機會發展出屬於自己的讀者觀點。

▲和夥伴共學，讓孩子能在專注安心中前行。

※挑戰題

挑戰題則是延伸文本所學，進一步讓學生由「讀」到「寫」，「讀」「寫」合一的進階練習。話雖如此，每一課的挑戰題也都可以有不同的發展面向，端視教者如何設定目標，並給予學生多元不同的跨域機會。比如在上學期末的彈性課程中，我突發奇想，把MAPS的三層次設計，帶入「輕校外教學——圖書館之旅」中。

有賴行政同事的全力協助，讓這個課程從原本設想只帶導師班出去，最後拓展開來，我們完成了讓一整屆八年級，到宜蘭市最美的圖書館——帶有幾米風的「李科永圖書館」校外教學，成功落實了「生活無處不文本，生活無處不MAPS」的實踐理念。

一整個下午，學生出乎意料地投入，無論是找到特展中與自己星座、生肖相符的作品合影，或是藉由解開學習單的提問，逐步了解圖書館，甚至連進階挑戰——練習從圖書館借一本實體書（或電子書），短短的兩堂課，學生的完成率超乎我們預期。包括進入圖書館該注意的禮節素養，孩子們的表現也讓我們從一開始的膽戰心驚，到最後出奇的驚喜與滿意。也許去圖書館對市區的孩子來說，是稀鬆平常的事，但當我們帶著偏鄉的孩子，從出發前安排一節課，讓學生瀏覽從未進去過的圖書館網站，到找出早已丟失的借書證、學

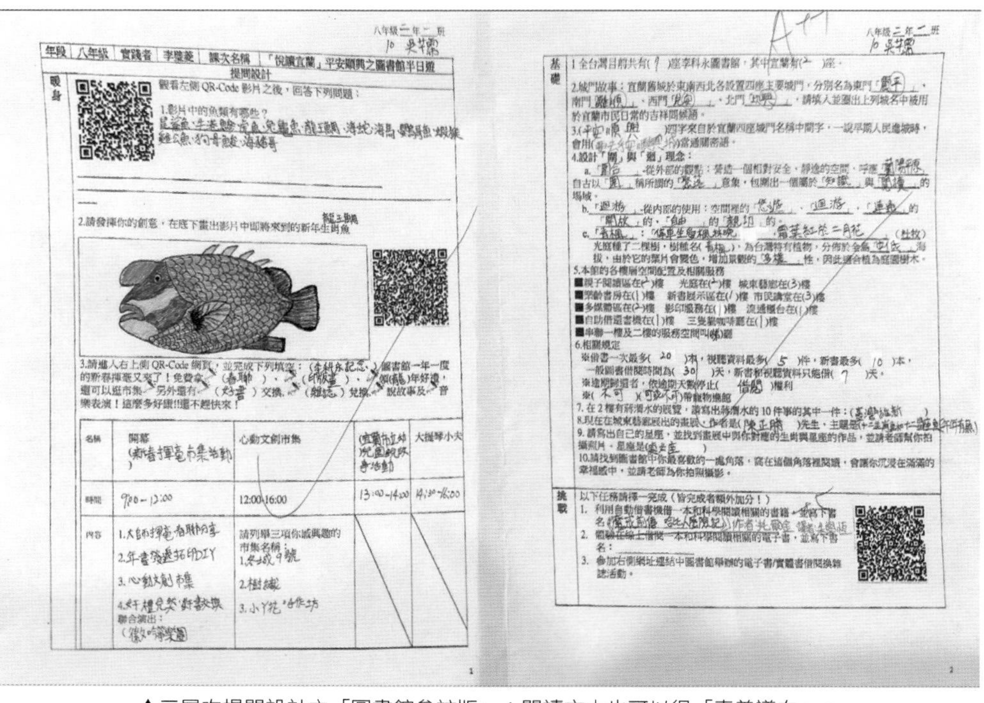
八年級二年二班

年段	八年級	實踐者	李璧菱	課次名稱	「悅讀宜蘭」平安順興之圖書館半日遊

提問設計

暖身

觀看左側 QR-Code 影片之後，回答下列問題：

1.影片中的魚類有哪些？

2.請發揮你的創意，在底下畫出影片中即將來到的新年生肖魚

3.請進入右上側 QR-Code 網頁，並完成下列填空：（　　）圖書館一年一度的新春揮毫又來了！免費拿（春聯）、（　　）、（　　）年好禮，還可以逛市集，另外還有（好書）交換、（雜誌）兌換、說故事及音樂表演！這麼多好康!!還不趕快來！

名稱	開幕（　　）	心動文創市集	（　　）兒園說故事活動	大提琴小夫
時間	9:00－12:00	12:00-16:00	13:00－14:00	14:30－16:00
內容	1.大師揮毫春聯分享 2.年畫發送拓印DIY 3.心動文創市集 4.好禮兌換／好書交換 聯合演出： （　　）	請列舉三項你感興趣的市集名稱： 1. 2. 3.		

1

基礎

1 全台灣目前共有（　）座李科永圖書館，其中宜蘭有（　）座。

2.城門故事：宜蘭舊城於東南西北各設置四座主要城門，分別名為東門「　　」、南門「　　」、西門「　　」、北門「　　」，請填入並圈出上列城名中被用於宜蘭市民日常的吉祥問候語。

3.（　　）四字來自於宜蘭四座城門名稱中間字，一說早期人民進城時，會用（　　）當通關密語。

4.設計「閱」與「遊」理念：

a.「　　」-從外部的觀點：營造一個相對安全、靜逸的空間，呼應「　　」自古以「　」稱所謂的「　　」意象，包圍出一個屬於「　　」與「　　」的場域。

b.「　　」-從內部的使用：空間裡的「　　」、「　　」、「　　」的「　　」的、「　　」的「　　」的。

c.「　　」：「　　　　　　，　　　　　　」（杜牧）光庭種了二棵樹，樹種名（　　），為台灣特有植物，分佈於全島「　　」海拔，由於它的葉片會變色，增加景觀的「　　」性，因此適合植為庭園樹木。

5.本館的各樓層空間配置及相關服務

■親子閱讀區在（　）樓　光庭在（　）樓　城東藝廊在（　）樓

■樂齡書房在（　）樓　新書展示區在（　）樓　市民講堂在（　）樓

■多媒體區在（　）樓　影印服務在（　）樓　流通櫃台在（　）樓

■自助借還書機在（　）樓　三隻貓咖啡廳在（　）樓

■串聯一樓及二樓的服務空間叫（　）廊

6.相關規定

※借書一次最多（20）本，視聽資料最多（5）件，新書最多（10）本，一般圖書借閱時間為（30）天，新書和視聽資料只能借（7）天。

※逾期歸還者，依逾期天數停止（借閱）權利

※（不可）（可或不可）帶寵物進館

7.在 2 樓有蔣渭水的展覽，請寫出蔣渭水的 10 件事的其中一件：（　　）

8.現在在城東藝廊展出的畫展，作者是（陳正勝）先生，主題是（　　）

9.請寫出自己的星座，並找到畫展中與你對應的生肖與星座的作品，並請老師幫你拍攝照片。星座是（　　）

10.請找到圖書館中你最喜歡的一處角落，窩在這個角落裡閱讀，會讓你沉浸在滿滿的幸福感中，並請老師為你拍照攝影。

挑戰

以下任務請擇一完成（皆完成者額外加分！）

1. 利用自動借書機借一本和科學閱讀相關的書籍，並寫下書名：

2. 嘗試在線上借閱一本和科學閱讀相關的電子書，並寫下書名：

3. 參加右側網址連結中圖書館舉辦的電子書/實體書借閱換雜誌活動。

2

▲三層次提問設計之「圖書館參訪版」：閱讀文本也可以很「素養導向」。

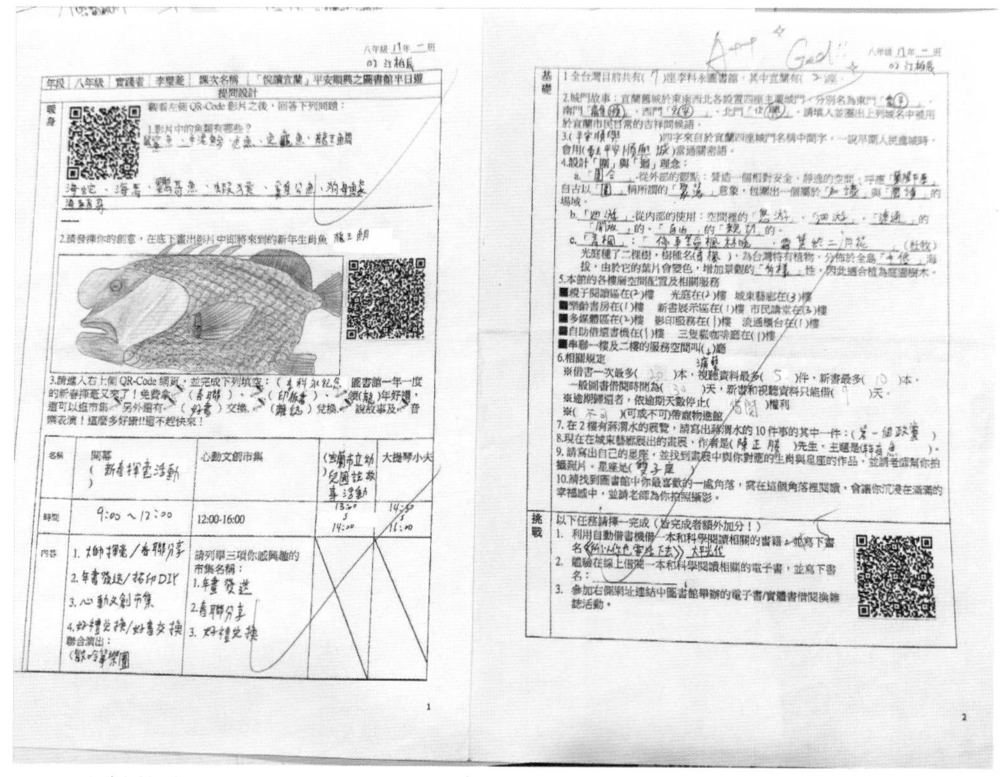
八年級 11 年二班

年段	八年級	實踐者	李璧菱	課次名稱	「悅讀宜蘭」平安順興之圖書館半日遊

提問設計

暖身

觀看左側 QR-Code 影片之後，回答下列問題：

1.影片中的魚類有哪些？

2.請發揮你的創意，在底下畫出影片中即將來到的新年生肖魚

3.請進入右上側 QR-Code 網頁，並完成下列填空：（　　）圖書館一年一度的新春揮毫又來了！免費拿（春聯）、（　　）、（　　）年好禮，還可以逛市集，另外還有（好書）交換、（雜誌）兌換、說故事及音樂表演！這麼多好康!!還不趕快來！

名稱	開幕（新春揮毫活動）	心動文創市集	（宜蘭市立幼兒園說故事活動）	大提琴小夫
時間	9:00～12:00	12:00-16:00	13:00～14:00	14:30～16:00
內容	1.大師揮毫／春聯分享 2.年畫發送／拓印DIY 3.心動文創市集 4.好禮兌換／好書交換 聯合演出： （　　）	請列舉三項你感興趣的市集名稱： 1. 2. 3.		

1

基礎

1 全台灣目前共有（　）座李科永圖書館，其中宜蘭有（　）座。

2.城門故事：宜蘭舊城於東南西北各設置四座主要城門，分別名為東門「　　」、南門「　　」、西門「　　」、北門「　　」，請填入並圈出上列城名中被用於宜蘭市民日常的吉祥問候語。

3.（　　）四字來自於宜蘭四座城門名稱中間字，一說早期人民進城時，會用（　　）當通關密語。

4.設計「閱」與「遊」理念：

a.「　　」-從外部的觀點：營造一個相對安全、靜逸的空間，呼應「　　」自古以「　」稱所謂的「　　」意象，包圍出一個屬於「　　」與「　　」的場域。

b.「　　」-從內部的使用：空間裡的「　　」、「　　」、「　　」的「　　」的、「　　」的「　　」的。

c.「　　」：「　　　　　　，　　　　　　」（杜牧）光庭種了二棵樹，樹種名（　　），為台灣特有植物，分佈於全島「　　」海拔，由於它的葉片會變色，增加景觀的「　　」性，因此適合植為庭園樹木。

5.本館的各樓層空間配置及相關服務

■親子閱讀區在（　）樓　光庭在（　）樓　城東藝廊在（　）樓

■樂齡書房在（　）樓　新書展示區在（　）樓　市民講堂在（　）樓

■多媒體區在（　）樓　影印服務在（　）樓　流通櫃台在（　）樓

■自助借還書機在（　）樓　三隻貓咖啡廳在（　）樓

■串聯一樓及二樓的服務空間叫（　）廊

6.相關規定

※借書一次最多（20）本，視聽資料最多（5）件，新書最多（10）本，一般圖書借閱時間為（30）天，新書和視聽資料只能借（7）天。

※逾期歸還者，依逾期天數停止（借閱）權利

※（不可）（可或不可）帶寵物進館

7.在 2 樓有蔣渭水的展覽，請寫出蔣渭水的 10 件事的其中一件：（　　）

8.現在在城東藝廊展出的畫展，作者是（陳正勝）先生，主題是（　　）

9.請寫出自己的星座，並找到畫展中與你對應的生肖與星座的作品，並請老師幫你拍攝照片。星座是（雙子座）

10.請找到圖書館中你最喜歡的一處角落，窩在這個角落裡閱讀，會讓你沉浸在滿滿的幸福感中，並請老師為你拍照攝影。

挑戰

以下任務請擇一完成（皆完成者額外加分！）

1. 利用自動借書機借一本和科學閱讀相關的書籍，並寫下書名：

2. 嘗試在線上借閱一本和科學閱讀相關的電子書，並寫下書名：

3. 參加右側網址連結中圖書館舉辦的電子書/實體書借閱換雜誌活動。

2

▲生活無處不文本，生活無處不 maps：用三層次提問設計，讓圖書館走進孩子的生命裡。

會使用電子借書證，查詢書目、嘗試預借等，種種體驗，都是眾多孩子生命裡的第一次。我和夥伴們共同完成了「讓社區圖書館走進孩子生命裡」的夢，我們甚至更做起了「也許某一天，書本可以成為孩子的救命浮木」的春秋大夢！

柳暗花明

MAPS的三層次教學，不但幫助學生，也幫助教者釐清一個課次裡的層次脈絡，讓師生更便於聚焦在：從一課文本裡，「我看見」、「我學會」、「我感受」到什麼！到了下學期，我更嘗試讓資訊科技融入教學。從一開始不熟悉Padlet，卻硬著頭皮，用學生與我都熟悉的Classroom落實差異化與分組教學，到過了第一次段考，我靠著自己，土法煉鋼摸熟Padlet的操作介面。一路走來，我感受到學生藉由不同的學習模式，被觸發的學習意願與興致勃勃的挑戰欲。而這一切，在看見出乎我意料、美麗的教室風景後，讓我深深感受到：教者的放膽嘗試與花費心力，絕對值得！光是看到學生發亮的眼睛，就能一掃摸索不熟悉的教學模式與幾近「砍掉重練」，簡直是「重新」備課的疲憊！

第二次段考前夕，導師班上一群「菁英」組長們，懷著不安與緊張的心情來找我，希望我能回到從前的上課方式。在闖關的過程中，雖然覺得課堂的確變得有趣，但聽不見老師的講述與答案，讓他們覺得很沒安全感，懷疑自己究竟是否真的有學會？在這之前，跟他們一樣忐忑的我，決定放膽一試。那時的我，心裡想著，最差頂多是搞砸一次段考，但不試試看，怎麼知道能否突破眼前學生普遍習得無助的困境？我向學生保證，他們自己想出的答案都有經過我的過濾和把關，只要能拿到「A以上」等第的，通通都是「正確」，不用懷疑！很多時候，問題並沒有所謂的唯一正解，就像人生，不一定有所謂的標準答案！我也和習慣有標準答案的學生一樣，正在試圖鬆動自己的想法，正在思考：一味灌輸最完美的「正解」給學生，或是讓學生嘗試自己摸索、自己回答，兩者帶給學生的收穫，究竟誰多誰寡？

第二次段考的成績出來了，結果超出我們師生的預期！全班總平均往上拉抬了四分，一位有潛力，但總是無法太認真的學生，這次衝上了八十分，全班十九名學生中，總計有十四名學生進步，而退步的學生中，有三位僅退一到三分，僅有兩位算得上是真正退步。在十四名的進步學生裡，其中「四位」進步「十分以上」，更有兩位，進步幅度高達十五分！最最令人感動的是：一名孩子考出了上國中以來，第一次的及格分數！整體而言，高分群不但有維持住，其餘同學也都有小幅度的進步與成長！

▲李科永圖書館之旅，行前學生們正認真地在做暖身題。

▲幾米風 X 李科永圖書館：認真聽圖書館導覽的學生。

▲閱讀是眺望未來的窗口。

▲ 拉近學生與圖書館的距離，甚至把整座圖書館都拉進學生的生命裡，是我與夥伴的夢想。

▲幾米風 X 李科永圖書館：閱讀是最美的風景。

▲學生的圖書列車正啟程，航向無遠弗屆的世界。

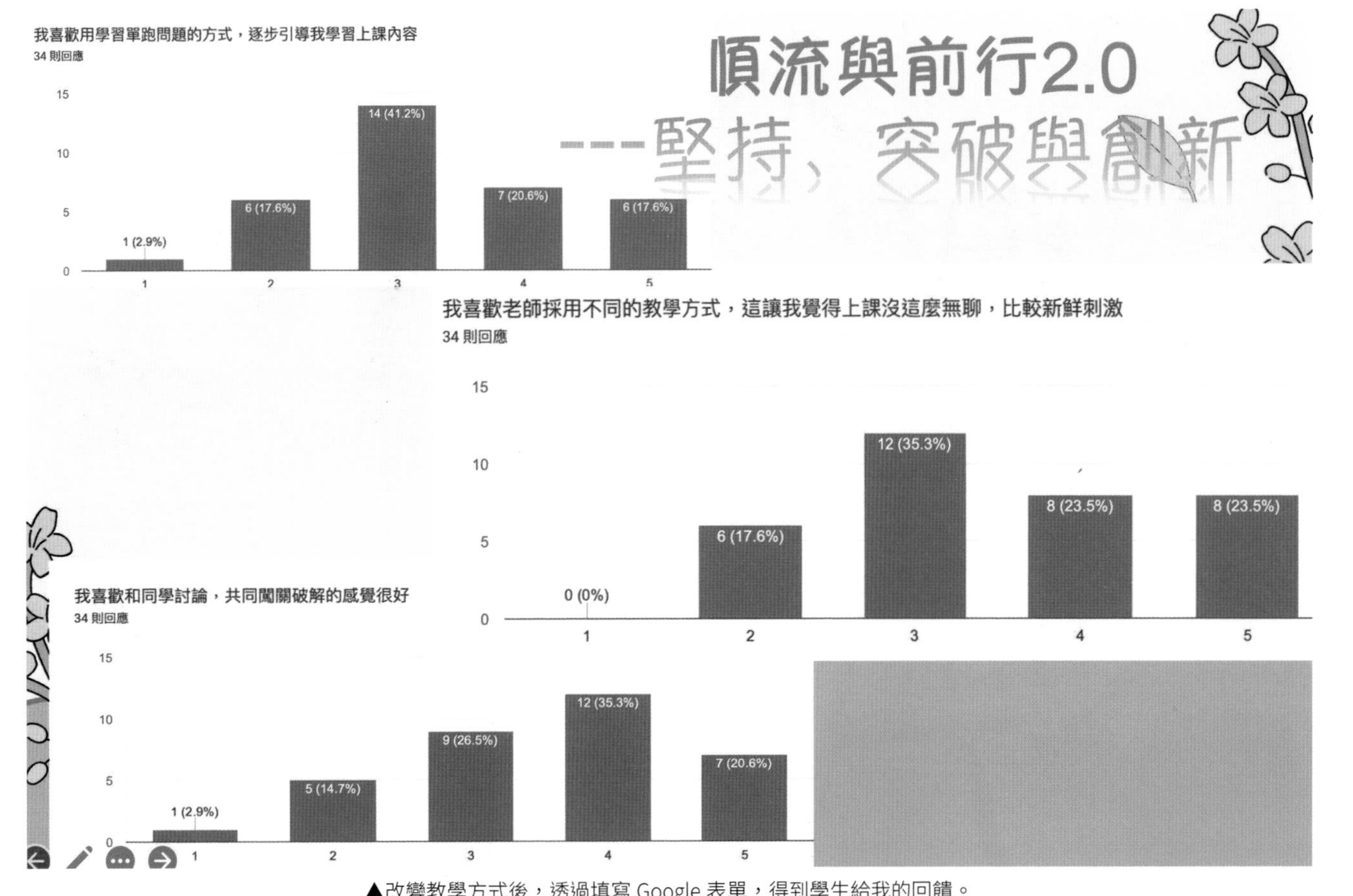

▲改變教學方式後，透過填寫 Google 表單，得到學生給我的回饋。

◆ 見山是山

識得廬山真面目

資訊融入最大的挑戰，便是「如何借力使力」。運用科技融入教學，如果只是圖新鮮感，讓學生耳目一新，充其量也只不過是錦上添花，最終不免落得曇花一現。教育真正的要義，還是要回歸教育本質，讓科技輔助教學現場中「師」與「生」的覺知，有效提升學習成效，讓多元的教學策略與方法，幫助老師與學習者，因應變化多端的學習情境，順應時代潮流，演化出最適宜的學習樣態。

事後，我更用 Google 表單，讓學生回饋對於老師改變教學模式的感受與提出看法，也讓學生看見：很多時候，學會思考，並反覆追求「屬於自己」的解答，了解「自己」的感受，甚至形成「自己」的看法，是比「知道標準答案」更重要的事！

山中大叔

在這場至今為期一年的冒險旅程裡，我在這座教育大山裡，與山中大叔相遇。

其中最大的領悟，便是教師「指引與放手」的拿捏比例：給予適切的鷹架，不剝奪學生探索的興味，這過程就像有智慧地畫出地圖，讓學生依自己的步調，充滿好奇地去展開冒險。正如吉井理人的棒球理念：最好的教練，不給答案。同樣地，最好的教師也應是不給答案。所謂學習，應是允許學生在探索中，用相異的方法，抵達屬於自己的目的地。

而要讓學生在這場學習的探險裡，體驗發現答案的驚喜與自信，身為教者必須拿出勇氣與決心，放膽地去冒險，堅定地去實踐。

源頭活水

「問渠哪得清如許？為有源頭活水來。」

教學是一曲旋律，一種藝術，唯有掌握節奏感，才能演奏出美妙動人的樂章。經歷了 MAPS 教學法的洗禮，我發現：唯有師者能敞開自己，讓源頭活水流入，才能讓自己的心有如明鏡，映照出如「天光雲影」般動人精彩的教育風景，並與學生「共徘徊」在落英繽紛的桃花源裡。

以終為始

旅行有時是為了尋找自己，MAPS 教學讓我在帶著「地圖」旅行的過程中，有機會尋找到自己的初衷，和二十年前的自己相遇，重新回歸初心。

旅行也是抽離，當自己抽離了困住自己的現實泥沼後，才有機會以不同的視角，找到其他路徑，從中梳理創傷，審視困境，啟動療癒自己的可能性。

旅行，是為了以終為始，讓自己找到原路，重新歸零。

感謝五〇三MAPS的協作教師張家榮老師，在每一次的開會共備裡，支持著初嘗試的我們。也感謝五〇三的共備夥伴：阿玠老師、琇美老師、以及可愛熱血的晏如老師，在撰寫這篇文章時，回顧了無論是暑假的三天研習營，抑或是寒假為期兩天一夜的回流，眾人共備的驚人能量，讓共同產出的心血結晶，至今看來，仍舊閃閃發亮。

感謝我的學生，讓我起心動念，共同成就了這場旅行。

感謝願意出發的我自己。

【國小領域】

13

陳佳琳／從「琳」開始學 MAPS 之騙人繼續做下去

臺南市大內區二溪國民小學

山中大叔導讀

如同一首優美的奏鳴曲，陳佳琳老師的 MAPS 教學實踐譜出了一段動人的教育樂章。從音樂教室的獨奏夢想，轉調至教育現場的群奏交響；從傳統教學的單音進行，躍升至 MAPS 多聲部的豐富織體。

特別是她的「5 Online 班」，彷彿一首急需重新編曲的樂曲，透過 MAPS 的漸強記號 (crescendo)，搭配數位工具的裝飾音，激盪出令人驚豔的新生命。從 0% 到 80% 的實踐歷程，就像一首由平淡到高潮的變奏曲，展現出教育工作者在「慢就是快」的節奏中，堅持找尋最適切的演繹方式。

最終，她以 Do Re Mi 的創意結尾，不僅呈現了身為音樂人的本色，更為自己譜出了一首獨特的 MAPS 教學進行曲。

◆「0%」的 MAPS：不斷找尋好的教學策略

遇見 MPAS 之前的國語課

我依然記得二十年前，剛從大學畢業時，我滿懷理想，決心要留在臺北打拼。當時我的夢想是開一間屬於自己的音樂教室，擺上一架平臺鋼琴，白天在工作室練琴，晚上則教學生彈琴。國小老師從來都不是我當時的職業選擇！

畢業那年，因為發生一些事情，再加上恩師的鼓勵，我最終決定回到臺南發展。一開始，我擔任國小的鐘點音樂老師，同時兼任三所學校，每週共三十六節課，沒錯，真的是三十六節課！其中包括合唱團、節奏樂隊、直笛隊的團練，下班後，我還會在家教授鋼琴。

那麼，為什麼後來選擇考正式老師呢？在代課的三年間，我越來越喜歡國小教學的工作，於是再度在恩師的鼓勵下，我決定報考研究所，修習教育學分。順利取得學位和教師證後，開始在偏鄉的小學擔任代理老師，這一教又是三年。這三年裡，我不再教音樂課，而是擔任中年級的導師。當時的我，對於課程的脈絡和教學策略完全沒有概念，只是依照課本一步步教完，能完成課程就算任務達成了。

在代理教師的第三年，我順利考上正式老師，且很幸運地留在自己的家鄉，分發到二溪國小，擔任中年級導師。我至今仍記得，平安夜時，應同事邀請參加了陳麗雲老師的國語研習。天啊！聽完後驚為天人！這完全顛覆了我對國語課教學的認知。我一直以為，國語課不就是教生字、寫圈詞、背課文、寫習作就好了嗎？沒想到國語課竟然可以這麼有趣又有料！國語課原來可以這樣教，而不必總是匆匆趕課，卻仍能深入淺出！

當下，我對自己以前教過的學生深深懺悔，那幾年真的是誤人子弟！我開始追隨陳麗雲老師的腳步，並且因此認識了夢N。在臺灣各地開花的夢N研習成為我教學上的救贖！在這些研習中，我學到了許多國語教學的策略與方法，還獲得了很多的正能量！在這樣的激勵下，我勇敢接受了成為實踐家的挑戰。我的教室風景改變了，孩子們的學習動機也隨之改變，他們開始喜歡上國語課，甚至愛上寫作文了！

我可以給徒弟什麼？

一一一學年度，學校來了一位剛畢業就考上的新手老師。學校請她選一位校內老師擔任她的薪傳老師，她毫不猶豫地說：「我要選那位非常有教育熱忱，而且積極參加夢N研習，還是夢N實踐家的老師。」同事立刻打電話告訴我，說有一位粉絲指定要我當她的新傳老師。

於是我開始思考：我可以帶給徒弟什麼？如何引導她成為一位好老師？班級經營方面，我確實可以分享不少經驗；但教學上的專業呢？當然就是讓她參加夢N研習啦！適逢八月暑假，我立刻推薦她參加高雄夢麗雲老師的班，還給她一個任務：勇敢地舉手擊掌，擔任實踐家。徒弟雖然害怕又緊張，但我鼓勵她：「有我在，怕什麼！我會陪妳一起備課的，放心吧！」就這樣，徒弟鼓起勇氣、勇敢擊掌，邁出了她成為實踐家的第一步！

我還可以給徒弟什麼？

一年後，她順利完成實踐家的挑戰，班級也越帶越好，教學專業能力也在穩定成長中。我開始思考，第二年還能給她什麼呢？之前我會運用大補帖裡志豪老師和富華老師的提問單，進行閱讀理解教學，但對於 MAPS 仍是一知半解，想深入了解卻總是遲遲沒有行動。

某天，我看到新竹夢有富華老師的課，於是立刻約了徒弟一起報名新竹夢 MAPS。參加後才發現，原來 MAPS 這麼有趣，並沒有我想像中那麼難執行。然而，回到學校後，還是不知從何下手，不會設計提問三層次。

就在這時，我在臉書上看到佳慧老師推薦「第五屆

我與MAPS的初相遇
-2023夢N新竹場
小組討論
師徒燒腦中
第一次畫心智圖
小組得到第二名

▲與 MAPS 在新竹夢 N 初相遇。

MAPS 種子教師培訓」，我心動了！不只是為了徒弟，更是為了我自己！我是熱愛學習的老師，我渴望學到更多教學策略，畢竟教學不能只有一招走天下。我也想學會如何設計提問三層次，而不是一直依賴巨人老師們的學習單。我心中有個念頭蠢蠢欲動：「我想試試看！」

於是，我立刻把報名表傳給徒弟。「要一起去嗎？」「要！」非常幸運，我們師徒都被錄取了，就這樣正式踏上我的 MAPS 之旅！

◆「50%」的 MAPS：從零開始的旅程

因為改變所以被看見

我來自臺南市大內區的偏鄉小校。當我在一〇四學年度考上正式老師，並來到這座美麗的學校時，全校只有三十位學生。一一三學年度，我們已經有五十位學生囉！這對在偏鄉教書的我們來說，是一件非常振奮人心的事。曾經一度瀕臨廢校邊緣的我們，終於慢慢爬回安全範圍。我相信這是全校師生共同努力的結果，讓社區的家長看見我們的用心，願意信任我們。學區內的孩子不再往外送到大學校，甚至吸引不少學區外的孩子來就讀。

雖然我們學校規模不大，每個年級只有一個班，沒有同學年老師可以一起備課或討論，但我們每週五有共同的不排課時間，大家可以利用這段時間交流。無論是班級經營的困難，還是教學方面的專業問題，都可以提出來討論。或者，我們也會分享自己在班上實踐的優秀教學點子，彼此學習，共同成長。我很喜歡這樣互相學習、一起成長的學習氛圍。

每當有好的研習，大家一起參加；有好的書籍，大家一起推薦閱讀；有好的教學策略或模板，也會毫無保留地在群組裡分享。正因為這種無私的分享與學習，老師們逐漸願意改變，而這些改變也隨之反映在學生身上。因為我們改變了，所以才被看見。

還可以有什麼改變

由於沒有同學年的教師可以一起備課，再加上我希望在教學上有所改變與突破，我做了一個勇敢且正確的決定——參加「第五屆 MAPS 種子教師培訓」。我帶著尋找共備夥伴的心態前往臺中教育大學，因為學姐們曾告訴我：「同版本同年級的老師會被分為一組，大家一起共備，每個人分配幾課，這樣就能完成整個學期的提問單了。」

但是，到了現場後，人呢？同年級、同版本的夥伴呢？沒有！只有我一個人。當時真是晴天霹靂啊！

儘管如此，在這瘋狂燒腦的三天培訓中，每天都在不斷思考、討論、實作，經歷否定與再思考、再實作的循環。雖然很累，卻也十分充實！大叔送我一句話：「提問似風，提起孩子出發的帆。」大叔真是看得很準，這句話正中我所欠缺的部分——提問力。他的話給了我勇氣，讓我相信自己可以幫助孩子，為他們提起乘風破浪的帆！

▲參加 MAPS 種子教師培訓，獲得激勵與勇氣。

MAPS 之旅 Step1．基礎題

我之前一直以為是先設計基礎題的提問，再畫出心智圖，原來不是這樣！老師應該先畫出心智圖，再依據心智圖設計提問；而學生正好相反，先回答基礎題的提問，摘取重點，再畫出心智圖。基礎題的重點在於幫助學生讀懂文本、認識架構、統整主題、擷取訊息。由於這是孩子們和我第一次接觸 MAPS，因此在第一單元的三課中，從暖身題、基礎題、畫心智圖到挑戰題，我都在課堂上帶著孩子們一步步思考、討論。

前三課真的是「撞牆期」，我發現孩子們在基礎知識上有許多需要補強的部分。以前平均一週可以上完一課，包括寫完一篇作文。但這次卻用了將近兩週的時間才完成整份提問單，包括畫心智圖，根本來不及寫作文。於是，我開始慌了，心裡不禁焦慮：「這樣我的課上得完嗎？有時間寫作文嗎？我該放棄，還是繼續堅持呢？」

幸好，撐過第一單元後，孩子們開始漸入佳境。現在，暖身題他們可以在家自行完成，基礎題也能在課堂上花二十分鐘完成一半，接著全班一起討論兩節課。畫心智圖同樣需要兩節課，而挑戰題則透過分組討論與發表來完成。慢慢地，我一週多一點就能上完一課。到了下學期，基本上能維持一週一課的教學節奏。

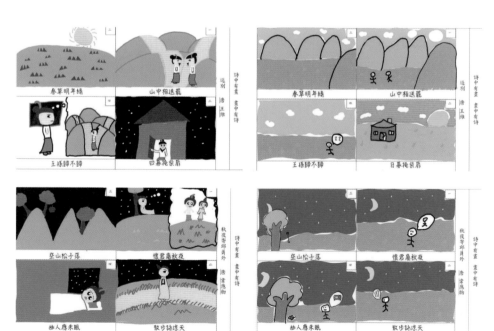

第一次參加每月的小組共備時，我發現，原來心智圖一開始可以先畫好支線，讓學生用填空的方式完成，再逐步拆掉鷹架，最終讓學生能夠獨力完成。什麼？原來可以這樣操作！我從五上第一課就讓學生拿著一本空白的 A4 簿子，讓他們自己畫支線，完成整張心智圖，難怪我花了這麼多時間！當下我心裡掙扎：「要不要改回來讓孩子挖空？」我沒有，就是硬著頭皮讓他們自己完成，結果證明，能力是可以練出來的。

既然決定就這樣將錯就錯，我就必須修正自己的提問單，在提問單裡搭建鷹架。比如：例如第一層、第二層、第三層，或是在提問裡直接標示出 Q1-1、Q1-2、Q1-3，或者在提問裡增加部分提示，幫助孩子更容易在文本中找到答案。我發現，在提問單裡搭建更多鷹架之後，孩子們對心智圖的掌握越來越熟練。雖然還有一位孩子需要更多的協助，但整體上他們都在穩定且緩慢地成長。

MAPS 之旅 Step2：繪製心智圖

因為一開始的「美麗的錯誤」，我發現孩子們從文轉圖是需要練習的。一開始，我會先在黑板上帶著全班一起討論每一層、每一條支線的位置，要多寬、多長，逐一引導他們完成。然而，事情沒有我想像的那麼美好簡單。就算我在黑

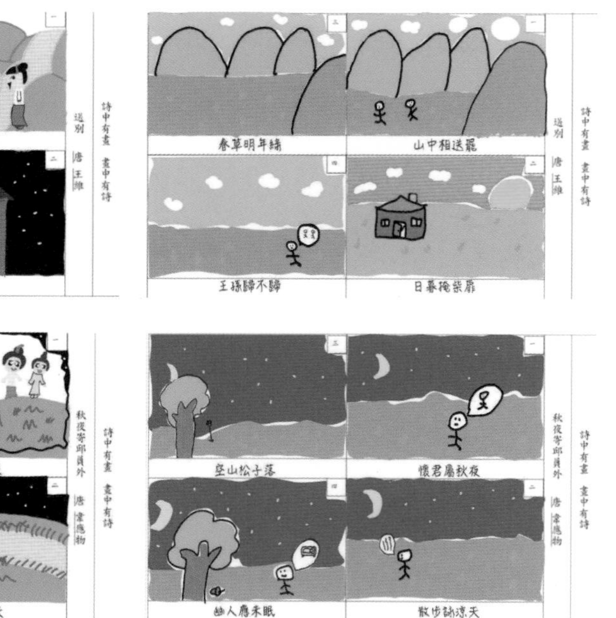

▲學生作品：古詩詞文轉圖。

板上一支支帶著孩子們畫，還是需要一直塗塗改改。「啊！我的位置不夠了！」「啊！這裡太空了！」「啊！怎麼一直畫錯！」這樣的聲音在教室裡此起彼落。

還好，孩子們雖然學得慢，但比我有耐心。他們可以耐著性子把事情做完且不抱怨。隨著不斷練習，他們的表現也越來越好。當有人開始「破框」，畫出有自己特色的作品時，我就知道改變的時機到了。對於第一個打破框架的作品，我一定會大大地讚賞，和全班一起分析有創意之處。這樣相互學習後，就會開始出現第二個、第三個……。

為了展示孩子們的進步，我建立了一個 Padlet，教會他們使用 iPad 自己拍照並上傳到平臺。這樣一來，大家可以觀賞其他同學的作品，家長也能透過連結，看到孩子的學習成果喔！到了下學期，我更進一步融入讓孩子們使用 Keynote 模板製作簡報，並讓他們自己當「主播」，練習口說心智圖。最後，我利用 iPad 的「螢幕錄製」功能，讓孩子們錄製影片並上傳。

MAPS 之旅 Step3：暖身題

對我來說，設計暖身題常常會缺乏靈感，因此我會參考志豪老師和富華老師的學習單，將適合的部分稍作修改後應用。這樣可以減輕一點壓力，畢竟剛開始做 MAPS，光是基

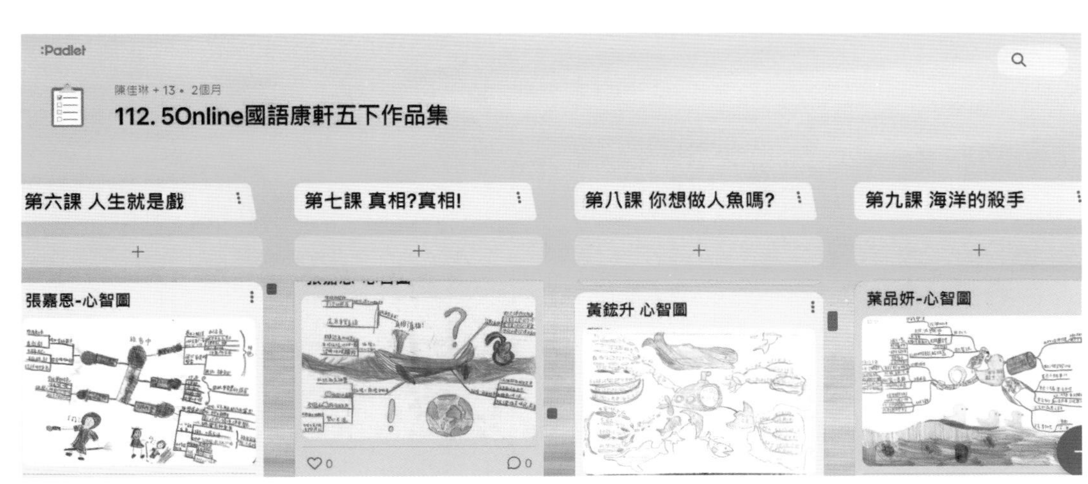

▲利用數位看板軟體 Padlet 作為學生作品的發表園地。

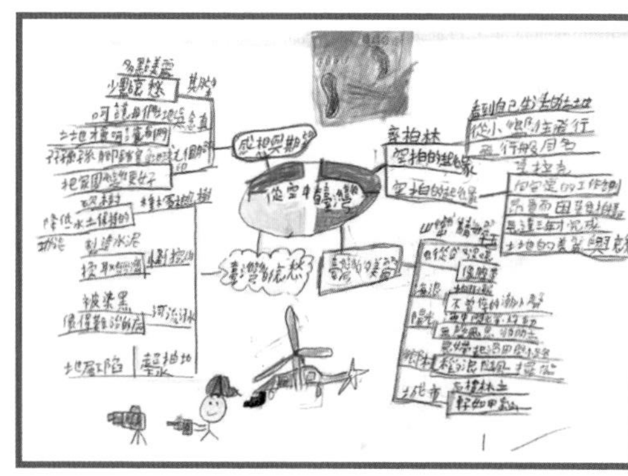

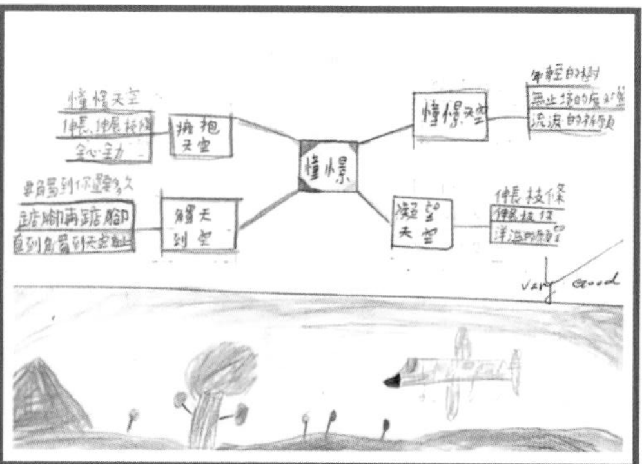

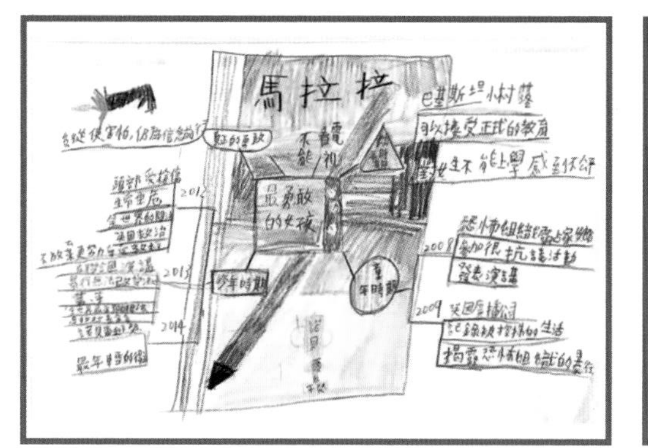

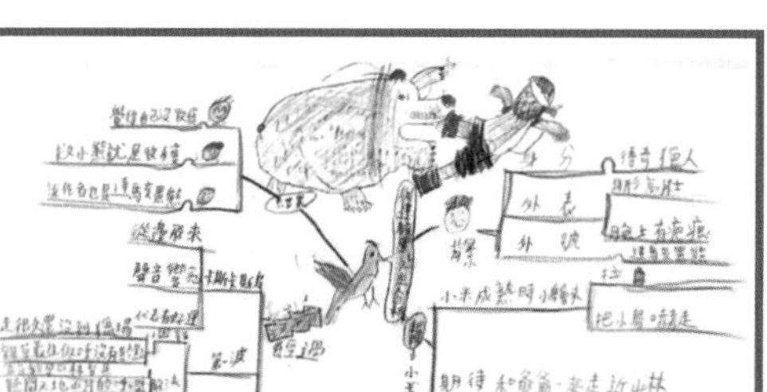

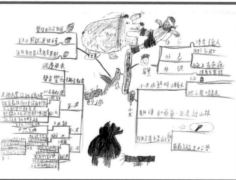

▲學生作品（一）：心智圖繪製進化史。

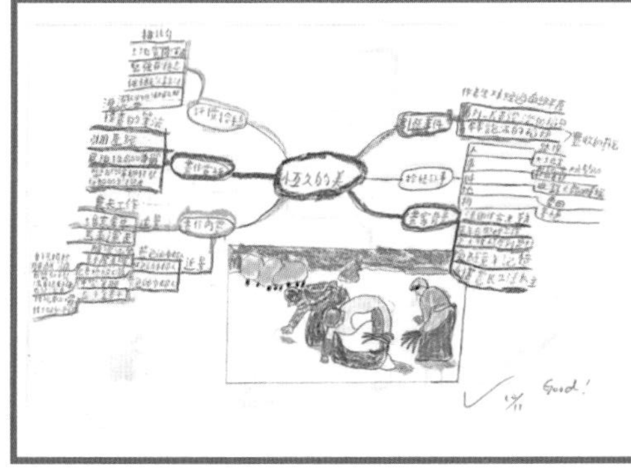

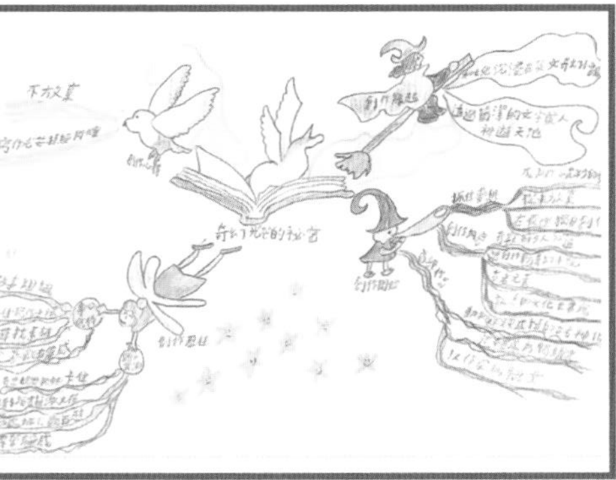

▲學生作品（二）：心智圖繪製進化史。

礎題的提問設計就已經讓我感到腦子燒到快乾了！能站在巨人的肩膀上學習，真的很幸福！

設計暖身題時，我通常會從三個面向入手：猜測想像、新舊經驗、連結生活。到了五下，我慢慢可以自己設計暖身題。我很喜歡運用影片、做成 QRcode，讓學生自己戴上耳機，掃描進去觀看。接著他們可以運用曼陀羅九宮格思考法，將影片中的重點寫下來，再拍照上傳到 Hiteach 與全班討論。

我發現學生們也很喜歡這樣的學習方式，學習動機提高很多。

暖身題

第六課 人「聲」就是戲 MAPS 提問單 姓名：

1. 閱讀本課「課前想想」的漫畫內容，並掃描 QR Corde，戴上耳機聽一聽，這些角色的聲音都是同一個人發出來的嗎？說說你的想法。

2. 掃描右邊 QR Corde，你聽到了哪些角色的聲音？並將你聽到的重點填入下面九宮格中。

		以前有改過名字
	配音員：	
	佐助是老師的代表作	老師擅長臺語

▲暖身題：讓學生運用曼陀羅九宮格思考法整理影片重點。

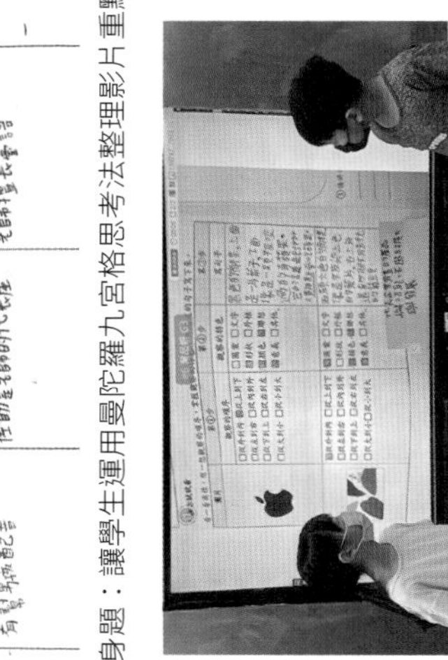

▲利用 Hiteach 電子白板功能，讓小組上台發表作業內容。

MAPS 之旅 Step4：挑戰題

我特別喜歡設計挑戰題，因為可以非常多元，從觀點探究、讀寫合一到跨域延展，都有不同的發展空間。對高年級的學生來說，觀點探究的練習很重要，因為在寫議論文時，需要有自己的觀點與想法。至於讀寫合一就更不用說了，學習的目的就是為了應用，而寫作則是國語文的集大成。跨域延展就可以玩得很廣啦！無論是結合資訊科技還是藝術，都可以讓課程更豐富。

一開始在設計挑戰題時常感到無從下手，尤其是觀點探究的部分。於是我參考教師手冊的提問，以及許多經驗豐富的老師們無私分享的學習單，逐步加入數位工具，慢慢拼湊出自己的挑戰題。

MAPS 之旅 Step5：數位工具好幫手

1. Keynote

可以製作模板讓學生練習，例如：康軒五上〈商標的故事〉、康軒五下〈智救養馬人〉、康軒五下〈人「聲」就是戲〉。我發現，有的學生不是不喜歡寫作文，而是不喜歡寫字；或是有些學生很會說，但不會寫。利用 Keynote 製作模板，提供鷹架，程度好的學生可以自己打字完成，程度較弱

▲學生作品：提供 Keynoye 模板，讓學生練習描寫商標的外型特色與含義，並運用螢幕錄製報告。

的學生可以依照鷹架，用語音辨識的功能說出來。學生覺得好玩有趣，就會越說愈多，能力也就慢慢提升。

2. Canva

利用 AI 生圖的功能，讓學生練習人物的動作與神態摹寫，找到適合的圖片。若沒有適合的圖片，就需要修正自己的句子，從這個過程中練習寫作能力。

3. Padlet

讓學生將自己的作品，包括心智圖、學習單、數位作業拍照或截圖上傳。同時也可以觀賞同學的作品，按讚鼓勵或給予建議。

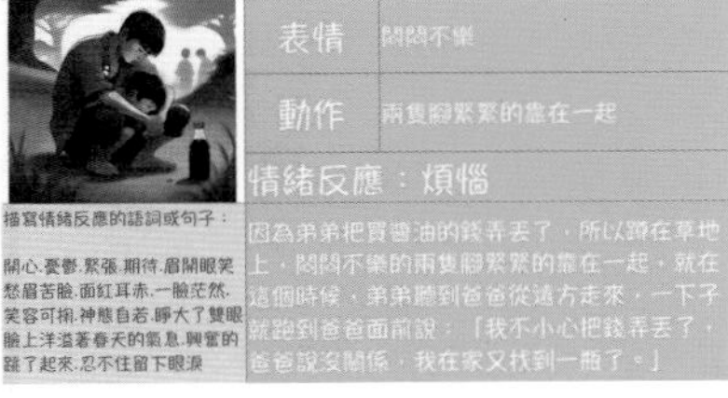

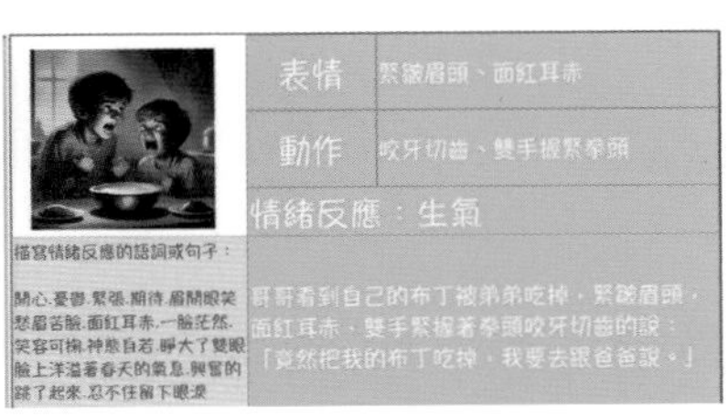

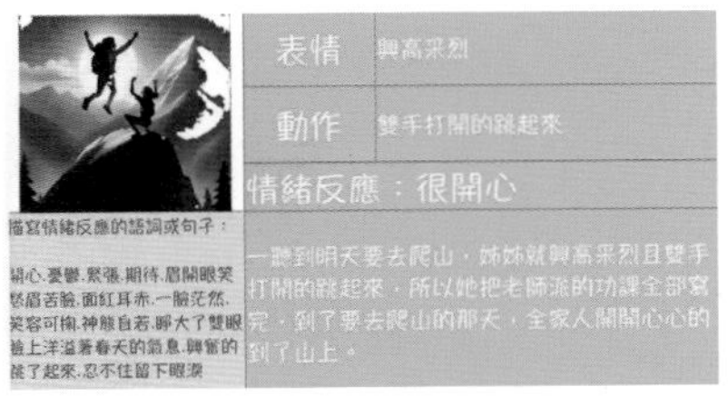

▲結合 Keynoye 和 Canva 的 AI 生圖功能，練習動作與神態描寫。

◆「80%」的 MAPS：騙人繼續做下去

沒有一種教學方法是萬能的

老師要像哆啦A夢一樣，有一個「百寶箱」。當不同的學生需要不同的幫助時，我們就能從這個百寶箱裡，選擇最適合他們的方法。找到一種老師可以教、學生可以做、學習有成效的方法，就是最好的教學模式。

所以，就算我已有自己的一套教學模式，但我仍渴望學習，學習不同的策略。因為我知道，不可能只靠一種方法打遍天下，尤其是現在帶領的這班學生，讓我特別深刻地感受到，靈活多變的教學方式是多麼重要。

「5」Online 班不斷線

這一班是很特別的一班，在低年級和中年級時，經歷兩次大停課。我剛接手這一班時，雖然我真真實實地站在講臺上教課，但從他們的眼神裡，我感覺他們好像在看著電腦螢幕，完全沒有反應。問問題不回答，連點頭或搖頭的回應都沒有。看到他們四年級期末學力檢測的成績時，我真的是驚呆了！怎麼會這麼奇慘無比啊！國語和數學都比市平均低了將近十分，這真的很可怕！

這時，我想起我的上一班，他們在四年級時的學力檢測成績也很差，與這一班幾乎一樣糟糕。但他們在五年級的學力檢測因為停課而延後到六年級上學期，雖然仍比市平均低了五分左右，但已經有了進步。到了六年級下學期，檢測成績不僅追上，甚至國語和數學都比市平均高出十分以上。這段經歷給我正增強，給我穩定的力量，相信我一定也能夠改變「5」Online 班！

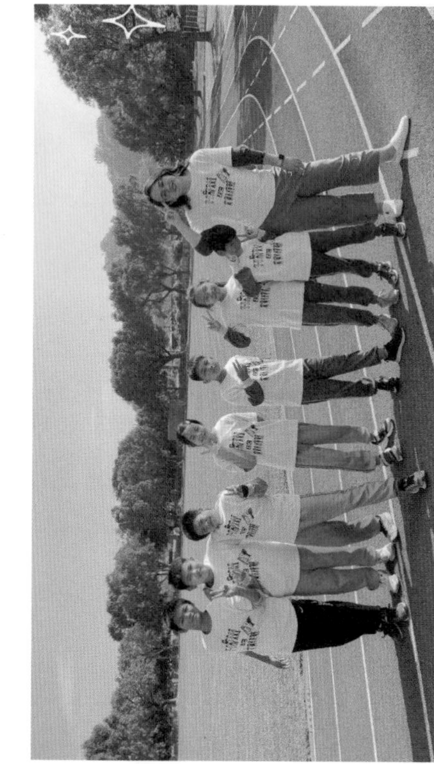

▲我可愛的「5」Online 班。

我察覺，之前的教學模式可能不太適合這班學生。幸好我參加了「第五屆 MAPS 種子教師培訓」，讓我和學生們能夠一起學習、一起成長。終於，「5」Online 班再也不會「斷線」了！

騙人繼續做下去

這一年實踐 MAPS 的過程中，我真的經歷了許多次崩潰的時候與撞牆期，腦中時常浮現放棄的念頭。有時候甚至整整一個禮拜都沒上國語課，因為生不出提問單！那一週我只能安排孩子們寫作文。看著孩子們在討論基礎題時，從一開始完全不會找答案，到後來能準確找到關鍵詞句，甚至有時能提出與我預設答案不同的觀點時，我心中又燃起了「好像可以繼續做下去」的念頭。

尤其是當他們開始畫心智圖，教室裡放著輕音樂，全班進入心流狀態，那是我從未見過的專注與投入。那個畫面好美好美，深深刻在我的腦海裡，心想：「真的是很會騙人繼續做下去耶！」雖然這樣的轉變很慢，有時我也會耐不住性子，但正如現代作家安德魯．羅斯．索金所說：「無論大步或小步，踏出步伐吧。日復一日，經過數月數年，通往成功的道路將逐漸清晰。」有時候，「慢就是快！」我想，我漸漸明白這兩句話的意義了！

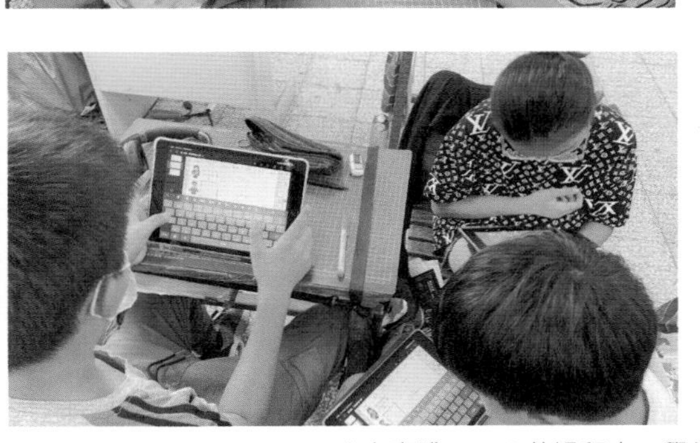

▲在實踐 MAPS 的過程中，學生們從自學到共學，不斷進步。

這一段充滿摸索與不安的 MAPS 旅途中，感謝 MOXA 心源教育基金會的麗慧姐和可愛的瑪妮，始終支持與陪伴我；感謝大叔手把手將 MAPS 的教學心法傾囊相授；還有很多「神人」的幫助，尤其是志豪老師和富華老師，讓我能站在巨人的肩膀上學習，真是受益良多。當我找不到同版本的共備夥伴時，感謝翠宜老師立即伸出援手，將我帶入一個溫暖的社群。當然，還有一路陪伴我們的五〇四協作夥伴敏惠老師，每個月的線上備課討論，給予我們巨大的鼓勵與支持，有妳真好！

最重要的是，我要感謝我的孩子們，謝謝你們雖然很慢，卻從不抱怨，依然努力地寫下去。最後，我要感謝我自己，每當想放棄時，他們就會騙我繼續做下去，然後我就會心甘情願被騙，因為……我看到了「改變」！

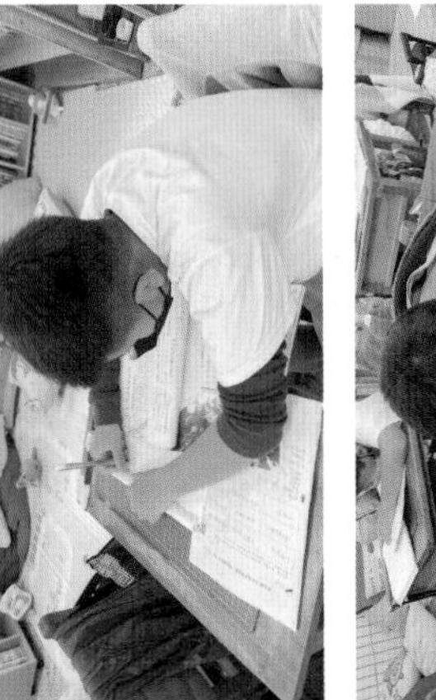

▲學生們在課堂上的專注神情，讓我可以心甘情願繼續做下去。

我的音階教學人生

「Do」更多的策略，教學策略不怕多，適合孩子的方式就是最好的策略！

「Re」不死的精神，有累不死的精神，才能看見美好的改變！

「Mi」著眼打學習單。眼睛再瘦也要把提問單生出來！

「Fa」現教學的美好，教室裡的風景好美！

「Sol」以我選擇繼續使用 MAPS 教學法，期待看到更多的改變！

「La」著我的夥伴們，一起加入我們，讓孩子的學習更完整。

「Si」 children advantage，最後可以看見更多發光發熱的優秀孩子！

【國中領域】

14

陳鴻珊／MAPS 教學法初探與實踐

香港基督教崇真中學

山中大叔導讀

陳鴻珊老師在兩地教育文化之間穿梭，將 MAPS 教學法從臺灣引入香港教室，巧妙融合兩地教學場域的不同需求。面對香港學生對語文學習的需求，她以三層次提問引導思考，並通過心智繪圖幫助學生在知識中建立連結。陳老師不僅僅將 MAPS 移植，更透過校內外教師合作、觀課議課等方式精緻化其教學法，將臺灣經驗轉化為符合香港學生的教學模式。

這篇文章記錄的不僅是一次跨地區的教學實踐，更是一場教育的真誠探索。

◆ 結合 MAPS 元素的課研

二〇一二年開始，因為自感不足，希望透過各種途徑認識更多教學法，並嘗試在課堂中實踐。當時，香港教育界正積極推動自主學習，便與科組幾位老師結成夥伴，彼此觀課、學習。經歷數年的摸索期，製作了一系列具基督教崇真中學（以下簡稱「基崇」）特色的教材——導學案，且以異質分組方式推動協作學習，慢慢地建立自主學習的雛型。

及後，與兩位本校同工，有幸獲得「第二屆 MAPS 教學法種子老師計劃」錄取，在暑假赴臺參與工作坊，深入認識三層次提問設計，同時實踐製作教材。此次交流，首次製作了第一份具 MAPS 元素的香港課文教材——〈廉頗藺相如列傳〉，雖然十分粗糙，只有心智繪圖及較簡單的提問，但於我而言，是相當寶貴的一次實踐課。

在工作坊中，初步思索在自己的教學現場實踐 MAPS 教學法的可行性。首先，分析 MAPS 教學法與自己的教學法相近及相異處（見下頁分析表）。

分析過後，我想嘗試在課堂上實踐工作坊中所學到的 MPAS 教學法。回港後，在新學年組織了一次課研，課研文章為〈廉頗藺相如列傳〉。全體中文科老師參與其中，包括課前共備（設計及修訂教材），以及為期三天觀課、議課，

▲讓學生以異質分組的方式進行討論。

<table>
<tr><th colspan="4">相近之處</th></tr>
<tr><td>教學模式</td><td colspan="3">1. 重視自學：主要體現在預習環節及課堂上老師安排個人進行的活動，例如思考及解答相應的題目。
2. 重視共學：透過分組討論，就預習或指定議題互相討論，然後修訂答案；又或是以互評方式進行。期望透過以強帶弱的過程，使不同能力的學生，皆能進步，同時照顧學習差異。
3. 鼓勵學生口說發表。</td></tr>
<tr><td>教材設計</td><td colspan="3">1. 連結學生的已知未知，新舊經驗結合。
2. 具比較閱讀、以讀帶寫等元素。</td></tr>
<tr><th colspan="4">相異之處</th></tr>
<tr><th colspan="2"></th><th>MAPS 教學法</th><th>自己的教學法</th></tr>
<tr><td>教學模式</td><td>抽離自學</td><td>自學→共學→抽離自學</td><td>沒有安排抽離自學</td></tr>
<tr><td rowspan="6">教材設計</td><td rowspan="2">心智繪圖</td><td>先有教師版的心智繪圖，以此為據，逐層設計問題。</td><td>教材只訂學習目標及難點，然後設計所有提問內容。</td></tr>
<tr><td>學生繪圖，總結所學，分 I SEE 及 I THINK 兩部分。</td><td>學生多以文字方式總結所學及表達個人反思。</td></tr>
<tr><td>預習模式</td><td>暖身題：對文章主題、內容進行猜測聯想，學生不用閱讀文章便可完成。</td><td>預習：學生必須在家預習文章，然後在課堂上進行討論。</td></tr>
<tr><td>問題設計</td><td>1. 強調問題可閱讀性，即學生在看題目的過程中，已在進行「閱讀」、「理解」，故許多問題以段落式進行提問。
2. 部分題目在後測時轉化為 PISA 試題。
3. 許多填充題或選擇題。
4. 教材用三層次提問（暖身題、基礎題、挑戰題）方式設計。</td><td>1. 依據高中公開試模式設題，題目較簡潔，以考試目標為本。
2. 多為長問答，部分短答題。
3. 教材分預習、初讀、再讀、深讀及延讀五部分。</td></tr>
<tr><td>取材</td><td>文章較短小，題材多元化，包括科普文。</td><td>長篇文章為主，多為白話散文及文言文，以記描抒、議論文為主，文學性較強。</td></tr>
</table>

四位任教高二中文科同工輪流開放課堂，其餘中文科老師觀課、議課。

在設計教材的會議中，我先設計文章的心智繪圖，並簡要分享三層次提問的理念，然後請科組同工，分組設計暖身題、基礎題及挑戰題。收集題目後，結合校本教材（以下稱「導學案」）特點，將問題整合為初稿，後續在高二級共備會議上，與科任老師討論需要修訂之處，最後設計出一份完整的導學案。

是次課研成果：

1. 共同備課、觀課、討論後，老師進一步了解 MAPS 教學法的設題重點、想法。例如：暖身題的主要目的是讓學生多思考，引起學習興趣，師生間藉此產生對話，老師再加以點撥，故不用介意學生回答錯誤。
2. 老師在觀課後，對暖身題、基礎題的提問重點、用詞提出看法，並進行修訂。例如：暖身題第二題，有建議認為，提問重點應在角色，而不在人物個人性格。
3. 在導學案編排方面，獲得回饋。例如：有人建議加入作品背景；第三題暖身題，可改作挑戰題，以改善學生作答過於表面的問題；第五題，更改題目用字，讓學生作答更對焦等。
4. 在課堂編排方面，老師們就時間運用、學生理解深淺度、老師引導學生作答的用詞、追問方向均提出不同看法，起了專業交流的效果。

自此以後，在修訂其他導學案上，我亦嘗試在預習題融入暖身題的特色，教授文章後，請學生以心智圖方式總結所學。累積若干經驗後，期望進一步將導學案與 MAPS 教學法融合，推動中文科所有老師參與其中。

◆基崇中文科教學法新里程碑

一年後，在獲得校長支持下，撰寫計劃書，成功申請香港「優質教育基金」撥款資助，在基崇中文科推動為期三年港臺合作的課研計劃，名稱為「自主學習教學：導學案與 MAPS 教學法融合」，並邀請政忠老師為計劃的指導顧問。

計劃主要融入 MAPS 教學法其中兩個重要元素：

1. Asking Questions（導學案問題設計，以及課堂老師提問、即席回饋和點撥技巧）
2. Mind Mappimg（檢視學生學習成效，能否透澈理解文章）

因疫情爆發，網課形式不宜計劃的推動，故順延一年開始。推行的流程請見推行時間表。

教師培訓方面：

1. 校內工作坊：每年一次，每次十二小時，政忠老師為講員。

2. 教師赴臺交流：每年四位老師參加「MAPS 教學法種子老師計劃」工作坊。

3. 共同備課、觀課及議課：政忠老師主持議課。

（一）校內工作坊

第一階段校內工作坊（二〇二一年九～十月），培訓的對象為中文科全體教師，主題是「認識 MAPS 的理念、三層次提問法及實作」，共計十二小時。因疫情緣故，工作坊以視訊會議方式進行。

第二階段校內工作坊（二〇二三年五月），邀請政忠老師舉辦公開課，主題是「教案設計及提問技巧」。培訓的對象除了中文科全體教師外，也包含其他科目的任教老師。

第三階段工作坊（二〇二四年二月），邀請政忠老師舉辦，主題是「MAPS 教學法三層次提問及實作、AI 輔助 T-MAPS 提問設計」，共計十二小時。這次的培訓對象除了本校全體教師外，亦邀請友校同工參與，實踐跨校專業交流。

課研計劃推行時間表

推行時間	計畫活動
階段一 (2021/9～2022/8)	・施教範圍：中一級全體學生（中國語文科） ・教師培訓 ・收集數據、發展評估工具、中期及期終檢討、修訂導學案 ・共同備課、實踐、課研、觀課及議課 ・向校內其他科組老師分享實踐經驗及推廣
階段二 (2022/9～2023/8)	・施教範圍：中一至中二級全體學生（中國語文科） ・持續實施階段一的工作內容 ・校外分享：邀請校外同工觀課及議課、藉工作坊分享實踐經驗和推廣
階段三 (2023/9～2024/8)	・施教範圍：初中全體學生（中國語文科） ・持續實施階段二的工作內容 ・成果發布及推廣：藉工作坊、刊物、交流分享會推廣

▲第一次工作坊：全體中文科老師參與，學習三層次提問技巧與實踐。

▲第二次工作坊：基崇全體老師出席觀課，實踐跨科專業交流。

▲赴臺參與工作坊的情況。

（二）教師赴臺交流

計劃第一階段，受疫情下香港封關政策影響，未能安排同工參與第四屆「MAPS 教學法種子老師計劃」工作坊。幸而第二及第三階段，共安排八位老師分別參加第五屆及第六屆工作坊，同期安排二位老師參加第五屆回流會議。

赴臺老師，皆在香港實踐所學，並受邀舉辦校內公開課，促進專業交流。

（三）共同備課、觀課及議課

中一至中三級各選六篇文章，設計導學案，邀請顧問以視訊會議形式，與本科核心老師共同備課，指導導學案設計。本科同工也以錄影方式，拍攝部分課堂教學過程，提供給顧問，請其評課，課後一起檢討及修訂導學案。目的是藉政忠老師的指導，優化導學案的設計，而老師在聆聽、評課時，也能有所反思。議課分別以視訊或實體形式進行，同工獲益良多。

我期望能透過三年計劃，促進科組同工專業交流，讓所有中文科老師皆能認識和實踐 MAPS 教學法，藉此優化課堂教學和教材設計，提升學生學習語文的興趣，發揮自學及共學精神，最終能鞏固所學。

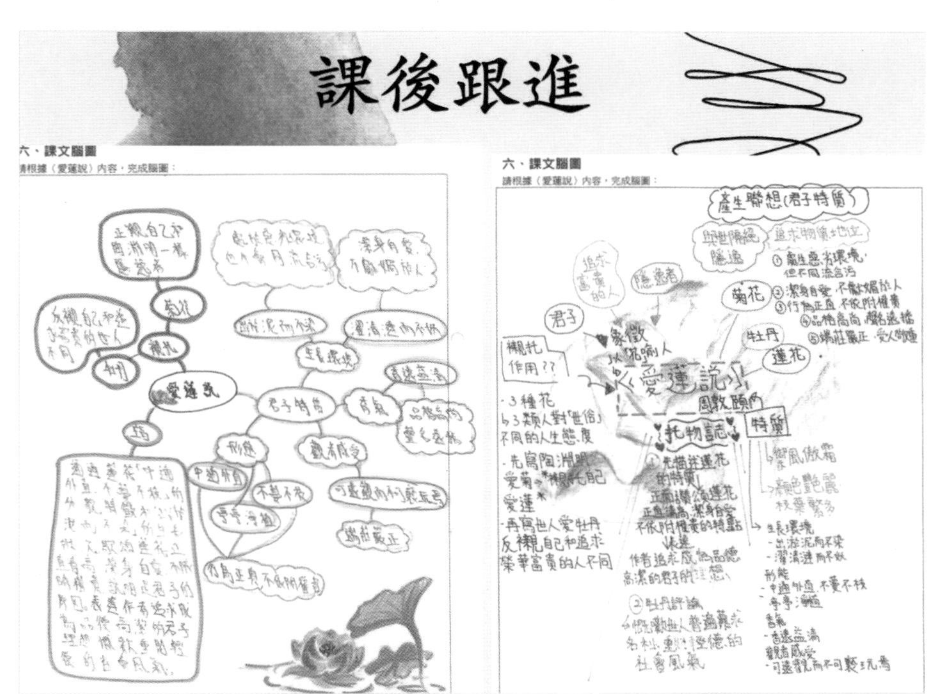

▲教師將所學運用在課堂，引導學生繪製課文心智圖。

◆ MAPS 教學元素延展活動

除了課堂教學，我們同時計劃將 MAPS 教學法的元素，融入科組舉辦的語文活動中，包括：

（一）以讀帶讀

※ 策略性閱讀

閱讀主題書籍，以心智圖（mind map）進行反思，口述表達展示成果。各級策略性閱讀的主題安排如下：中一級「孝」、中二級「君子」、中三級「生活情思」，由家庭、修身推至社會生活。

心智圖是一種以圖像為基礎的結構化筆記，透過中心概念向外擴展，能夠有效促進擴散性思考。在這個閱讀活動中的運用，可以讓學生透過圖像思考，將書籍內容與自己的經驗加以連結、擴散。

※ 午間書籍分享

配合各級的閱讀主題，讓學生彼此分享書籍內容，建立閱讀氛圍，提升學生閱讀素養。

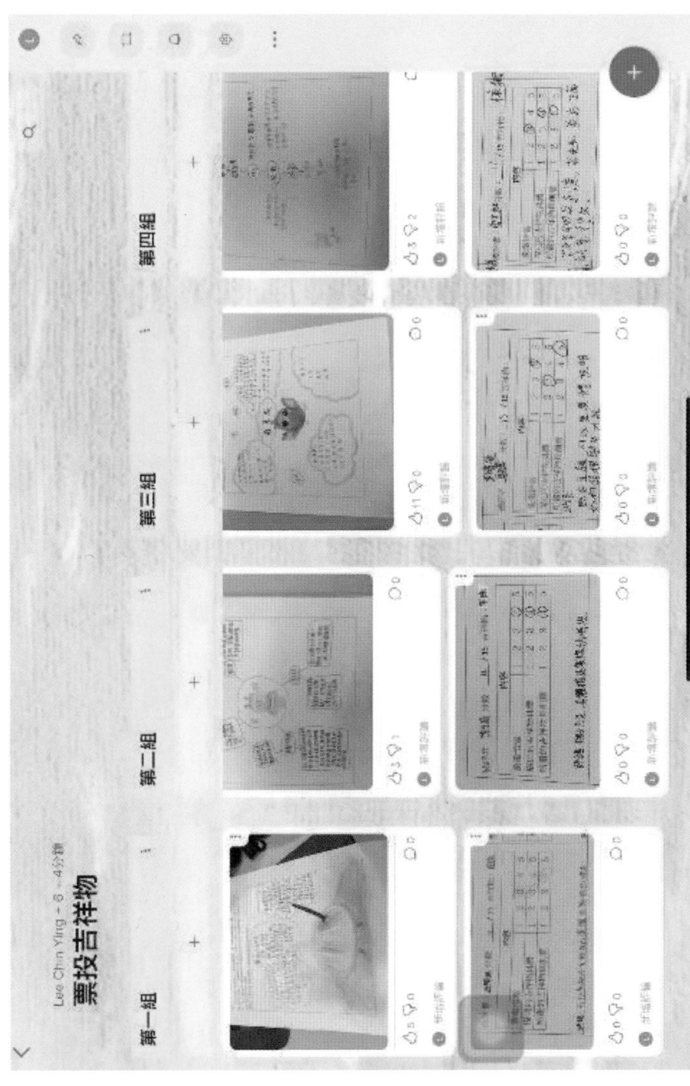

▲進行分組活動，並將科技融入教學，創造互動機會。

※ 閱讀報告比賽

配合各級閱讀主題實施，請學生選取部分章節繪製心智圖，同時以文字分享感受或賞析文本，呈現其在擷取與理解訊息的過程中活用的策略。最後，展示得獎作品。

（二）以讀帶寫

※ 徵文比賽

教師製作心智圖為文章大綱，或結合導學案文章，以 MAPS 方法導入後，安排延伸寫作，目標是提升文章的層意，並培養學生的創意。

（三）以讀帶說

※ 龍門陣

導學案設計的辯論環節。

※ 演講比賽

學生須以心智圖構思演講大綱，探索自我內心的價值與信念，以口述形式演繹，呼應 MAPS 教學中提升表述能力的目標。

	延展活動三方向		
	以讀帶讀	以讀帶寫	以讀帶說
活動	閱讀報告比賽	校內徵文比賽	個人短獎比賽
對象	初中學生	全校學生	中一、二學生
目標	以心智圖歸納及分析篇章內容，呈現學生擷取與理解訊息的過程，訓練撰寫閱讀報告的能力。	以心智圖為文章大綱，幫助組織文章結構及內容，提升文章的層次。	以心智圖構思演講大綱，探索內心的價值與信念，以口述的方式演繹，提升學生的表述能力。
推行年度	2022 ～ 2023 年度	2022 ～ 2023 年度	2022 ～ 2023 年度

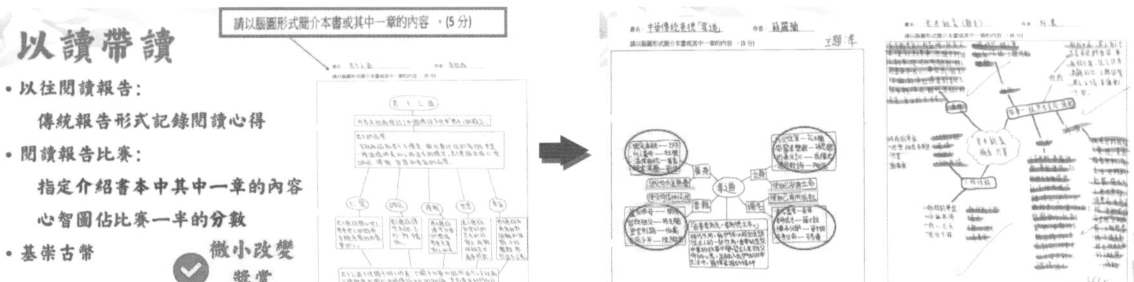

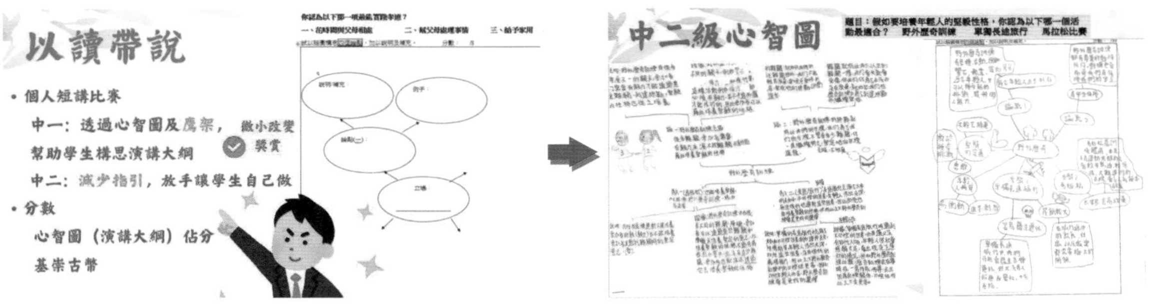

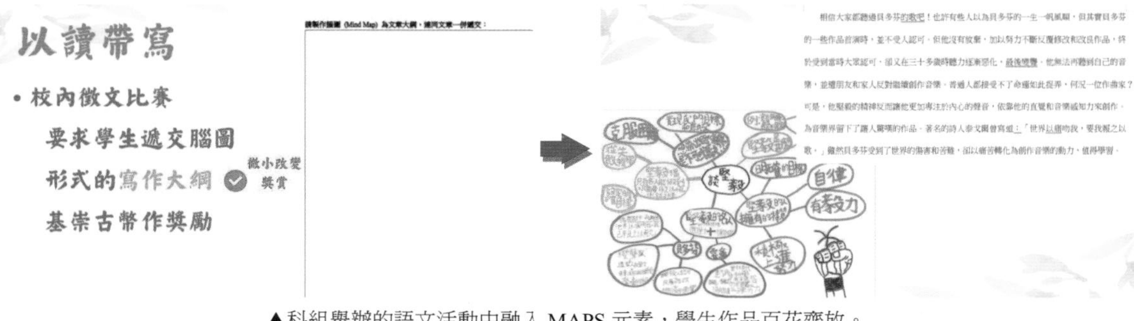

▲科組舉辦的語文活動中融入 MAPS 元素，學生作品百花齊放。

◆ 未來路漫漫

三年計劃已結束，作為中文科科主任，在推動 MAPS 教學法過程中，遇到不少的挑戰，由撰寫計劃書、疫情中推行 MAPS 教學法，以及三年內教學團隊大換血等情況，有賴核心同工堅持，方能獲得成果。

首先撰寫計劃期間，需考慮以下五項要素：

1.學校的支持。

2.足夠的核心成員協助推動。

3.配合學校三年計劃。

4.配合本科已臻成熟的自主學習教學策略，進行融合和優化。

5.配合校本課研計劃。

計劃啟動，即遇上疫情。期間不但要適應教學模式的轉變，同時，因香港封關政策，還要適時調整老師赴臺受訓及邀請政忠老師來港主持工作坊等安排，實體及視訊方式兼備，方能如期分階段推行計劃。

其中一大挑戰，是三年內，科組教學團隊大換血。此前十年，科組成員十分穩定，惟在三年計劃期間，資深同工流失，所幸先後有八位新同工加入，多熱忱教學，成為新的同路人。在傳承上，我們需要繼續努力！正如屈原〈離騷〉中

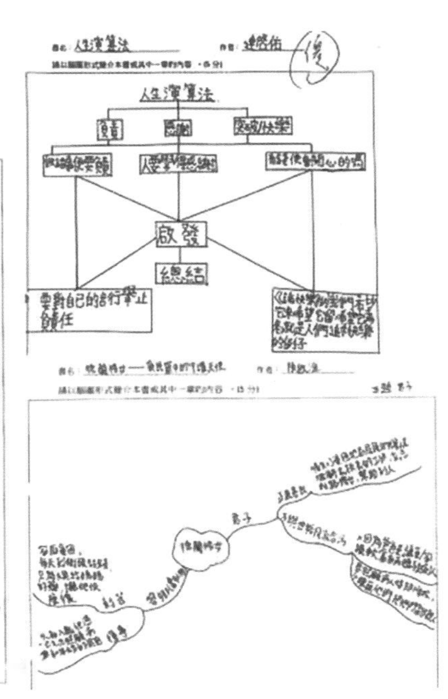

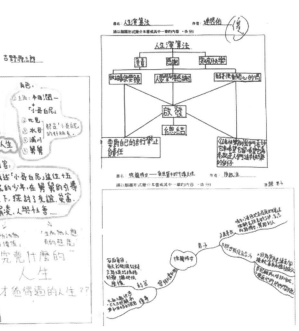

▲以讀帶讀的閱讀報告作品。

所言：「路漫漫其修遠兮，吾將上下而求索。」基崇中文科在自主學習上的成就，雖然在整個教學改革中只是一小步，未來要走的路還更長、更艱難，但我們抱著愚公移山的精神，不斷堅持下去，不僅是為了我們學校，也希望為了香港教育的未來，堅持下去！

【國小領域】

15

魏佳樺／野菜班的 MAPS 探足跡

臺南市大內區二溪國民小學

山中大叔導讀

這篇文章像是魏佳樺老師的教學冒險日誌，帶我們一同踏上 MAPS 的奇幻旅程！

身為「菜鳥」新手，她飛進教學挑戰的森林裡，不怕撞上樹，帶著二溪國小的孩子們一起在心智圖和學習單的世界中探索。魏老師的課堂充滿驚喜，她設計了創意挑戰題，運用 Canva 等科技工具，讓每堂課既新鮮又好玩。她在跌跌撞撞中摸索前行，雖然偶爾會懷疑自己，但在學生的笑聲中、夥伴的鼓勵下，逐漸找到自己的教學步調。這趟旅程，她不僅教知識，更以愛和勇氣，為孩子們種下自信與成長的種子。魏老師的故事告訴我們，教學不只是授業，更是一場與學生一同成長的冒險！

◆ㄨㄟ，你準備好了嗎？

「我覺得我還沒準備好……」教甄複試前幾天，回到母校開元國小練習試教時，我趴在黑板上大哭。那週，無論什麼時候，我都能哭。一早醒來先哭，騎摩托車到學校的路上再哭，試教不順、教案寫不出來就哭，覺得自己撐不住了，又哭……。

「教學，沒有準備好的那天！要勇敢，一定要試試看才知道。」老師抱著我說了這番話。每次哭完，擦乾眼淚後還是得堅強。被老師、夥伴抱一抱，我彷彿多了一些力量，可以再繼續努力下去！

老師說要「勇敢」！

考上正式老師後，一切才真正開始！為了感謝這得來不易的機會，我告訴自己必須更加努力，奮力向前奔跑，持續追尋，渴望盡快找到屬於自己的教學模樣！

我的第一個班級在二溪國小，這是一所位於臺南市大內區的偏鄉小校。我帶的班級是全校最大的，卻只有十一位學生。我將這班命名為「野菜班」——「野」象徵他們是來自山野的孩子，「菜」則代表我是名符其實的菜鳥老師。我與這群年齡相差十五歲的孩子們，要在兩年的有限時間內，創造出教學相長的最大值！

「我們去報名第五屆MAPS種子教師工作坊好嗎？」這是來自薪傳老師佳琳的邀約，有師父陪伴，我毫不猶豫答應了。但答應後，焦慮隨之而來：「如果報不上怎麼辦？」「如果聽完三天課程依然一知半解怎麼辦？」腦中的「阿焦」（《腦筋急轉彎2》中代表焦慮的角色）開始占據我的情緒操控臺。這時，我想起當初汗水和淚水交織的那幕，老師溫柔地對我說：「教學，沒有準備好的那天！要勇敢！」

俗話常說「好事成雙」，我則是「雙成好事」——我的學業路程上，考試往往要考個兩次才能得到滿意的結果。無論會考、特招，或是學測、指考，我曾被成績拋得很遠，一度成為學業邊緣人。回顧過去，我感到自己非常幸運，能最終走上「師途」而不迷失。正因如此，我更加懂得「老師」這個角色的重要性與影響力。

「你拿你的幸運做什麼？」上大學後，我找到了願意努力的方向，雖然偶爾會蹦出絆腳石讓我哀號一番，但還算一路順暢。其間，我受到許多師長和夥伴的支持，每當迷茫時，總會有人或事物將我拉回正軌。就這樣，我成為教育界的初任小菜鳥，跟著師父和前輩們闖蕩教育星球，繼續吸收生命散發的愛與能量！

「如果講師問要不要當實踐家，你就舉手，我會陪你！」

第一次參加夢N研習，佳琳老師帶我去聽麗雲老師的國語課。她的課堂讓我目不轉睛，字字精彩、詞詞精闢、句句精華；課堂上大家投入的神情，讓我感受到教學產生的光和熱。短短一個上午，我就被深深吸引，決定要好好「追夢」！尤其看到講師們毫無保留地傳授知識與技能，以及每次夢N，政忠主任都會帶著團隊親自到每一班互動宣傳，招募實踐家，這種行動力實在令人敬佩。

我希望透過這些學習，能讓我的課堂慢慢長出自己的模樣，實現有策略、有架構、有質感的教學。很幸運的，我和師父都成為「第五屆 MAPS 種子教師」的一員。感謝師父願意帶著我一起走，為期一年的培訓，讓我有機會與前輩們一起揭開 MAPS 的面紗。

臺灣土生土長的 MAPS 教學法，我們來了！

◆ ㄨㄟˋ，你有在聽嗎？

我與 MAPS 的初次見面是在二〇二三年三月的新竹夢N。當時，雖然聽了兩天的課程，卻還是一頭霧水，不知道該從哪裡開始實踐，因此只能暫時將 MAPS 擱置（有種認識它，卻還不能親近它的距離感）。到了二〇二三年七月，參加種子教師工作坊，三天密集的練習中，政忠主任從閱讀理解的必要性出發，引導我們認識提問設計的重要性，帶著我們從文本中提取關鍵訊息、畫出心智圖，然後再從心智圖反推出提問設計……透過小組操作、組間分享與回饋的過程，一層層揭開了 MAPS 的面紗。然而，儘管經過工作坊的訓練，我仍然覺得獨自設計一份學習單是很困難的！

「教育，是有終身保固的！」幸運的是，我們每個月有一次小組共備，一年還有兩次大組共備，寒假也有兩天的回流研習。當遇到問題時，我們可以拋出來與夥伴們一起討論，透過不斷的實踐與交流，我終於理出一套屬於自己的 MAPS 教學模式。以下簡單和大家分享：

學習單如何生？

設計學習單時，以三層次提問為根本，從心智圖發展出「基礎題」，為孩子搭好理解課文的鷹架。從「暖身題」引發學習動機、連結新舊經驗，為新的一課展開序幕；從「挑戰題」延伸寫作，結合班級經營，做跨域延展，為課文加深加廣，用好用滿！

※ 先自己想

1.這一課，要「學」什麼？

先閱讀課文，找到學習目標。但對於教學小菜鳥來說，很擔心會抓錯教學點，這時拿出「麗雲老師的一課一重點」來對照，就能解決這問題！確定了教學點，之後再進行延伸學習活動，才不會模糊焦點。

2.這一課，想「玩」什麼？

在「生生用平板」的世代中，融入科技教學才能讓孩子跟上進展，先前已經設定好教學點了，融入科技，可以提升課堂的層次，讓孩子們的學習不局限在課本裡，也可以喚起孩子更多的動機和興趣。

3.這一課，要「寫」什麼？

文字，可以留下學習歷程，也可以記錄生活，文字的使用對於人們是必要且重要的，所以每一課，我都會安排寫作練習。不見得是產出作文，也不一定是在紙上練習，但一定要孩子們留下自己的想法和觀點。每一次的累積，都是在收集寫作的材料。

※ 再爬上巨人的肩膀

要自己產出完整的一份 MAPS 學習單真的不簡單！首先我遇到的是「自我懷疑」。雖然前面已經確認過教學點了，但在生產學習單的過程中，我會一直想：「這題的安排適當嗎？」「還有沒有更好的設計？」掉進泥淖的我，就會到「笙情語文課」，參考笙帆老師的學習單；或是到 MAPS 教學推廣網站，參考前輩們的設計，驗證自己的想法！藉由巨人的肩膀，可以看得更高、更遠，也讓自己更心安。

※ 最後融入愛的力量

有些老師在開學前就會把整學期的學習單準備好，裝訂成冊。但我走的是自由奔放的路線，有時學習單甚至是上課前幾分鐘才熱騰騰地剛出爐。起初覺得這種被學習單追著跑的日子很累，但換個角度想，這樣可以「滾動式」調整——根據上一課的教學情況，靈活增減下一課的內容，缺什麼就補什麼，有新的時事也可以即時融入學習單。這樣也挺不錯的！沒有一定的方法，當下最適合我們的，就是好方法！

完成一份學習單確實需要不少心力，老師和孩子都需要時間來適應這種改變。改變，不會立即見效，我們也不需要一次性全面大改，這樣反而會累壞彼此。可以從一個大題、一個部分開始嘗試，就像政忠主任說的：「一乘以無數次，

學習單如何生？ 先自己想

1. 這一課，要學什麼？
   - 學習目標
   - 技能策略
2. 這一課，想玩什麼？
   - 科技
   - 創意
3. 這一課，要寫什麼？
   - 作文／日記／讀書報告
   - 小書／卡片／圖文創作

再爬上巨人的肩膀

筌情語文課

參考筌帆老師的學習單，確定教學點

MAPS教學推廣網站

依照年級／版本搜尋前輩的設計

最後融入愛的力量

班級經營　跟隨時事

配合節慶　延伸學習

結合在地　寫作練習

MAPS熬製中

本班缺少什麼，就加入什麼！

▲設計學習單的三步驟。

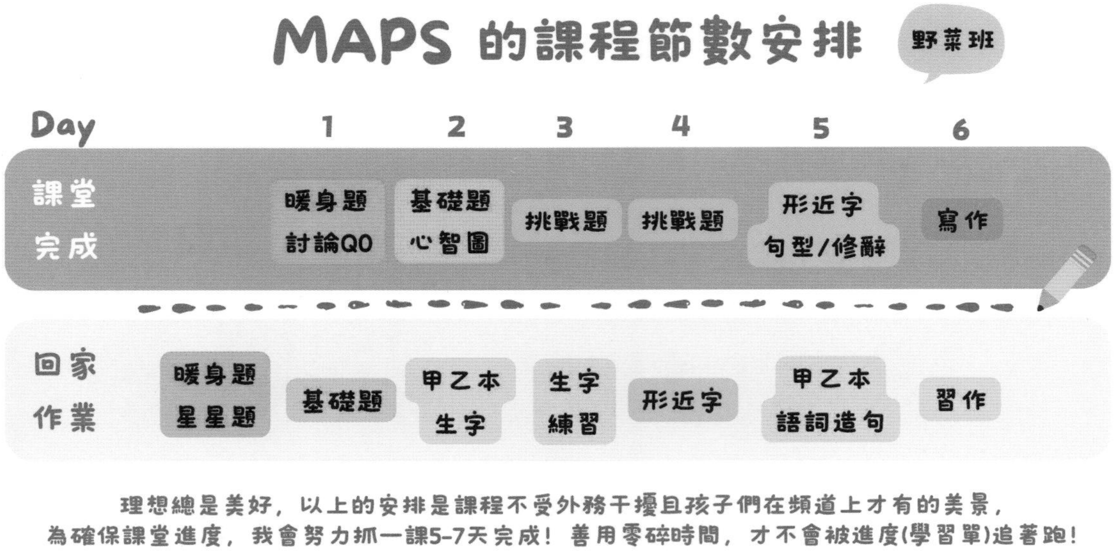

MAPS 的課程節數安排 野菜班

Day	1	2	3	4	5	6
課堂完成	暖身題 討論QO	基礎題 心智圖	挑戰題	挑戰題	形近字 句型/修辭	寫作
回家作業	暖身題 星星題	基礎題	甲乙本 生字	生字 練習	形近字	甲乙本 語詞造句	習作

理想總是美好，以上的安排是課程不受外務干擾且孩子們在頻道上才有的美景，
為確保課堂進度，我會努力抓一課5-7天完成！善用零碎時間，才不會被進度(學習單)追著跑！

▲師生達到平衡後的課程安排架構。

還是一；但只要多〇．一的策略，就是一．一，乘七次就大於二。」只要願意改變，感動就會出現！

站在巨人的肩膀上看世界，可以讓自己的馬步蹲得更穩；藉由前輩們的課程設計，累積自己的基本功，也可以慢慢釐清教學的面貌，同時也減輕心理壓力。「學習，是從模仿開始的！」所以不要害怕，有一點心動，就付諸行動吧！

課程如何帶？

跟著麗雲老師做了一年的課堂實踐後，在第二年時加入MAPS教學法，課堂的主軸沒有跑掉，而是多了一種策略。以下分享康軒版四上第十課〈奇幻旋律〉，出於原創且令人印象深刻的作品：

※暖身題

這題除了讓孩子們發揮想像空間外，也能看見孩子們心中重要的事物。例如：芷彤寫：「如果我有魚拓燒洞穴，我要把暗號設定成『快來木瓜媽』！」「木瓜媽」是芷彤爸媽創業的結晶，以魚拓燒為主打商品，從這段可以看到芷彤對自家店裡的喜愛和認同感。珵珺寫：「如果我有棒球洞穴，我要把暗號設定成『臺灣最強』。如果我有神燈精靈，我想要去桃園棒球場。」從這段可以知道珵珺對棒球的喜愛。

康軒四上 **奇幻旋律** 暖身題

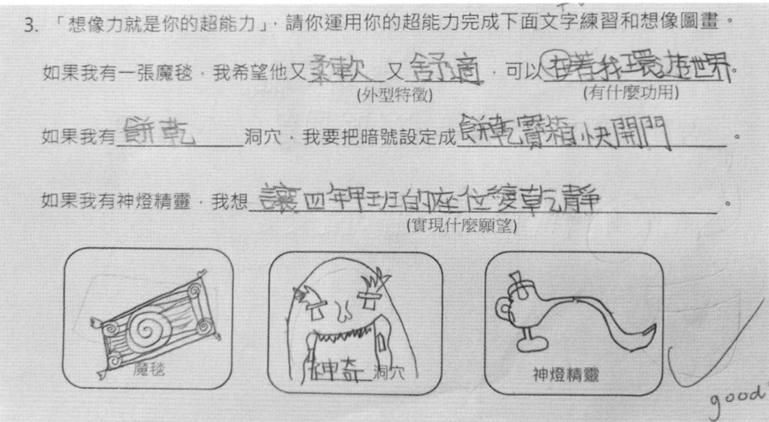
3. 「想像力就是你的超能力」，請你運用你的超能力完成下面文字練習和想像圖畫。

如果我有一張魔毯，我希望他又柔軟又舒適，可以帶著我環遊世界。
(外型特徵)(有什麼功用)

如果我有餅乾洞穴，我要把暗號設定成餅乾寶箱快開門。

如果我有神燈精靈，我想讓四年甲班的座位變乾淨。
(實現什麼願望)

魔毯　神奇洞穴　神燈精靈

good!

設計理念：

連結課文內容，課文分別介紹飛天魔毯、寶藏洞穴、神燈精靈三樣寶物，透過本題的練習，讓孩子先對課文有預測和想像，也提示孩子本課從哪些面向(特徵/功用等)介紹寶物。

▲暖身題。

康軒四上 **奇幻旋律** 挑戰題

3. 如果你可以向哆啦 A 夢界一項道具，你想要跟他借什麼，請你介紹他的特徵和功用，讓老師猜猜看你說的是哪一項道具？道具大百科 https://chinesedora.com/gadget/doraemon-gadget-top30

設計理念：

結合我們共同的卡通回憶，發揮觀察力和想像力，從全班共作→小組合作→自我創作，也訓練寫作力。

老師先示範

方方身體，手圓圓。

想到東，就到東；

想到西，就到西；

東南西北，一秒去！

換你試試看

學生創作→

☑特徵 ☐功用 ☑簡短語句
一小塊學生愛，
寫上去，吃掉他，
前三名，在眼前。

▲挑戰題。-

云伽寫：「如果我有神燈精靈，我想讓四年甲班的座位變乾淨。」從這段可以知道云伽對班級的期許，還有老師平時最常提醒的事情。

※挑戰題

我先在黑板寫上：「一小罐，威力大，噴一噴，天上走！」然後打開「哆啦A夢道具」網頁，讓孩子們觀察各道具的特徵和功用。他們很快就發現我寫的是「雲朵凝固瓦斯」這項道具。接下來，換全班挑一項道具來描述，孩子們你一句我一句地寫出：「臉圓圓，蜜桃嘴，翅膀白，想去哪，讓他選，保護你，不危險！」這是「引路天使」的描述。最後讓他們回家練習，隔天唸出文字讓同學們猜猜看，寫得越具體，同學們越快猜中答案。從這個活動中，孩子們不只了解到描寫物品可以從外觀特徵和功用著手，也練習了詩要簡短、有節奏、有創意的寫作方式。

從心智圖得到學習原動力

前三課全班討論完基礎題的答案後，我們會一起在黑板上共同完成心智圖，再讓孩子們自己創作。起初，大家的作品都很中規中矩，直到第四課〈永遠的馬偕〉，仕軒以十字架為設計構想，畫出泡麵頭的馬偕和精緻的插圖，點燃了其他孩子的創作靈感，大家的作品開始不同凡響。「一個突破

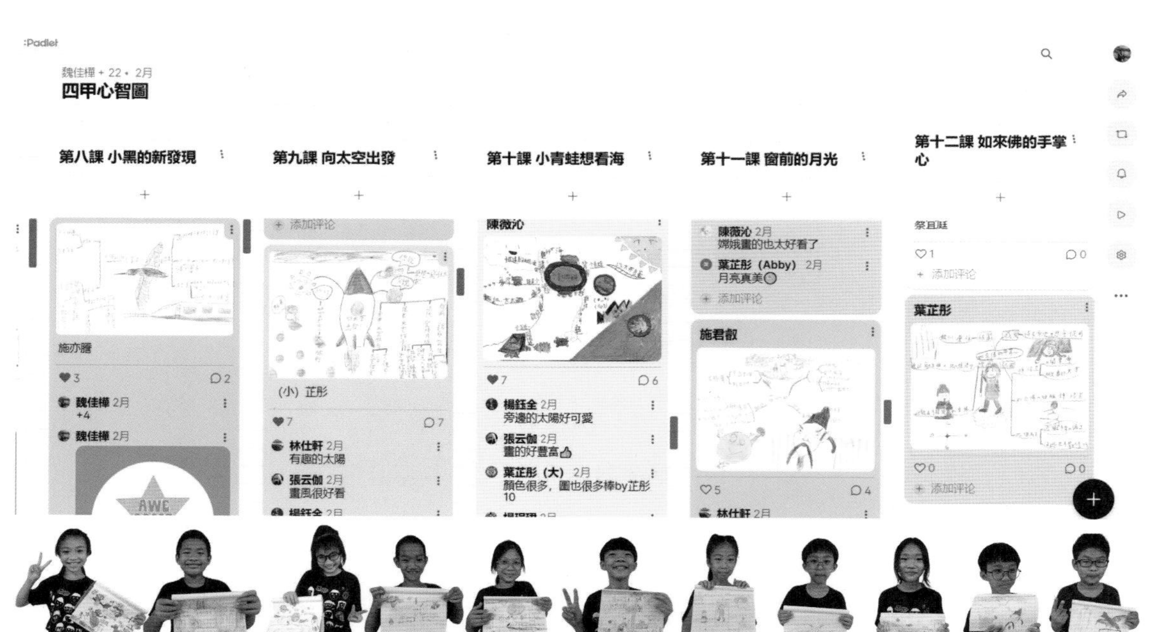

▲數位工具 Padlet 是收集與分享學生作品的好幫手。-

點，引發更多發想點。」隨著每次的欣賞與回饋，孩子們的想法越來越獨特且富有創意。

我們會把孩子們的作品放到 Padlet 上，不僅作為學習歷程的記錄，也可以分享學習成果。我和佳琳老師還會讓四年級和五年級的學生互相觀摩，刺激了彼此的成長。

加入「i」dea 蹦出新滋味

每個學生人手一台 iPad，讓孩子們 i 上學習，讓親師 i 上科技的便利！

學期初，家長常會有這樣的疑問：「老師，使用平板會不會影響我孩子的學習力呢？」我總是這樣回答：給了工具，就要教導正確的使用方法；教了方法，就要付諸行動，在有限的自由中，給予孩子自我探索的空間。

平時在學校，我會和孩子們訂下使用平板的約定。例如：當我講解時，平板必須合起來，等我說「開始動作」時，才能打開。當孩子遵守約定時，我會給予口頭鼓勵。此外，我也會善用管理 APP 來輔助，例如：課堂上，可以直接派送指定網站給孩子，避免他們中途迷航，還能即時檢視孩子的平板畫面。課業部分，收發作業的平臺可以讓我隨時查看作業進度，孩子也能即時看到我的回饋。只要花一些時間培養默契，孩子們就能較有規範地使用平板了。

以下分享幾個我的課堂好幫手，讓孩子們能跟上時代的腳步：

※Canva 易上手，人人都是創作高手

Canva 已經成為我教學中不可或缺的一環，從簡報、AI 製圖、圖文創作到影片剪輯，都可以製作。我最常利用它讓孩子們寫作文。以往在紙上寫作，修改兩三次後，孩子們便開始不耐煩，但當移到平板上操作時，耐心大幅提升，甚至還會自己加碼多寫一點呢！

Canva 的另一大優勢在於有豐富的素材（一定要加入教育版解鎖更多素材資源），孩子們能自行輸入關鍵字，找到相關的圖片、影片和音檔。開啟「共同編輯」功能後，全班或小組都能一起合作，老師也可以即時給予回饋，隨時掌控進度。

※Keynote 很通用，到哪兒都能用

iOS 系統中有很多免上網的應用程式，Keynote 就是其中之一，它是我們熟悉的簡報工具 PPT 的替代品。認識基本功能後，不管是在學校還是家裡，孩子都能輕鬆操作。

在課堂中，我們曾經因為時間限制，無法讓每位學生完成心智圖發表。現在，我讓孩子將作品放上 Keynote，並運

用「即時影像」和「螢幕錄製」功能進行發表。這樣不僅能留存發表檔案，也方便分享，還能節省大量的時間。

※Numbers 直覺化，老師不用常說話

除了 Keynote，Numbers 也是 iOS 系統中的法寶之一。它類似於 Excel，擁有強大的統計功能，而且 iOS 的應用程式之間相通，不必擔心需要學習不同程式的操作方法。

我運用 Numbers 來進行讀書報告，善用表格可以讓整體結構更清晰，視覺化效果更好。而「星號評等」功能，則讓孩子們能將他們的感受具體化表達，操作簡單直覺，老師在改作業時也相當輕鬆。

教學不是一帆風順，是越有挑戰越通順

「十一比零通過，要繼續使用 MAPS！」這個壓倒性的勝利，讓我心服口服，繼續被學習單追著跑。在實踐 MAPS 的過程中，難免會感到無力，這時候要允許自己放慢腳步，因為這是能量回充的時刻。聽聽孩子們的回饋，往往能給我新的力量。

有段時間，我明顯感覺到孩子們有些疲累，作業開始變得漫不經心，其實……我也感到有些疲憊，但我知道還有不少孩子依然努力著。於是，我問孩子們：「你們還要繼續用

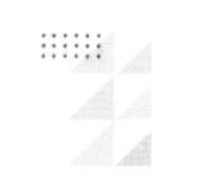

野菜班的MAPS探足跡

探足跡＝一位初任教師如何使用MAPS教學法的實踐歷程，

碳足跡以CO2表示，探足跡以Love ∞ 概括。

寄出報名表，展現力與美。 → 全班共做，學生為重。 → 小組合作，手腦並重。 → 自己創作，樂在其中。 → 勇闖MAPS星，實踐教與學。

▲從駝著腰蹲在座位旁陪畫心智圖，到可以一邊放著輕音樂一邊進行活動的課堂風景，一邊調整自己的腳步，一邊與孩子們共同前進。

MAPS嗎？還是我們讓彼此輕鬆一點呀？」我請他們在小日記裡寫下「我贊成／不贊成繼續使用MAPS，因為……」，孩子們的回覆為我打了強心針。「我贊成繼續使用MAPS，因為它就像百科全書，老師都把重點整理在裡面了！」「我喜歡畫心智圖，因為它讓我發現我的畫畫進步了！」「雖然我的學習單有時會沒有完成，但我以後會更認真，因為老師為了我們也很認真。」原來，老師努力的樣子，孩子是看在眼裡的……。

調整好自己的腳步，再次拉著孩子（也被孩子推著）繼續前進吧！

◆ㄨㄟ，你學會了嗎？

輕音樂伴隨著蟬鳴，心中帶著一絲不捨，我們也畫到最後一課的心智圖了！討論完基礎題後，下課期間看到孩子們主動準備好本子，有的在討論這課可以怎麼畫心智圖，有的已經靜靜坐在位子上進入思考模式。一上課，孩子們馬上各自忙碌起來，開始專注地畫出自己的心智圖。

我們一起完成了十二加十二課的MAPS學習單。儘管過程中或許不盡美好，但我們相互共好，親師生都在這段旅程中獲得了成長。這樣的進步，已經讓一切變得值得了！

我慢慢拼湊出課堂的模樣，而孩子們的心智圖也長出他們的模樣！

▲仕軒和他的作品。

◆ㄨㄟˋ道對了！

「老師，我上了高年級還可以回來跟你討論心智圖嗎？」「我也要！」我想，老師教的不僅僅是MAPS，更是「態度」，一種面對學習和生活積極且正向的價值觀。

有時，我會在孩子身上看到自己的影子呢！只要是對孩子有益的事，我就會堅持下去。因為老師對於現階段的孩子們是多麼重要，好的學習策略也是！實施MAPS這一年，我看到的並不僅是孩子學業成績的進步，還有他們學習態度的轉變。

感謝佳琳老師一直帶著我學習，無論東西南北的研習，我們都曾拉著行李箱一起參與。在學校有一位像姐姐般的存在，真好！感謝五〇七協作夥伴——念慈、欣蓉、加怡，每月一次的共備讓我們互相激勵，激盪出更多火花。感謝山中大叔——政忠主任，帶著一群追夢者從偏鄉走向世界，實踐夢想，讓我們發現教育的無限美好。

感謝我的家人，支持我所有選擇，秉持著「一人當選，全家服務」的精神，給我最強大的後援。感謝野菜班的孩子和家長，在我最「菜」的時候，你們依然鼓勵和愛護我。要感謝的人太多了，「每一個人事物都有其存在的意義」，我會好好生活，抓住感動。

最後，我要感謝勇敢的自己。「魏」什麼要當老師？我的答案從未改變，因為愛。

我們無法確定在孩子心中播下的種子，何時、何地會發芽。風一吹，種子飄到合適的地方；雨一下，種子吸收充足的水分，準備成長。太陽曬、大雨淋、乘著風、搭著虹……總有一天，當他們收集了足夠的能量，就會發芽！願有一天，他們能分享自己的能量，開枝散葉！

小青蛙想看海-薇沁

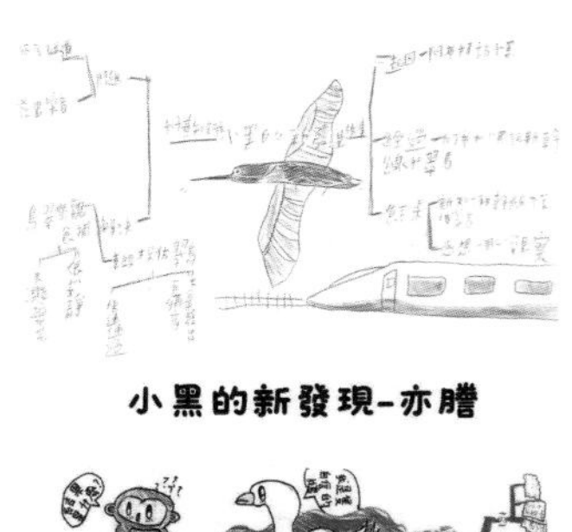

小黑的新發現-亦贈

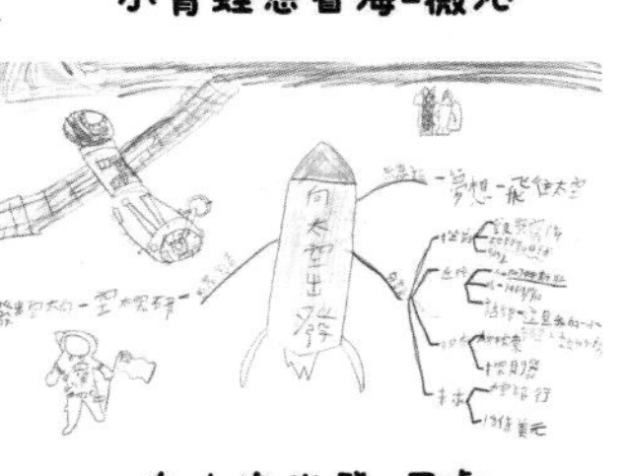

向太空出發-君叡

選拔動物之星-宜庭

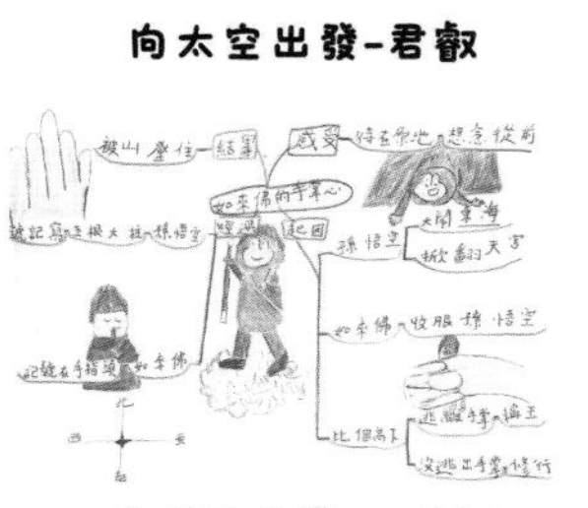

如來佛的手掌心-芷彤

未來的模樣-斯惟

▲讓老師印象深刻的心智圖作品。

【國小領域】

16

張鈞評／我的 MAPS 探索之旅

臺中市南屯區永春國民小學

山中大叔導讀

在張鈞評老師的教室裡，愛與學習交織出一場無聲的浪漫。

他帶著一顆溫柔的心，陪伴孩子們走過求知的荊棘。課堂上，那些基礎題如同一封封寫給學生的情書，引領他們勇敢探索未知的領域；而心智圖則像是緊扣彼此的心弦，將思緒縈繞於每個課題。孩子們小小的手，握住筆，畫下心中的圖景，漸漸將文字的海洋化為熟悉的情景。張老師不僅教會他們學問，更教會他們如何在學習中找到屬於自己的光芒。

這一路上有笑有淚，彷彿愛情般真摯；這段旅程，願他們永記。

◆ 霧裡尋光，走出迷徑

迷惘，對自身教學設計的質疑

好的老師不是給孩子答案的人，而是了解孩子的需求和挑戰，並提供幫助他們取得成功的工具。一直以來，我都期許自己能夠成為「教孩子如何釣魚」的老師，讓孩子透過探索、討論及思考，習得相關領域的知識和技能。在語文教學方面，我總是不遺餘力，製作大量的討論學習單，在課堂上也用心設計各種提問，讓孩子們繪製心智圖，期望他們能透過這些學習內容，在思辨力、表達力及閱讀寫作能力有顯著的進步。

然而，班上多數的孩子確實因自己的教學設計在語文領域上有明顯進步，但許多低成就的孩子因為先備知識不足，往往成為小組討論中的「客人」。我設計的問答題，有的孩子甚至會放棄不寫；在繪製心智圖時，因找不到重點，不少人總是想從組內高成就的同學那邊直接取得答案。教學現場的狀況讓我開始思考：我的教學為什麼沒有辦法拉起那些需要協助的孩子？

所幸，在我迷惘之際，收到學長的邀請，他說有一群在MAPS實踐已久的前輩想組讀書會，每個月會針對不同主題進行增能，聽到這個消息，我毫不猶豫地答應參加，期待著未來每一次的學習……。

契機，初次進入 MAPS 的殿堂

答應加入後，每個月的讀書會都是我最期待的日子。在那邊，我開始明白其他老師設計的 MAPS 提問，是緊扣著「暖身題→基礎題→挑戰題」的脈絡，好讓老師掌握自己的教學設計有沒有緊扣該課的教學目標。此外，其他前輩也大方分享自己在課堂上進行小組討論的方式，如何讓高成就的孩子引導低成就孩子前進，並讓低成就孩子從中獲得成就感。這些分享，對當年的我來說真是醍醐灌頂！

最後一次讀書會，幾位老師大力推薦我參加「MAPS 種子教師培訓」，因為他們也是這樣走過來的。一年後，我帶著期待又興奮的心情，寄出報名表，最終如願以償，收到工作坊的錄取通知，開啟了我的 MAPS 探索之旅……。

衝擊，培訓期間扭轉思考邏輯

加入種子教師培訓是我做過最正確的決定之一。

第一天的課程內容便衝擊了原有的課程設計思維。過去一年裡，我嘗試著用「暖身題→基礎題→挑戰題」的架構進行設計，但在某些課的設計，總會遇到暖身、基礎、挑戰題

三者之間的提問是沒有關聯的，半知半解的我也就這樣迷迷糊糊地帶過去了。今天終於找出問題的解答——「基礎題的設計目的」決定了心智圖的模樣，也決定了暖身題的內容，更決定了挑戰題的設計，「基礎題」要能夠承先啟後，才能達到這堂課的教學目標。

這三天我們也充分體會了學生的習得無助感，在有限的時間內無法完成任務令人沮喪。我們必須在時限內想出心智圖該如何畫，怎麼針對心智圖進行明確的提問設計，該設計怎麼樣的暖身題和挑戰題才能扣回基礎題。同時，我們必須先自己回答這些問題，思考可以寫在心智圖上的關鍵詞句是什麼。如果作為老師的我們都無法回答，孩子就更不用說了。這些過程也讓我對於孩子在課堂中無所適從的狀態有多一點的理解。我們大人都會如此，何況是孩子呢？

因此，明確的提問設計、有邏輯的架構是孩子重要的學習鷹架，「有意識」的基礎題設計更是 MAPS 的心臟，這不僅能讓我們教學有所本，亦能讓孩子清楚掌握他們需要學會什麼能力。經過三天的洗禮，讓我明白：原來，這就是 MAPS。滿載而歸的我，承諾自己將會把這三天的所見所學，轉化為課程設計的能量，帶給孩子豐富精實的學習內容。

SWOT Analysis

Strength優勢	Weakness劣勢	Opportunity機會	Threat威脅
1.過去一年，學生已經有繪製心智圖的經驗。 2.老師設計討論單經驗豐富，再加上培訓所學，有能力勝任。	1.學生學習動機薄弱，許多人依賴別人給答案。 2.班上學生能力兩極化，低成就的孩子偏多。	1.小組會定期共備，可以分享彼此的課堂經驗，尋求解決方法。 2.夥伴願意共享資源，提升備課效率。	1.孩子課後補習時間長，作業量多，可能會影響他們完成作業的品質。 2.部分家長認為這些任務是負擔。
S	W	O	T

▲教學者（張鈞評）目前進行 MAPS 教學的 SWOT 分析。

◆踏徑前行，收穫滿盈

經歷三天培訓，再加上暑假期間與五〇一夥伴的充實共備，我認為在設計課程前，檢視自己目前在教學現場上的優劣勢，能夠幫助自己調整好將來的教學模式與教學內容。

暖身題：為基礎題奠基，讓孩子對課文更有感

暖身題主要分為兩個部分。第一部分是「課前預習」，針對課文的詞語選填、成語選填及國字注音容易錯誤處進行偵查。為了完成這些題目，孩子們會事先讀過全篇課文，這讓他們在課堂討論時能更快進入狀況。

第二部分則是「引起動機」，可以從兩個面向設計：猜測想像及新舊經驗。具體的設計則取決於該課的教學目標。

以康軒六下課文〈巨人的階梯〉為例，整個單元都是世界遺產的旅遊文學。因此，在正式進入課文前，老師設計了一個讓孩子們先猜猜看什麼是世界遺產的活動，並思考什麼樣的地方能成為世界遺產。這樣的預備活動可以讓他們在閱讀時更有感，同時也可以透過提取文章線索，去辨別這個地方被登錄為世界遺產的原因。這種設計就是新經驗的鋪墊。

而在康軒六下〈油條報紙文字夢〉一文中，作者透過描寫過去讀報的種種經驗，道出啟發自己成為作家的原因。

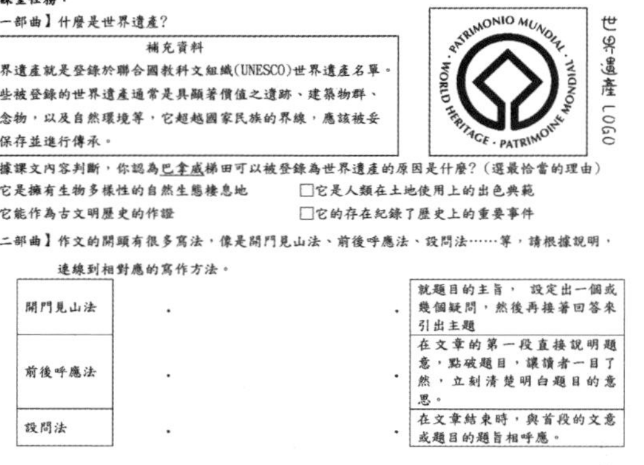

★課堂任務：

【一部曲】什麼是世界遺產?

補充資料

世界遺產就是登錄於聯合國教科文組織(UNESCO)世界遺產名單。這些被登錄的世界遺產通常是具顯著價值之遺跡、建築物群、紀念物，以及自然環境等，它超越國家民族的界線，應該被妥善保存並進行傳承。

依據課文內容判斷，你認為巴拿威梯田可以被登錄為世界遺產的原因是什麼?(選最恰當的理由)

□它是擁有生物多樣性的自然生態棲息地　□它是人類在土地使用上的出色典範

□它能作為古文明歷史的作證　□它的存在紀錄了歷史上的重要事件

【二部曲】作文的開頭有很多寫法，像是開門見山法、前後呼應法、設問法……等，請根據說明，連線到相對應的寫作方法。

開門見山法	．	．	就題目的主旨， 設定出一個或幾個疑問，然後再接著回答來引出主題
前後呼應法	．	．	在文章的第一段直接說明題意，點破題目，讓讀者一目了然，立刻清楚明白題目的意思。
設問法	．	．	在文章結束時，與首段的文意或題目的題旨相呼應。

▲〈巨人的階梯〉暖身題：認識世界遺產。

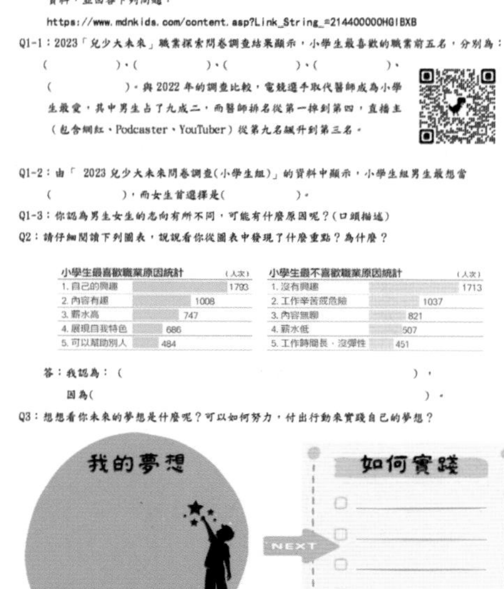

【暖身題】

Q1：請同學掃描下方QR code閱讀國語日報「 2023兒少大未來問卷調查(小學生組)」的相關新聞資料，並回答下列問題：

https://www.mdnkids.com/content.asp?Link_String_=214400000HGIBXB

Q1-1：2023「兒少大未來」職業探索問卷調查結果顯示，小學生最喜歡的職業前五名，分別為：(　　)、(　　)、(　　)、(　　)、(　　)。與2022年的調查比較，電競選手取代醫師成為小學生最愛，其中男生占了九成二，而醫師排名從第一掉到第四，直播主（包含網紅、Podcaster、YouTuber）從第九名飆升到第三名。

Q1-2：由「 2023兒少大未來問卷調查(小學生組)」的資料中顯示，小學生組男生最想當(　　)，而女生首選擇是(　　)。

Q1-3：你認為男生女生的志向有所不同，可能有什麼原因呢？(口頭描述)

Q2：請仔細閱讀下列圖表，說說看你從圖表中發現了什麼重點？為什麼？

小學生最喜歡職業原因統計	（人次）
1. 自己的興趣	1793
2. 內容有趣	1008
3. 薪水高	747
4. 展現自我特色	686
5. 可以幫助別人	484

小學生最不喜歡職業原因統計	（人次）
1. 沒有興趣	1713
2. 工作辛苦或危險	1037
3. 內容無聊	821
4. 薪水低	507
5. 工作時間長，沒彈性	451

答：我認為：(　　)，因為(　　)。

Q3：想想看你未來的夢想是什麼呢？可以如何努力，付出行動來實踐自己的夢想？

◀〈油條報紙文字夢〉暖身題：夢想調查。

班級:(　　)座號:(　　)姓名:

《L1 過故人莊》 三層次提問單

【暖身題】

★預習任務：(□讀課文、標自然段　□圈出焦點詞語　□搭配國重完成預習任務)

Q1：焦點詞語

詞語	解釋	詞語	解釋
	指招待客人的豐盛飯菜。		中國傳統曆法。因適用於農事生產的時序，故以之命名。
	形容酒喝得意興正濃的暢快神態。		積藏。
	外城。城牆外另築的一列城牆。		接近、挨近。
	眼裡。		凡枝幹高大而有主幹的樹木統稱。
	懇切、周到。		比喻自成一家，獨具風格。
	主、客間相聚融洽，都讓盡興、歡愉。		情誼深厚的朋友。

Q2：改錯練習(圈出錯字，並在括號中填入正確的字。)

(　　、　　)1. 一打開冰箱，映入眼廉的是我最喜歡的玉蜀黎，真是太驚喜了！

(　　、　　)2. 茱臾是一種橋木植物，人們會在重陽節時配戴，以求避災保平安。

(　　、　　)3. 酒甘耳熱的時候，更要特別謹言慎行，才不會不小心壞禍。

(　　、　　、　　)4. 敦先生白手起家，創立訪織工廠，凡事親力親為，頗受員工愛載。今年適逢他 70 大壽，員工們正策劃著要在他農歷生日當天，舉辦一場盛大的壽宴！

Q3：成語填空(先完成填字，再將代號填入各題句子當中。)

備選：A 殺雞炊(　　)　B 垂(　　)聽政　C 滄海(　　)田　D(　　)母三遷　E 焦孟不離

1. 為了招待遠道而來的阿姨，媽媽特地(　　)，準備一大桌美食佳餚。
2. 李媽媽為了讓孩子有更好的學習環境，決定效法(　　)，搬到文教區居住。
3. 邯邯和佳哥(　　)，不管去哪裡都要一起，簡直到了形影不離的地步。
4. 這間公司表面上是由王董事長管理，但實則背後還有一個(　　)的王老夫人呢！
5. 十年後，再回到久違的故鄉，早已是(　　)、人事皆非了。

Q4：句型練習

1. 請找出本課的因果複句與轉折複句，並用紅筆畫線後標註句型種類。
2. 照樣寫短語：

(1)(顏色形 蒼翠)的(名 山嶺)。

→(　翠綠　)的(　　　　)。

Q5：修辭筆記

1. 請找出本課中的對偶修辭，並用藍筆畫線後標註修辭種類。

班級:(　　)座號:(　　)姓名:

★課堂任務：

Q1：本單元的名稱為人間有情，你覺得這首詩在描述怎麼樣的情感?哪些證據可以做為判斷的線索?

Q2: 請你依據文本內容，試著理解「過故人莊」詩名中的幾個字分別表示什麼意思?

「過」指的是(　　　　　)，故人是指誰?(　　　　　)，莊是指(　　　　　)。

Q3：請掃描老師給你的 QRcode，觀看關於孟浩然生平的影片，在 padlet 上，回答老師提出的問題。並在看完大家的回答後，選出你覺得寫得最好的一位同學，幫他點讚，同時將第三題的回答記錄在討論單上。

(1)孟浩然結交了哪些詩人朋友?(寫出三個)

(2)孟浩然為什麼最終仍當不了官，只能當個平民老百姓?

(3)孟浩然的詩有什麼樣的內容或特色?(寫出兩個)

(　　　　　　　　　　　　)

(　　　　　　　　　　　　)。

【基礎題】

備註：方框是第一層，灰底是第二層，底線是第三層，雙底線是第四層。

Q0：本詩是一首(　　)言(　　)詩，共有(　　)句，押(　　)韻。依照詩的內容可分成四個部分，請根據詩句內容判斷該部分在描述的主要重點是什麼。(請從下方選項中，將正確的答案填入□)

相互告別　沿途景色　把酒言歡　朋友相邀

主要重點	□	□	□	□
第幾句	1、2 句	3、4 句	5、6 句	7、8 句

Q1：□

Q1-1:這裡的故人指的是誰?(______________)。

	詩文摘取(寫事件即可)	簡短翻譯
Q1-2:他打算做什麼事情?	(　　　　)	(______________)
Q1-3:為此，他做了什麼準備?	(　　　　)	(______________)

▲〈過故人莊〉暖身題：為基礎題奠基，讓孩子對課文更有感。

「夢想」一詞與我們的生活息息相關，因此暖身題部分，可以讓孩子們先猜測其他人心中的夢幻職業是什麼，進而思考自己的夢想是什麼，可以如何實現。整堂課討論聲音此起彼落，他們不僅分享夢想，還會討論為什麼自己的選擇與他人不同，也會思考現在的孩子選擇職業時重視哪些因素。

課程結束後，老師可以藉由作者的經驗，與孩子們進行深入討論，回顧他們在暖身題寫下的實踐方法是否確實可行，並討論還有沒有可以加強的部分。

基礎題：教學目標心臟，從心智圖學習更有道

設計基礎題之前，老師必須仔細思考：學生在上完這一課後，應該帶走什麼能力。不同的學習目標會影響設計的方向，有的課程著重結構，有的側重情感，有的則為了培養寫作能力。因此，心智圖的設計架構及提問，都需要根據不同目標進行調整。過去，我經常因為目標不明確，導致畫完心智圖後，後續的進階題與挑戰題和前面的練習毫無關係。這讓我常常思考一件事：難道自己是一個「為了畫而畫」的老師？幸好，三天的培訓點醒了我，讓我清楚知道自己為何設計，上起課來也更加踏實。

此外，設計中加入提示能幫助孩子理解心智圖的結構和支線該如何繪製。過去，我常給出問題後，便期望他們知道

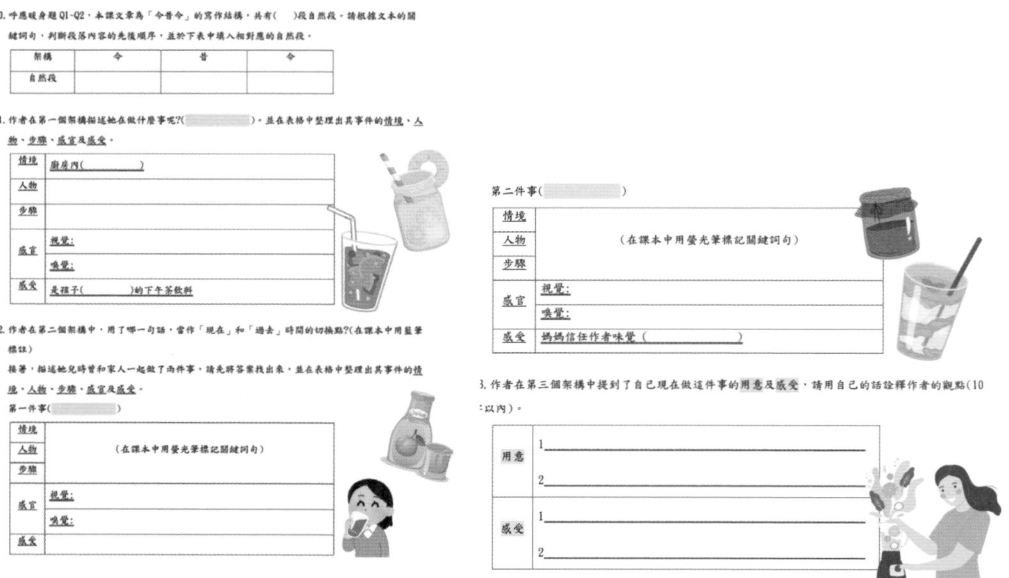
【基礎題】

(備註：方框是第一層、灰框是第二層、畫直線是第三層、雙底線是第四層)

Q0. 呼應暖身題Q1~Q2，本課文章為「今昔今」的寫作結構，共有(　)段自然段。請根據文本的關鍵詞句，判斷段落內容的先後順序，並於下表中填入相對應的自然段。

架構	今	昔	今
自然段			

Q1. 作者在第一個架構描述她在做什麼事呢?(　　)，並在表格中整理出其事件的情境、人物、步驟、感官及感受。

情境	廚房內(　　)	
人物		
步驟		
感官	視覺:	
	嗅覺:	
感受	是孩子(　　)的下午茶飲料	

Q2. 作者在第二個架構中，用了哪一句話，當作「現在」和「過去」時間的切換點?(在課本中用藍筆標註)

接著，描述她兒時曾和家人一起做了兩件事，請先將答案找出來，並在表格中整理出其事件的情境、人物、步驟、感官及感受。

第一件事(　　)

情境	(在課本中用螢光筆標記關鍵詞句)
人物	
步驟	
感官	視覺:
	嗅覺:
感受	

第二件事(　　)

情境	(在課本中用螢光筆標記關鍵詞句)
人物	
步驟	
感官	視覺:
	嗅覺:
感受	媽媽信任作者味覺(　　)

3. 作者在第三個架構中提到了自己現在做這件事的用意及感受，請用自己的話詮釋作者的觀點(10
:以內)。

用意	1____
	2____
感受	1____
	2____

▲〈最好的味覺禮物〉基礎題提問設計：在題目中加入方框、底線等提示，幫助孩子理解心智圖的結構層次。

要如何畫出有結構的心智圖，結果許多低成就的孩子畫了一年，依然搞不清哪些資訊該放在哪一層。這次，我透過使用框框、底線、雙底線等提示，讓他們知道答案屬於第幾層。經過幾次練習後，孩子們漸漸熟悉這個架構，甚至能活用這樣的架構去繪製其他科目的心智圖。

以康軒六上〈最好的味覺禮物〉為例，這課的教學目標是讓孩子寫出一篇「今—昔—今」架構的美食文學。因此，心智圖的設計便以「今—昔—今」為主軸，細部內容圍繞著製作美食的過程可以針對哪些部分描寫。以讀帶寫，文章的理解就是寫作的基石。孩子作文內容空泛，往往是因為他們不知道如何鋪墊，無法充實內容。

心智圖不一定每次都是由中間向外發散。以六下課文〈追夢的翅膀〉為例，同樣是以寫作為導向的基礎題，但孩子們的作品卻以漢堡圖像作為架構。因為在議論文教學中，老師一直強調論據必須緊扣論點、結論，而論點與結論需要相互呼應，就像速食店的員工必須將兩層麵包夾緊中間的料，才能避免食材掉落。此外，這篇文章的每段論據都提出不同的追夢方法，回應論點「付出實際行動才是追夢的方法」。老師可以在孩子們討論或報告心智圖時，適時引導他們理解，每段的分論點都必須合乎例子中提到的內容，避免他們在寫作時出現文不對題的情況。

▲學生作品：〈追夢的翅膀〉心智圖。

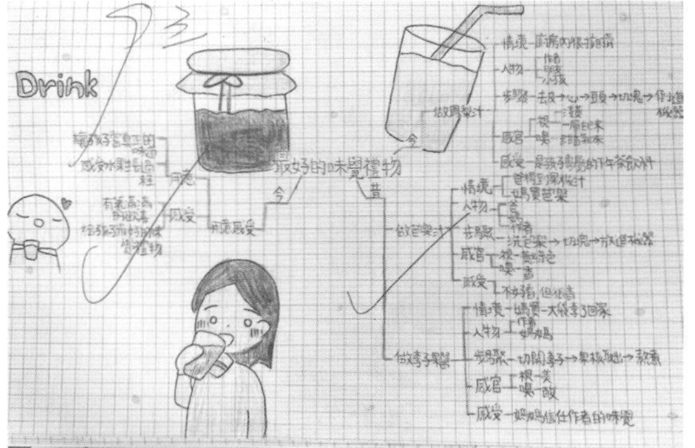

▲學生作品：〈最好的味覺禮物〉心智圖。

如何利用心智圖讓學生深入理解課文呢？老師會讓孩子們在畫完圖後，分組上臺報告各組的作品。由於在課程進行時，讓他們有結構地找尋關鍵詞句，並熟悉每個階層的意義，因此他們在報告時不再像過去那樣僅僅照著心智圖上的文字念誦。他們會穿插個人見解，並分享自己找答案的心路歷程。

臺下的孩子們也不再只是呆呆地聽著臺上同學的報告，他們能根據老師的提問線索，對臺上報告的同學提出質疑，並分享自己組別的想法。透過這樣一來一往的交流，孩子們對課文的理解不再停留在表面的資訊提取，而是更加深入地體會文意。坐在後方的我，也常常享受孩子們腦力激盪所擦出的火花。

進階題：打鐵趁熱延伸，深化孩子能力更有效

對我而言，文意深究及寫作手法探究通常會放在進階題，作為挑戰題的橋梁。以六上課文〈跑道〉為例，我們會在基礎題中帶領孩子釐清主角的情緒轉折及其原因，但課文的主旨及最後兩人對話的象徵意義，則屬於更深層的文意挖掘。在這裡，我們花更多時間討論整篇文章的情感及其背後傳達的道理。

在六上〈山的巡禮〉這一課中，老師設定的目標是讓每個孩子能夠獨立完成一首新詩。過去觀察發現，孩子們寫詩

▲小組討論，腦力激盪，蹦出新滋味。

▲上台報告心智圖，說服老師他們的答案合情合理。

的能力較薄弱，需要老師給予許多提示和架構才能完成。所以這次在基礎題結束後，我設計了「真實情境」與「詩的想像」兩部分的練習，讓各組針對要寫的內容有條理地思考，要針對哪些畫面進行想像。

這個過程看似簡單，但實際上有不少組別遇到瓶頸。多數孩子能輕鬆想出想要描寫的真實畫面，但沒辦法將這些畫面轉化為「詩的語言」。幸好有幾組優秀的作品在短時間內完成，這讓我能在課堂上即時分享他們的作品，給其他組別做參考。最終，那些進度較慢的組別也在下課前成功完成了小組作品。下課時，還有不少孩子主動跑來分享心得，表示其實寫詩並沒有想像中那麼困難。

挑戰題：回歸生活經驗，落實核心素養更有力

挑戰題的目標，在於將課文所學回歸生活。我們讓孩子在語文課中培養素養和語文能力，就是希望他們最終能將這些能力應用於生活中。在我的語文課中，挑戰題主要從三個方向出發：「生活省思」、「以讀帶寫」、「創意發揮」。以下，我將結合一些課堂案例，分享這些方向的具體實踐。

※生活省思

六上〈神奇的藍絲帶〉一文，人們透過一條條普通的藍

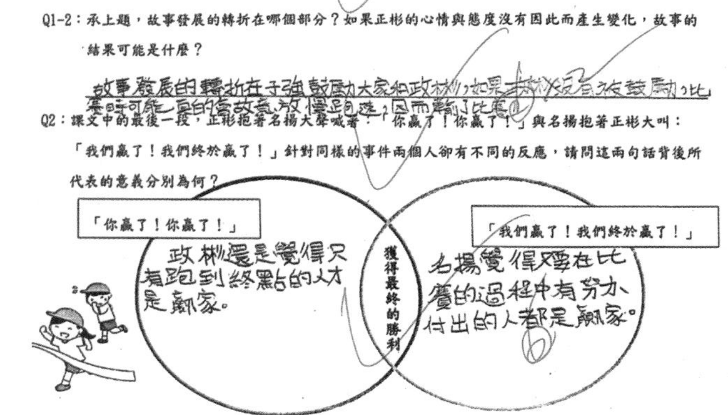

Q1-2：承上題，故事發展的轉折在哪個部分？如果正彬的心情與態度沒有因此而產生變化，故事的結果可能是什麼？

Q2：課文中的最後一段，正彬抱著名揚大聲喊著：「你贏了！你贏了！」與名揚抱著正彬大叫：「我們贏了！我們終於贏了！」針對同樣的事件兩個人卻有不同的反應，請問這兩句話背後所代表的意義分別為何？

「你贏了！你贏了！」

政彬還是覺得只有跑到終點的人才是贏家。

獲得最終的勝利

「我們贏了！我們終於贏了！」

名揚覺得在比賽的過程中有努力付出的人都是贏家。

▲〈跑道〉進階題：挖掘文章中的情感及道理。

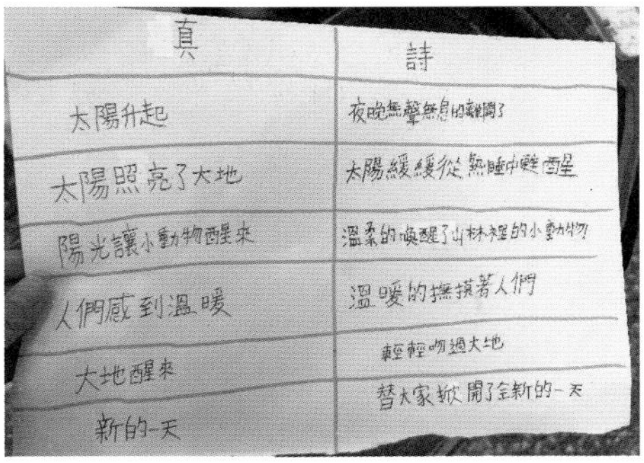

▲學生小組作品架構：〈山的巡禮〉進階題。

絲帶，拯救了一個個受傷的靈魂，透過愛的傳遞散播溫暖。我們班則以傳遞一張張詩籤，來表達對同學的關懷與鼓勵。活動開始前，老師向孩子們解釋了什麼是詩籤，並告訴他們，就像廟宇中為信眾解籤一樣，這張詩籤可以是提醒或鼓勵，但不能批評他人。孩子們必須從眾多佳句中挑選出適合對方的句子，並根據對方的行為表現或情緒狀態，說明選擇這句佳句的理由。

看到成品那天，我不禁感嘆孩子們的強大的情緒感知能力和觀察力，每張詩籤都完美地對應了對方的需求！其中一位孩子在收到別人的詩籤時，甚至激動得流下了眼淚，因為她感受到：這個世界上還有懂她的人。這幾天班上瀰漫著溫馨的氛圍，許多孩子甚至吵著要我為每個人寫一首詩。我深刻體會到，文字的力量就在於此——透過簡單的文字，傳遞出對他人的關懷和溫暖。

※以讀帶寫

在新詩部分，延續先前〈山的巡禮〉的進階題練習，老師輔以其他相似文章，讓孩子觀察其他作家如何將現實畫面轉化為詩。在正式寫作前，老師要求每位孩子先畫出他們想描寫的畫面，再仔細思考他要寫什麼。最後的成品令人驚豔，甚至班上幾位低成就的孩子的詩也寫得有模有樣。

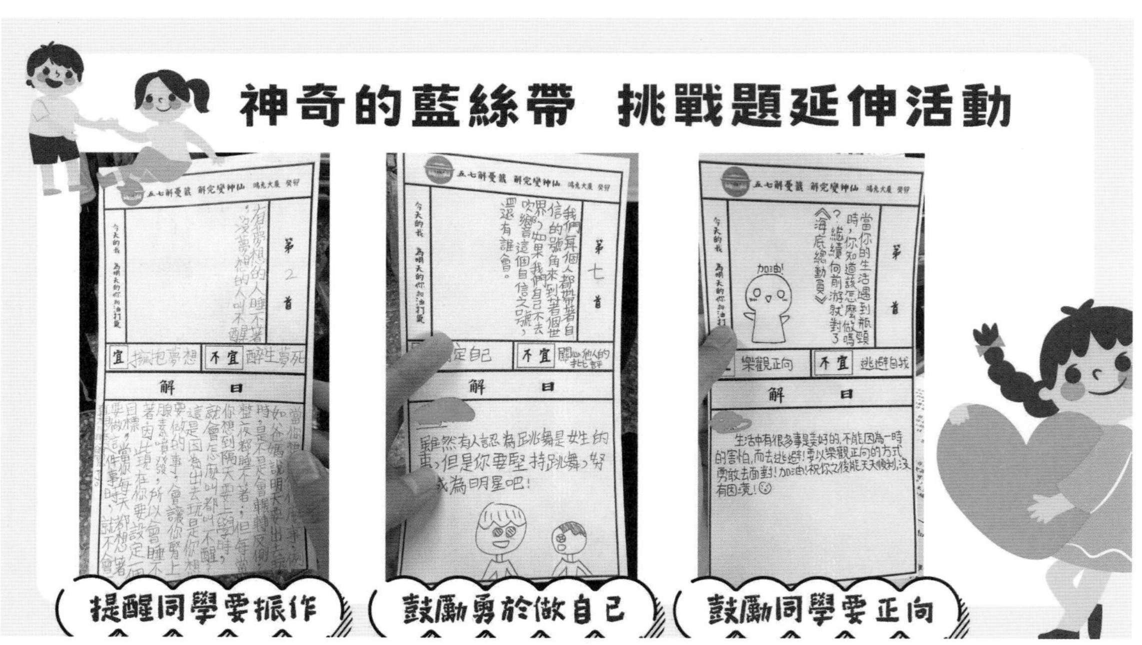

▲學生作品：〈神奇的藍絲帶〉挑戰題的延伸活動「傳遞詩籤」成品分享。

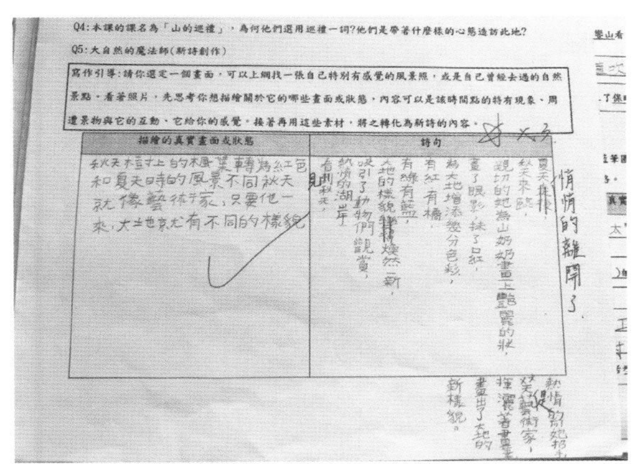

▲〈山的巡禮〉新詩作品欣賞。

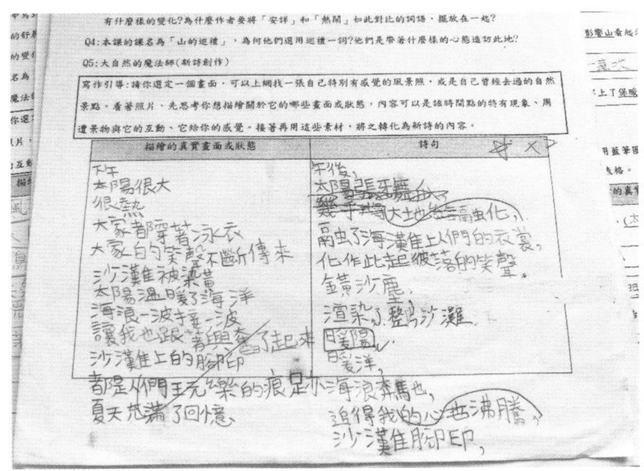

▲班上低成就孩子的新詩作品。

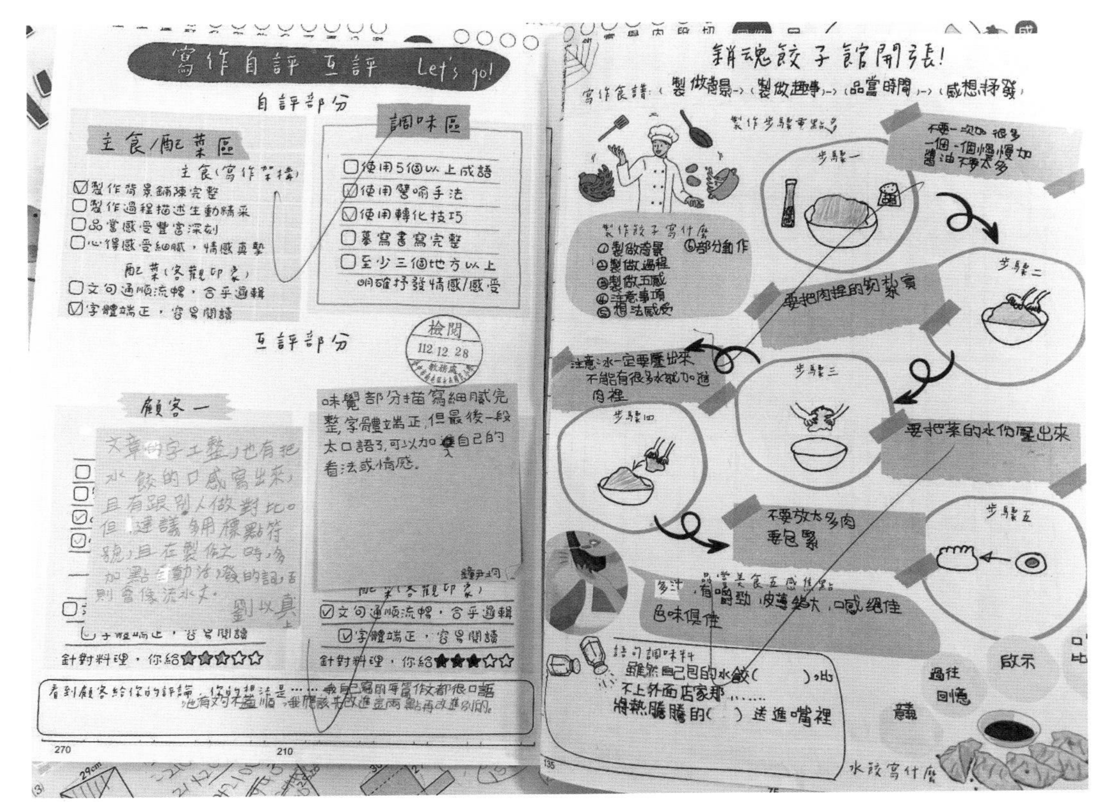

▲〈最好的味覺禮物〉寫作引導單。

作文部分，以〈最好的味覺禮物〉及〈追夢的翅膀〉為例。過去發現，許多孩子常在作文中「言過其實」，原因大致有兩個：生活體驗不足和觀察力匱乏。為了讓孩子們獲得真實的生活經驗，老師帶全班一起包水餃，並要求他們當天立刻將過程中的畫面與感受記錄在學習單上。因為孩子們知道包完水餃後要寫作，所以在包水餃時特別專注，比以往更認真體驗每個環節，甚至有幾位同學會積極分享哪些詞語適合描述當下的情境，以及如何安排畫面描寫。

過老師的考核，我們這組總算能把餡料放進皮內了。
我拿起袋子裡的皮，用湯匙小心翼翼的把餡料放在餅皮上，用手指沾了點水塗抹在餅皮邊緣，輕輕的把皮合在一起，用點力氣把邊緣合緊，以免在煮時，餡料掉出來。最後用點小技巧，在水餃上用些皺折，美味的水餃就成形了。
我和其他組員，耐心的等候著，輪到我們時，我開心的拿著放著

▲學生作品：〈最好的味覺禮物〉製作過程描寫。

築夢．逐夢
俗話說：「夢是一種欲望，想是一種行動，夢想是夢與想的結晶」人人都需要夢想，因為想要達成某件事的強烈欲望可以激發動力。透過持之以恆的努力，才能讓美夢成真。
追夢時不要在意別人的眼光，勇敢的做自己就是最佳選擇。歐普

失敗並不可恥，可恥的是不知道如何從失敗中記取教訓，因此一蹶不振的人。人生的道路上不可能一帆風順，但成功的人懂的從失敗的經驗中吸收養分，作為培養成功的土壤。國際知名導演李安在求學之路跟就業之路都連連受挫，但他並沒有因此喪志，而是產生「失敗者的覺醒」，他堅定的跟自己說：

▲學生作品：〈追夢的翅膀〉論點段。

〈追夢的翅膀〉議論文練習，這是孩子們第三次寫議論文，文章架構和各段書寫方式對他們來說都無比熟悉。過去他們寫的論據和論點完全是兩回事，但這次透過基礎題的引導，幾乎九成的孩子都能清楚掌握分論點與例子之間的呼應，甚至懂得從課文中提取好的句構進行仿寫。好的教學應該以終為始，課文就是寫作最好的養分。

※創意發揮

六上的〈蚵鄉風情〉一文，作者透過描寫自己的成長歷程展現家鄉特色。考慮到孩子們年紀尚小，對家鄉情懷的感受較為薄弱，老師決定捨棄原先的寫作規劃，設計了「臺中風情海報展覽會」。每組學生需選定一個題材，介紹臺中的特色，並將成品用海報呈現。展覽會當天安排各組報告，同時邀請全校師生進行人氣投票。從構思、資料蒐集到海報繪製，整個過程耗時將近三週，過程雖然辛苦，卻沒有任何孩子抱怨，而他們的作品更是完全出人意料，許多老師甚至不敢相信這些海報是高年級學生的作品。畢業前夕，當老師詢問全班最難忘的班級活動時，許多孩子的回答不是班遊或戶外教學，而是這次讓他們卯足全力的海報展。

六下的〈過故人莊〉，為了讓孩子對詩文更有感，而非單純死記硬背翻譯，老師特意設計了短影音製作的活動。各

▲台中風情海報展作品：以展現家鄉特色為目的，學生們卯足全力蒐集資料、繪製海報。

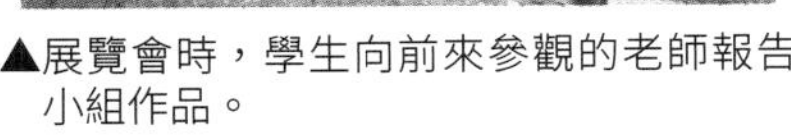

▲展覽會時，學生向前來參觀的老師報告小組作品。

組先利用 Canva 的 AI 製圖功能，為每句詩詞生成相應的圖片，這對他們來說可不是件容易事。最初產生的圖像多半未能符合詩中的情境，老師需要引導他們思考詩詞中的時代背景、穿著、景物等元素，孩子們才能慢慢添加更多相關的提示詞。接著，他們要根據情境設計對話、安排音效、插入對話框，才算大功告成。製作過程中，各組火力全開，有人利用鐵製水壺製造敬酒音效，有人為了錄製走路的摩擦聲重錄了五六次聲音，有人竟然模仿起古人說話的語調及用詞。當全班欣賞各組作品時，教室裡頻頻傳來驚嘆聲。這個活動讓孩子們腦力激盪、發揮創意，賦予詩文全新的生命，更幫助他們在詩文理解方面如魚得水。許多孩子表示，這是他們第一次不用死背翻譯，就能掌握詩意。

▲ AI 製圖小幫手出動！透過分組合作進行短影音創作。

▲學生作品：〈過故人莊〉短影片的各組畫面擷取彙整。

◆再次揚帆，無畏出航

這一年裡，我親眼見證那些原本總是依賴他人的孩子，逐漸學會根據提問單，自己找出答案。他們閃耀著光芒的眼神和重新燃起對學習的熱情，成為教室裡最美的風景。過去在小組討論時，我總是不停在各組間巡邏，只因各組的領導者無法有效引導組員；而現在，高成就的孩子逐漸學會引導他人，我也終於能停下來好好觀察孩子們的討論，細細品嘗他們的辛苦結晶。畢業前，我請孩子們分享他們學習 MAPS 後的感想。許多孩子說自己變得更會做筆記，成績提升了，對語文的興趣也加深了。更有不少同學表示，剛開始接觸心智圖時，每次繪製時都無比煩躁，但現在偶爾會覺得有趣，甚至能沉浸在完成後的成就感中。

「一個人走得快，一群人走得遠。」感謝在這條成長路上有你們相伴。感謝 MAPS 團隊，感謝強大的五〇一夥伴們，更感謝那個勇敢嘗試的自己。在這一年中，我從大家身上獲得了珍貴的資源、同伴的支持，以及源源不絕的新知，這些都使我的教學更加扎實，讓課堂風景更加多元。

同時，我也要感謝我的學生們，緊隨著我的腳步，開啟這趟充滿冒險的旅程。一路走來雖然辛苦，他們卻從未喊過放棄。如今，即將迎接下一個班級，我將帶著當初許下的承諾及收穫滿滿的行囊，開啟下一趟 MAPS 的全新冒險。

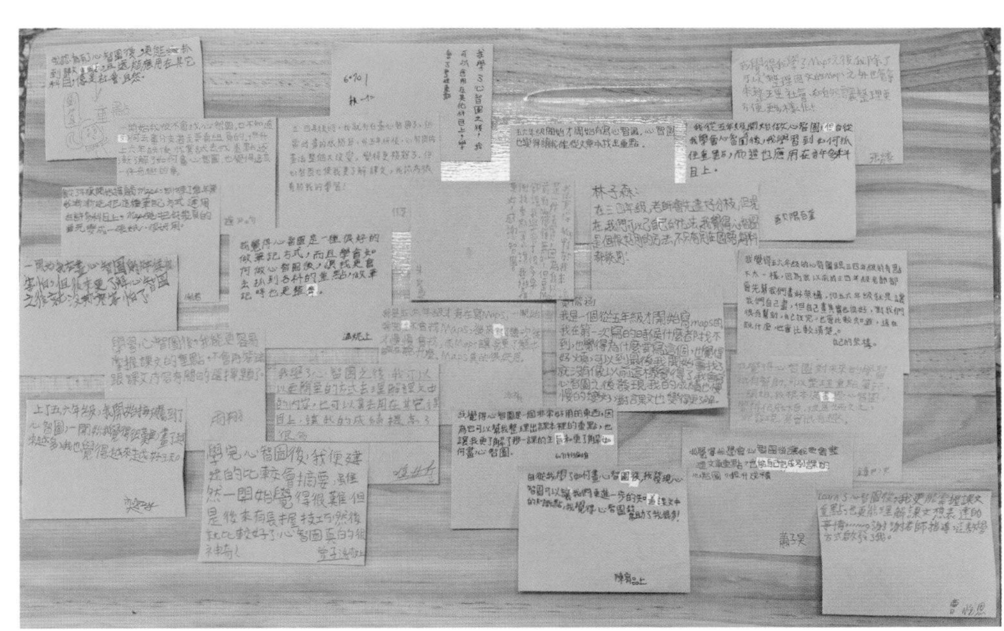

▲學生使用 MAPS 進行學習後的心得感想

系列——言無盡09

夢的實踐5：MAPS種子教師教學現場紀實

總策劃　王政忠
作者　第五屆MAPS種子教師：曾思婷、吳俊賢、黃中一、蔡雅妮、蔡孟庭、林晏如、蔡育庭、蘇昱芳、林書楷、游秋宴、成容、李璧菱、陳佳琳、陳鴻珊、魏佳樺、張鈞評（依篇目順序）

特約編輯　李芝宇
美術設計　飛文工作室林峰毅
版面編排　黃秋玲

總編輯　顏少鵬
發行人　顧瑞雲
出版者　方寸文創事業有限公司
地址　臺北市106大安區忠孝東路四段221號10樓
傳真　（02）8771-0677
客服信箱　ifangcun@gmail.com
出版訊息　方寸之間　http://ifangcun.blogspot.tw
精彩試閱　方寸文創　http://medium.com/@ifangcun
FB粉絲團　方寸之間　http://www.facebook.com/ifangcun
方寸文創全訊息　https://portaly.cc/fangcun

法律顧問　郭亮鈞律師
印務協力　蔡慧華
印刷廠　華展彩色印刷股份有限公司
總經銷　時報文化出版企業股份有限公司
地址　桃園市333龜山區萬壽路二段351號
電話　（02）2306-6842

ISBN　978-626-97934-6-4
初版一刷　2024年12月
定價　新臺幣420元

MAPS教學推廣網站

看更多好書與電子書

方寸文創
Printed in Taiwan

在教育的殿堂裡，每一個轉身都可能遇見改變的契機。

國家圖書館出版品預行編目（CIP）資料
夢的實踐5：MAPS種子教師教學現場紀實｜MAPS種子教師合著｜王政忠總策劃｜初版｜臺北市：方寸文創｜2024.12
224面｜26X19公分（言無盡系列：9）｜ISBN 978-626-97934-6-4（平裝）｜
1.CST：教學法 2.系統化教學 3.文集｜521.407｜113016749

教育的本質不只是知識的傳遞，
而是生命彼此成就的契機。

教育的本質不只是知識的傳遞，
而是生命彼此成就的契機。